全国中医药行业高等教育"十三五"规划教材

全国高等中医药院校规划教材（第十版）

传 统 体 育

（供中医学、针灸推拿学、中药学、护理学等专业用）

主 编

李永明（北京中医药大学）　　　　吴志坤（上海中医药大学）

副主编

邬建卫（成都中医药大学）　　　　骆红斌（浙江中医药大学）

潘华山（广州中医药大学）　　　　刘俊荣（天津中医药大学）

凌 昆（福建中医药大学）

编 委（以姓氏笔画为序）

于华荣（山东中医药大学）　　　　马玉德（甘肃中医药大学）

马学文（陕西中医药大学）　　　　王 松（贵阳中医学院）

王 嵘（福建体育职业技术学院）　王小淞（辽宁中医药大学）

石荣群（广西中医药大学）　　　　刘仁民（江西中医药大学）

孙再玲（河南中医药大学）　　　　李维华（河北中医学院）

李新林（新疆医科大学）　　　　　张 泓（湖南中医药大学）

邵玉萍（湖北中医药大学）　　　　林 红（安徽中医药大学）

林北生（北京中医药大学）　　　　周建铺（宁夏医科大学）

赵少波（山西中医药大学）　　　　徐仰才（上海中医药大学）

殷 明（南京中医药大学）　　　　曹广英（黑龙江中医药大学）

彭利民（云南中医学院）　　　　　董利升（长春中医药大学）

学术秘书

徐仰才（兼）（上海中医药大学）

绘 图

汪静恺（上海市普陀区业余大学）

中国中医药出版社

·北 京·

图书在版编目（CIP）数据

传统体育/李永明，吴志坤主编. —北京：中国中医药出版社，2016. 12（2017.8重印）
全国中医药行业高等教育"十三五"规划教材
ISBN 978-7-5132-3520-4

Ⅰ.①传…　Ⅱ.①李…　②吴…　Ⅲ.①传统体育项目-高等学校-教材　Ⅳ.①G85

中国版本图书馆 CIP 数据核字（2016）第 158689 号

请到"医开讲＆医教在线"（网址：www. e-lesson. cn）
注册登录后，刮开封底"序列号"激活本教材数字化内容。

中国中医药出版社出版
北京市朝阳区北三环东路 28 号易亨大厦 16 层
邮政编码　100013
传真　010 64405750
廊坊市晶艺印务有限公司印刷
各地新华书店经销

开本 850×1168　1/16　印张 23.25　字数 572 千字
2016 年 12 月第 1 版　2017 年 8 月第 2 次印刷
书号　ISBN 978-7-5132-3520-4

定价　55.00 元
网址　www. cptcm. com

社长热线　010 64405720
购书热线　010 64065415　010 64065413
微信服务号　zgzyycbs

书店网址　csln. net/qksd/
官方微博　http：//e. weibo. com/cptcm

淘宝天猫网址　http：//zgzyycbs. tmall. com

全国中医药行业高等教育"十三五"规划教材

全国高等中医药院校规划教材（第十版）

专家指导委员会

孙忠人（黑龙江中医药大学校长）

严世芸（上海中医药大学教授）

李占永（中国中医药出版社副总编辑）

李秀明（中国中医药出版社副社长）

李金田（甘肃中医药大学校长）

杨　柱（贵阳中医学院院长）

杨关林（辽宁中医药大学校长）

余曙光（成都中医药大学校长）

宋柏林（长春中医药大学校长）

张欣霞（国家中医药管理局人事教育司师承继教处处长）

陈可冀（中国中医科学院研究员　中国科学院院士　国医大师）

陈立典（福建中医药大学校长）

陈明人（江西中医药大学校长）

武继彪（山东中医药大学校长）

范吉平（中国中医药出版社社长）

林超岱（中国中医药出版社副社长）

周仲瑛（南京中医药大学教授　国医大师）

周景玉（国家中医药管理局人事教育司综合协调处副处长）

胡　刚（南京中医药大学校长）

洪　净（全国中医药高等教育学会理事长）

秦裕辉（湖南中医药大学校长）

徐安龙（北京中医药大学校长）

徐建光（上海中医药大学校长）

唐　农（广西中医药大学校长）

彭代银（安徽中医药大学校长）

路志正（中国中医科学院研究员　国医大师）

熊　磊（云南中医学院院长）

秘　书　长

王　键（安徽中医药大学教授）

卢国慧（国家中医药管理局人事教育司司长）

范吉平（中国中医药出版社社长）

办公室主任

周景玉（国家中医药管理局人事教育司综合协调处副处长）

林超岱（中国中医药出版社副社长）

李秀明（中国中医药出版社副社长）

李占永（中国中医药出版社副总编辑）

全国中医药行业高等教育"十三五"规划教材

编审专家组

组 长

王国强（国家卫生计生委副主任 国家中医药管理局局长）

副组长

张伯礼（中国工程院院士 天津中医药大学教授）

王志勇（国家中医药管理局副局长）

组 员

卢国慧（国家中医药管理局人事教育司司长）

严世芸（上海中医药大学教授）

吴勉华（南京中医药大学教授）

王之虹（长春中医药大学教授）

匡海学（黑龙江中医药大学教授）

王　键（安徽中医药大学教授）

刘红宁（江西中医药大学教授）

翟双庆（北京中医药大学教授）

胡鸿毅（上海中医药大学教授）

余曙光（成都中医药大学教授）

周桂桐（天津中医药大学教授）

石　岩（辽宁中医药大学教授）

黄必胜（湖北中医药大学教授）

前　言

为落实《国家中长期教育改革和发展规划纲要（2010-2020年）》《关于医教协同深化临床医学人才培养改革的意见》，适应新形势下我国中医药行业高等教育教学改革和中医药人才培养的需要，国家中医药管理局教材建设工作委员会办公室（以下简称"教材办"）、中国中医药出版社在国家中医药管理局领导下，在全国中医药行业高等教育规划教材专家指导委员会指导下，总结全国中医药行业历版教材特别是新世纪以来全国高等中医药院校规划教材建设的经验，制定了"'十三五'中医药教材改革工作方案"和"'十三五'中医药行业本科规划教材建设工作总体方案"，全面组织和规划了全国中医药行业高等教育"十三五"规划教材。鉴于由全国中医药行业主管部门主持编写的全国高等中医药院校规划教材目前已出版九版，为体现其系统性和传承性，本套教材在中国中医药教育史上称为第十版。

本套教材规划过程中，教材办认真听取了教育部中医学、中药学等专业教学指导委员会相关专家的意见，结合中医药教育教学一线教师的反馈意见，加强顶层设计和组织管理，在新世纪以来三版优秀教材的基础上，进一步明确了"正本清源，突出中医药特色，弘扬中医药优势，优化知识结构，做好基础课程和专业核心课程衔接"的建设目标，旨在适应新时期中医药教育事业发展和教学手段变革的需要，彰显现代中医药教育理念，在继承中创新，在发展中提高，打造符合中医药教育教学规律的经典教材。

本套教材建设过程中，教材办还聘请中医学、中药学、针灸推拿学三个专业德高望重的专家组成编审专家组，请他们参与主编确定，列席编写会议和定稿会议，对编写过程中遇到的问题提出指导性意见，参加教材间内容统筹、审读稿件等。

本套教材具有以下特点：

1. 加强顶层设计，强化中医经典地位

针对中医药人才成长的规律，正本清源，突出中医思维方式，体现中医药学科的人文特色和"读经典，做临床"的实践特点，突出中医理论在中医药教育教学和实践工作中的核心地位，与执业中医（药）师资格考试、中医住院医师规范化培训等工作对接，更具有针对性和实践性。

2. 精选编写队伍，汇集权威专家智慧

主编遴选严格按照程序进行，经过院校推荐、国家中医药管理局教材建设专家指导委员会专家评审、编审专家组认可后确定，确保公开、公平、公正。编委优先吸纳教学名师、学科带头人和一线优秀教师，集中了全国范围内各高等中医药院校的权威专家，确保了编写队伍的水平，体现了中医药行业规划教材的整体优势。

3. 突出精品意识，完善学科知识体系

结合教学实践环节的反馈意见，精心组织编写队伍进行编写大纲和样稿的讨论，要求每门教材立足专业需求，在保持内容稳定性、先进性、适用性的基础上，根据其在整个中医知识体系中的地位、学生知识结构和课程开设时间，突出本学科的教学重点，努力处理好继承与创新、理论与实践、基础与临床的关系。

4. 尝试形式创新，注重实践技能培养

为提升对学生实践技能的培养，配合高等中医药院校数字化教学的发展，更好地服务于中医药教学改革，本套教材在传承历版教材基本知识、基本理论、基本技能主体框架的基础上，将数字化作为重点建设目标，在中医药行业教育云平台的总体构架下，借助网络信息技术，为广大师生提供了丰富的教学资源和广阔的互动空间。

本套教材的建设，得到国家中医药管理局领导的指导与大力支持，凝聚了全国中医药行业高等教育工作者的集体智慧，体现了全国中医药行业齐心协力、求真务实的工作作风，代表了全国中医药行业为"十三五"期间中医药事业发展和人才培养所做的共同努力，谨向有关单位和个人致以衷心的感谢！希望本套教材的出版，能够对全国中医药行业高等教育教学的发展和中医药人才的培养产生积极的推动作用。

需要说明的是，尽管所有组织者与编写者竭尽心智，精益求精，本套教材仍有一定的提升空间，敬请各高等中医药院校广大师生提出宝贵意见和建议，以便今后修订和提高。

国家中医药管理局教材建设工作委员会办公室
中国中医药出版社
2016 年 6 月

编写说明

　　传统体育是中国传统文化的重要组成部分，是在古代产生发展并保留较为固定的形式而影响至今的体育及近似的体育活动，是一门涉及身心相互作用的复杂生命现象和规律的人体科学。继承和发展传统体育项目，探索其健身的机理，引导和推动其向健康的方向发展，对于继承优秀传统文化、发展现代体育科学、加强现代人的道德修养、弘扬民族精神均具有重要的意义。1985 年，传统保健体育被国家中医药管理局正式列为全国中医药院校体育课教学的主要内容，至今已在全国二十多所中医药院校中广泛开展。

　　本教材是根据国务院《中医药健康服务发展规划（2015—2020 年）》《关于加强青少年体育增强青少年体质的意见》《教育部等六部门关于医教协同深化临床医学人才培养改革的意见》（教研〔2014〕2 号）的精神，在国家中医药管理局教材建设工作委员会宏观指导下，以全面提高中医药人才的培养质量，以培养大学生"自觉体育、全面体育、终身体育"意识及体育技能为目标，依据中医药行业人才培养规律和实际需求，由国家中医药管理局教材建设工作委员会办公室组织建设，旨在提高学生身心健康素养，突出传统体育锻炼方式和体现医体融合的人文特色。

　　本教材始终坚持贯彻落实中共中央国务院《关于深化教育改革全面推进素质教育的决定》的要求，以"健康第一，全面育人"为指导思想，立足于"运动、健康、文化、养生"的公共体育教育思路，在传承历版高等中医药院校体育教材的基础上，注重科学设计、整体优化，在体例和内容上有创新、在健身机理方面和实用性上有突破：①对传统体育与增进健康关系进行梳理和深入诠释，使传统体育项目健身机理更加清晰。②在重视"健身性"的同时，还注重教材内容的"文化性"，剖析了中国传统文化与传统体育的渊源。③增加了养生保健内容，详细地阐述了中医养生的基本内容与方法。④展示了新进展与新成果，教材增加了近几年新编的传统体育项目。⑤加强了实用性，详细介绍了常见疾病的运动疗法，并选择与大学生学习、生活息息相关的传统体育项目，着重介绍传统体育中的传统保健体育部分，使学生能够掌握日常常用的传统体育技能。⑥视角新、资料新，采用图文并茂的方式，突出可读性与实用性。⑦体例形式创新，将 14 套传统保健体育视频以二维码的形式插入教材中，以便师生手机播放，随时练习。本教材供高等中医药院校中医学、针灸推拿学、中药学、护理学等专业本科生学习使用。

　　本教材分理论篇、技能篇两部分，书末附中国传统保健功法竞赛规则。理论篇介绍了传统体育概述、传统保健体育与中医基础理论、传统保健体育与现代科学、传统保健体育的教与学等内容；技能篇介绍了传统保健体育基本功、武术、传统导引养生功法、现代导引养生功法等内容。其中既包括二十四式太极拳、三十二式太极剑、易筋经、五禽戏、八段锦、七星功、舒心平血功、导引保健功、练功十八法等经典套路，同时，还结合大学生的兴趣特点，添加了新创编的武术拳操、功夫扇、咏春拳等内容。这些项目具有方便易行、保健功效显著等特点，有利于大学生终身体育的实施。

本教材编委会由全国 27 所高等中医药院校的 29 位长期从事传统体育教学工作的专家组成。编写过程采用集体讨论、副主编分工审定、主编逐章节通审的方法完成。第一章由李永明、王松、李维华编写；第二章、第六章由吴志坤、曹广英、徐仰才、刘仁民、周建铺、邵玉萍编写；第三章由徐仰才、凌昆、董利升、马玉德、赵少波编写；第四章和附录由刘俊荣、殷明、孙再玲、马学文编写；第五章由邬建卫、林红、于华荣、王小淞编写；第七章由骆红斌、李永明、张泓、石荣群编写；第八章由潘华山、林北生、李新林、彭利民、王嵘编写。

本教材数字化工作是在国家中医药管理局中医药教育教学改革研究项目的支持下，由中国中医药出版社资助展开的。该项目（编号：GJYJS16105）由李永明负责，吴志坤全程参与了教材数字化设计、构思及素材收集等重点工作，全体编委会成员共同参与完成。

本教材在编写过程中得到了北京中医药大学、上海中医药大学及其他参编院校的大力支持。张彩、徐划萍、王宾、蔡增亮、冯金瑞、陆松廷、王颖、龚博敏、胡莺、施振文、康萌、刘晰娟、刘佳丽、汪东颖、邱慧、梅婵钰、敖翔、张梦珊在本教材的文稿整理、套路图片拍摄及文字、插图校对等方面，徐仰才在教材数字化的构思、素材收集和绘制方面，汪静恺在教材插图绘图方面都做了大量细致的工作；另外，施振文、康萌、张梦珊、王宾、及学生刘杨、纪晓祺、李德贤、李阳等在教材数字化套路演练上也做出了较大贡献，在此一并致谢。编写过程中，全体编者团结协作，竭尽所能，希望编出高质量的《传统体育》教材，但仍难免存在疏漏，恳请使用本教材的广大师生和读者提出宝贵意见，以便再版时修订提高。

《传统体育》编委会

2016 年 8 月

目　录

第一章 传统体育概述

第一节 传统体育的概念与内容

　　中国传统体育内容丰富、形式多样、开展广泛，是我国社会主义体育事业的重要组成部分。学习和研究传统体育，加强对中国传统体育的理论研究和挖掘整理，不仅有助于提高全民的健康水平，而且可以弘扬中华民族传统文化，增强民族向心力和凝聚力，也可以扩大中国传统体育的影响，使之成为人类共同的精神财富。

一、传统体育的概念

　　传统体育是传统文化的组成部分，是于古代产生并形成较为固定的形式而影响至今、内容丰富、涵盖面广的体育及近似的体育活动。千百年来的农耕文化养育了中国传统体育，因此，可以说，植根于农业社会的中国传统体育，是在我国特有的传统民俗和文化心理背景下、在中国古代农业社会经济、政治观念影响下产生并发展的。虽然，随着时代的变迁，传统体育受到不同时期社会文化的影响产生了顺应性的变化，但其始终具有相对稳定的观念、趣味、形式和动态特征。传承性、习惯性和民俗性是传统体育的突出特点。

二、传统体育的内容

　　传统体育内容丰富，主要包含传统保健体育、智力性游戏和民俗体育。

1. 传统保健体育

　　（1）武术　武术是以中国传统文化为理论基础，以内外兼修、术道并重为鲜明特点的运动。它的表现形式有两种，即徒手和器械的攻防动作。由于武术具有有别于其他运动项目的特性，故其能够卓立于世界体坛而独树一帜。其特性主要表现为：①武术是功法、套路、技击术三位一体的运动，这种融技击、养生、表演和功法于一体的特性使中国武术体现了鲜明的民族特征。②武术与中国传统文化有着深厚的血缘和形神相依的联系，中国古典哲理、伦理、中医理论和古典兵学思想都是武术的理论基础，这是任何体育运动都不具备的属性。③武术的内容极其丰富，而且与民俗文化和民族、地域风俗等息息相关。武术这种注重对自我修养、整体和谐及武德武道追求的精神，与西方体育是完全不同的。经过"土洋体育"之争后，武术家借鉴了西方体育的精华，使武术自身的竞技能力得到了提升。此后，武术逐渐吸引了"国际的目光"，20世纪70年代以来，很多国家出现了"武术热"。1991年国际武术联合会正式成立。

（2）导引　导引的含义相当广泛，在不同的领域（养生、治疗、保健、武术、戏剧、舞蹈等）有不同的解释，其中晋代李颐释其"导气令和，引体令柔"为后世普遍接受，即导引是一种以保养精、气、神为主，身心并练，内外兼养的整体性健身养生方法。导引，作为传统的养生法和健身、疗病的有效手段，是中华民族优秀文化遗产之一，早在先秦时期，就为"彭祖寿考者之所好"，在其后的两千多年的历史上，它不仅一直为医家和养生家所广泛应用，而且在道教和佛教中也广泛地用作修炼身心的方法。特别是中国土生的道教，更是把导引作为长生不老的主要修炼方法。

2. 智力性游戏

（1）围棋　《世本》说："尧造围棋，丹朱善之。"这说明，战国以前围棋就已经开始流传了。南北朝时期，围棋传到了朝鲜和日本，第二次世界大战前又经日本传到了欧洲。目前世界围棋联盟有 30 多个国家参加，中、日、韩三国代表了当今世界围棋的最高水平。

（2）中国象棋　历史悠久的中国象棋由于其本身特有的艺术魅力和隽永的文化内涵，深受人们喜爱。与围棋不同的是，象棋简单易学，便于普及。1982 年，国家体育运动委员会（简称"国家体委"，现国家体育总局）将武术和象棋同时列为向世界推广的体育项目。

3. 民俗体育

（1）中国式摔跤　中国式摔跤是一项徒手进行较量，并将对方摔倒为胜的竞技活动。最简单的摔跤活动产生于原始社会，后来逐渐形成摔跤动作，随着习武、健身、娱乐的发展，摔跤已成为一项传统的体育活动。由于摔跤形式简单，且无需专业器械和设施，所以一直是我国各族人民喜闻乐见的健身方法之一。摔跤在不同历史时期有不同的名称，如角力、角抵、争跤、摔跤（角）等。1958 年，其被定名为"中国式摔跤"，并列为国家体育运动竞赛项目之一。

（2）龙舟竞渡　龙是中华民族的象征，仿龙造形、以龙取名的龙舟，是我国各族人民在长期的生产活动和社会活动中的一项具有娱乐性和竞争性的独特创造。龙舟竞渡起源很早，加上有纪念屈原的意义，因此在我国水乡广泛开展。近年来，很多地方将龙舟赛纳入体育项目，有的比赛对龙舟的形制、大小、人数都做了规定，使其向正规的体育比赛方向发展。

（3）风筝　风筝是中国古代的重要发明，是世界上最早的人造飞行器。据《墨子》记载，春秋时代，鲁班"削竹木以为鹊"能够在空中飞翔，被认为是风筝的前身。放风筝是一项很受欢迎的大众体育健身运动。1984 年至今，每年一次的潍坊国际风筝节都吸引了来自世界各地的大批爱好者。

（4）踢毽子　踢毽子又称"踢箭子"，起源于汉代，盛行于南北朝和隋唐，到了清代踢毽子的技术已具相当水平。1935 年，全国第六届运动会将踢毽子列入了比赛项目之一。踢毽子对场地要求简单，并且有利于培养灵敏性、协调性和平衡性，对身体健康大有裨益。

第二节　传统保健体育的概念与内容

传统保健体育是传统体育的重要组成部分，其突出特点是具有"治未病"功效及调节身心的作用，深受各年龄人群的喜爱。传统保健体育历史悠久。在几千年的实践过程中，受中华民族思想文化的影响，特别是哲学思想、政治思想、军事思想、文学思想、宗教思想，以及身心修养和中医理论等的深刻影响，传统保健体育继承并发扬了中华民族自强不息、积极进取的精神。在既往漫长的岁月中，随着人们对生产劳动及与疾病斗争的认识不断深入，传统保健体育在中国朴素的哲学思想和自然科学的指引下，得到了充实与完善。如今，人们的生活水平与健康水平不断提升，保健强身、延年益寿已成为每个人追求的目标。新形势下，传统保健体育可为人类的健身事业发挥更大的作用。

传统保健体育所包含的养生保健理论与中医学联系密切，因此，在中医药院校开展传统保健体育有着强大的生命力。中医药院校亦有着传承传统保健体育的良好土壤。其不仅是学校校园文化的重要组成部分，更是大学生素质教育和中医药人才培养的重要载体。继承和发扬中国传统保健体育，对弘扬民族文化、提升全民健康水平具有重要的意义。

为适应中医药院校传统保健体育课程的教学需要，本教材将重点介绍传统体育中的传统保健体育。

一、传统保健体育的概念

传统保健体育是中国古代的养生学说与体育锻炼相结合的民族文化遗产。它依靠人体自身的能力，通过姿势的调整、呼吸的锻炼、心理的暗示，使身心融为一体，以调节和增强人体各部机能，诱导和启发人体内在潜力，起到防病、治病、益智、延年的作用。因此，传统保健体育是一门涉及身心相互作用的复杂生命现象和规律的人体科学。

传统保健体育包含了运用传统养生学的观点和方法来研究人的身体活动或运动的理论与实践，既有医疗的含义也有体育的属性，但又与一般的医疗有所区别。一般的医疗方法，主要依靠药物的性能和医生的技巧来进行治疗、康复，对受治者来说，自身是被动的；而传统保健体育则旨在发挥人的主观能动性，通过自身的锻炼，有意识地自我控制心理、生理活动，以取得增强体质、防病治病的效果。一般体育运动除了能增强身体素质外，还具有竞争性和对抗性。而传统保健体育则重视加强人体内部运动，调整人体内部的机能，也就是精、气、神的锻炼，它是通过姿势、呼吸、意念的整体锻炼，逐步地调整生理、心理功能，加强对机体的健康效应。它的动作一般具有柔和、缓慢、均匀的特点，这种运动方式能有效地防止和避免由于剧烈运动给身体造成的损伤，是一项适合各年龄不同体质人群的健身体育项目。

二、传统保健体育的内容和分类

传统保健体育根据内容和特点可分为导引和武术两大类。其中导引又包括静功、动功和保健功；武术按照运动形式和技法特征分为套路运动、功法运动和格斗运动三大类。

（一）导引

导引，也称导引术，是中国传统养生术和体疗方法之一。它以肢体运动、呼吸运动与自我按摩相结合，以强身健体、治疗疾病为目的，是中华民族传统文化的精华和优秀遗产。在几千年的历史发展过程中，导引逐渐发展成为一项特点鲜明、博大精深的体育养生和医疗手段。

导引这一术语，最早见于先秦典籍《庄子·刻意》中："吹嘘呼吸，吐故纳新，熊经鸟伸，为寿而已矣。此导引之士，养形之人，彭祖寿考者之所好也。"我国医学典籍《黄帝内经》指出："中央者，其地平以湿，天地所以生万物也众，其民食杂而不劳，故其病多痿厥寒热，其治宜导引按跷，故导引按跷者，亦从中央出也。"唐代王冰对此注释为"导引，谓摇筋骨，动肢节""按为折按皮肉，跷为捷举手足"，认为导引就是肢体运动和按摩。晋代李颐把导引注释为"导气令和，引体令柔"，他把导引视为行气和肢体运动，就是使气息和顺、肢体柔活。唐代慧琳在《一切经音义》中提道"凡人自摩自捏，伸缩手足，除劳去烦，名为导引"，也指出自我按摩和肢体活动属于导引。从上可看出古人把导气、引体、按跷等内容都归为导引，根据古人的解释，虽然其各有侧重，所述内容也有所不同，但都认为导引具有疏通经络、宣导气血、防治疾病的作用，是一种主动性地对形体和精神的自我调节、自我补益、自我增强的锻炼方法。它对防治疾病、强健身体、抵抗衰老、延年益寿都能发挥积极作用。

导引是我国古代劳动人民在长期的生活和劳动中，在与疾病和衰老做斗争的过程中，逐渐认识和创造的一项自我身心锻炼的方法和理论。它通过姿势调整、呼吸锻炼、身心松弛、意念集中和运用等锻炼方法，调节、增强人体各部分机能，诱导和启发人体内在潜力，达到保健强身、防治疾病、延年益寿的作用。导引锻炼的实质是锻炼真气、培育元气、扶植正气，所以它能扶正祛邪，增强人体的免疫力和抵抗力。导引锻炼要求放松、安静、自然和排除杂念，所以它能缓冲大脑对外界的应激性反应，消除紧张情绪，使人处于一种松弛的状态，对大脑皮质可起保护性的抑制作用。导引锻炼能降低基础代谢和提高储能能力，并对腹腔起到按摩作用，以增强消化吸收能力，还能发挥人体潜力、调动自身的积极因素，起到自我控制作用。

导引功法流派繁多、内容丰富，根据功法锻炼时的主要特点，按照导引锻炼的"调身""调息""调心"三要素，基本可分成三大类：①以"调心""调息"为主的静功：练功时身体姿势处于相对安静状态，不断加强意念对自身控制能力的功法，属于静功。②以"调身""调息"为主的动功：以多变的肢体运动形式为特点，练功时通过身体姿势的变化影响气机运行的功法，属于动功。③运用按摩、拍击的保健功：运用自身按摩、拍击等锻炼方法，起到疏通经络、调和气血、增进健康作用的功法，属于保健功。

各种功法的动静分类，是以每一种主体功法的特点作为区分的。实际上，不少静功中也结合肢体运动和按摩拍击等动作，运用于功前、功后，或穿插于不同的练功阶段，不过仅作为辅助动作而已。而动功功法在明代以前基本上是不结合静功练法的；明代以后动功功法开始融入静功的练法，如结合意念与呼吸的锻炼等，显著地提高了动功功法的锻炼效果，这也是动功功法有别于现代体操的基本点。按摩、拍击这类功法也常被用作动功、静功锻炼的辅助功法。

1. 静功　静功是指在练功过程中练功者的形体和位置基本保持不动，并结合意念运用和呼吸调整，以达到锻炼身体内部机能为目的的导引功法。静功练习可以使机体心神宁静、杂念减除、气血和畅、精气充沛。

具体操作包括肢体运动、呼吸调整和意念运用三个部分。

静功练习时，一般采取坐、卧、站等姿势。无论采取哪一种姿势，都要做到全身稳定、内部舒松、避免僵直和松垮。具体要求：虚领顶颈，头正身直，下颌微收，眼帘下垂，耳注于息，舌抵上腭，眼敛观鼻，鼻对脐，含胸拔背，两腋松开，沉肩垂肘，松腰松胯，尾闾中正。

在保持正确姿势的前提下，使机体内外最大限度地处于放松状态，神经、关节、肌肉均充分放松。

呼吸调整一般采用均匀、细缓、深长的腹式呼吸。可先从自然呼吸锻炼入手，自然呼吸一般是不用意、不拿劲，一切顺其自然，待呼吸达到均匀、细缓、深长时，逐渐进入腹式呼吸锻炼。腹式呼吸时，一般是与意念相结合，即意念注意着呼吸，这一过程是"以意引气"。学练腹式呼吸，必须在松、静、自然的呼吸基础上进行，不能憋气，意念也不可过于紧张，以不疾不徐为宜。呼吸的调整，可使机体进一步放松、入静，锻炼、诱发、调整人体内的"真气"，并循经络运转全身。

意念的锻炼是静功的主要环节，练意在古代称为调心、凝神、存神，就是在练功时要把注意力集中到身体的某些指定部位上或某一事物上，使人的思想、情绪、意识逐渐安静下来，排除杂念，使大脑进入宁静、虚空、轻松的境界。这既可使人体各器官和组织得到充分的放松而消除疲劳，又可使气血调和、经络疏通、精力充沛，从而调动人体内在的潜力，发挥自我调节的生理功能。练功时，对姿势和呼吸的调整都是在意念活动支配的作用下进行的，因此，意念在导引锻炼中起着主导作用。但需要注意的是，意念活动要在自然的前提下进行，要"似有意似无意""勿忘勿助"，不可强行操作，以免造成精神紧张。

按照对调心和调息锻炼的侧重，静功又可以分为以下两类。

（1）以锻炼呼吸为主的静功　这类功法强调以锻炼腹式呼吸为主，其方法主要有顺腹式呼吸法、逆腹式呼吸法、停闭呼吸法、丹田呼吸法、胎息法和六字诀吐纳法等。通过呼吸锻炼可以调动人体的内气，使之逐步聚集、储存于身体的某一部位，并循经络运行，疏通气血。

（2）以锻炼意念为主的静功　其主要方法包括：①定点意守：意守身体某一部位，如丹田、穴位、脏器等，以此为过渡，使思想逐渐入静，达到"凝神聚气"的效应。②意守意境：按照既定的自我暗示内容进行认真的想象，体内如五脏色体、液流、气流等，体外如自然景观、珍奇动物、特定人事等，诱导进入一种宁静、放松的境界。③以意念引导经气在人体内循经络运转：一般多以任、督脉为主线，或沿任、督脉循环，以此来锻炼人体内部经气的运行。

2. 动功　动功是与静功相对而言的，它通过练功者肢体的动作变化、意气相随，起到舒畅气血、舒筋活络的作用。

显然，动功着重于"动"的锻炼，其功法一般具有松静自然、柔和均匀、意气相随、动静相兼等特点。根据"流水不腐，户枢不蠹，动也，形气亦然，形不动则精不流，精不流则气郁"和"动摇则谷气消，血脉流通，病不得生，譬如户枢终不朽也"的指导思想，从古至今，养生家创造了许多动功功法。

具体操作包括肢体运动、呼吸调整和意念运用三个部分。

动功功法的动作大致包括肢体的伸屈、拧转、仰俯等，并按一定的规律有节奏地运动，可达到强筋健骨、提高关节的灵活性及促进全身气血流通的目的。

在呼吸锻炼上，有些动功功法强调呼吸和动作的协调配合。一般当动作为开、伸、起、收、蓄时，配以吸气；合、屈、落、放、发时，配以呼气。也有的动功功法为顺其自然地呼吸，不强调调节呼吸。无论采取什么呼吸方式，都应该注意呼吸的自然通畅，不可憋气。

动功锻炼，既要求在思想安静状态下进行，又要求动作和意念相结合，全神贯注，使思想集中到每个动作上。对强调呼吸锻炼的动功，更要掌握好每一次呼吸，使其恰到好处，以助动作和意念的结合。动功锻炼可起到"外练筋、骨、皮，内练精、气、神"的作用。

动功锻炼又有内练和外练的侧重，可分为以下两类。

（1）以内练为主的动功　此类功法的肢体运动自然，注重意念的调节和呼吸的锻炼，以此达到疏通经络、调和气血、平衡阴阳、增强调整脏腑功能的作用。锻炼时动作讲究轻松、柔和、缓慢，精神需集中，心平气和，自然呼吸，气沉丹田，以意为主，劲由意生，力出自然，而且还要有内在的遒劲。如从古代宣导舞发展而成的仿生式导引的五禽戏和针对医疗保健需要而编创的八段锦、十二段锦，以及由太极拳衍生的太极导引功法等都属于此类，其运动量相对较小，比较适合中老年人、体弱者及慢性病患者练习。

（2）以外练为主的动功　此类功法比较注重肢体运动，动作幅度较大，有时还伴有发力动作，以加强对肌肉、关节、筋骨的牵拉，以及发展肌肉力量、灵活关节运动、增强韧带弹性。动作刚柔相济，相互转化，刚中有柔，柔中见刚，不拘不僵。此类功法的肢体运动可影响不同部位肌肉的紧张度和负重力的大小，亦可调节血液循环，使循环血量再分配，促进机体内部气血运行，改善脏腑和经络的机能活动。外动内静，意念上要保持松静状态，以利气血畅行，要根据动作调整呼吸，使两者自然协调配合。有些功法的动作要求发力，一般在蓄气时吸气，发力时呼气，以气助力，气力相合，力贯四肢。如以锻炼筋骨肌肉、强身壮力为主的易筋经，以及从一些武术基本功移植过来的功法就具有这些特点，其运动量相对较大，比较适合青年人和身体较强壮者练习。

3. 保健功　运用简单的手法，通过自己的双手或器具在体表某些部位或全身进行按摩、点穴、拍打，以达到防病保健、养生益寿或减轻某些疾病症状的目的，称为保健功。保健功是导引术中的一种辅助功法，主要包括自我按摩法和自我拍击法。既可用于保健，也可用于治疗，对体弱者和老年人尤为适宜。

（1）**自我按摩法**　在古代，按摩法归属于导引，多与其他功法结合练习，因此导引按摩往往并称。如今，按摩法，主要用于临床治疗，多为他人按摩，故逐渐从导引术中分离成为独立的医学分科。列入导引内容的按摩主要是以保健养生为目的的自我按摩。常见的练功方法有目功、耳功、舌功、叩齿、漱津、浴面、项功、揉肩、擦胸、揉腹、搓腰、搓尾闾、摩丹田、浴手、浴臂、浴大腿、揉膝、擦涌泉等。常用的手法有点、推、拿、揉、捏、按、压、摩等。操作时，可重点在某一部位上进行，也可全身操作，其顺序一般是头面、躯干、上肢、下肢，也有的循人体经络进行。

（2）**自我拍击法**　用手或器具有节律地拍打自己身体的某一部分，对机体产生震动刺激，具有消除疲劳、疏通经络、调和气血的作用。这一类手法较简单，拍击时应根据需要，刚柔相济，要求腕关节放松，在腕关节屈伸的同时，前臂协调动作，以增加拍打的弹性，并保持一定的平衡性和节奏感，使力量得以渗透，加强其作用和效果。常用的手法有拍、击、叩、弹、啄等。自我拍击的范围可重点在某一部位或全身，对于拍击的方法也有"不必太重，先轻后重，以打击适宜为度，切勿勉强"的要求。

（二）武术

武术是以技击为主要内容，以套路和搏斗为主要运动形式，注重内外兼修的中国传统体育运动项目，主要用于锻炼身体、防御自卫，具有丰富的技术内容和广泛的群众基础，是我国宝贵的民族文化遗产的重要组成部分。武术运动，在我国古代既是一种训练格斗技能的手段，也是一种增强体质锻炼的方法。特别是许多出现较晚的武术套路，都体现了"武"与"健"的密切结合。把武术运动用于保健养生，在我国有着悠久的历史。

武术在古代具有军事和强身的双重性质。作为一种格斗技能，对士卒进行严格的训练，可以增强自我保护、克敌制胜的本领，提高士卒的自信心和战斗力。如今，武术项目在民间广泛开展，尤其受到了广大青少年的喜爱。长期坚持武术训练，不但可以增强体质，提高自卫防身的能力，而且可以培养坚强的意志和勇敢的精神。

武术内容丰富，种类繁多。按其运动形式可分为套路运动和对抗运动两类。套路运动和对抗运动中的散手已先后被列为全国、亚洲及世界性正式体育竞赛项目。按照武术运动形式和技法特征进行区分，主要有武术套路、武术功法和格斗三类。用于保健方面，又可分为武术套路和武术功法两类。

1. 武术套路　可使人体各部位得到全面的发展，这是武术运动显著的特点。因为无论是包含踢、打、摔、拿的拳术，还是包含击、刺、劈、格的器械运动，每个套路中均包含着许多动作：既有快速的劈击，又有柔缓的划抹；既有前吐后吞，也有左旋右转；既有腾空高跃，又有贴底穿盘。这些动作对力量、耐力、速度、灵敏度、柔韧性等各方面的发展都有着促进作用，可以全方面增进人体健康、全面发展身体素质。

武术套路根据其形式和风格特点，可以分为以下四类。

（1）拳术　拳术是徒手练习的套路运动。主要拳种有长拳、太极拳、南拳、形意拳、八卦掌、八极拳、通臂拳、翻子拳、劈挂拳、戳脚、少林拳、地趟拳、象形拳等。其内容非常丰富，有证可考的拳种就有一百多种，它们各具不同的演练特点，不同拳种的锻炼，对人体可产生不同的影响。它们可以相互补充，使武术的健身作用得到更好的发挥。

（2）器械运动　器械的种类很多，可分为短器械、长器械、双器械、软器械等。短器械主要有刀、剑、匕首等；长器械主要有枪、棍、大刀、朴刀等；双器械主要有双刀、双剑、双钩、双枪等；软器械主要有九节鞭、三节棍、绳镖、流星锤等。

（3）对练　对练是两人或两人以上按照预定的程序进行攻防格斗的套路运动。包括徒手对练、器械对练、徒手与器械对练。

（4）集体操练　集体操练是集体进行的徒手、器械或徒手与器械的演练，可变化队形、组成造型，可用音乐伴奏，要求队形整齐、动作协调一致。

2. 武术功法　武术功法是为掌握和提高武术套路与格斗技术，培养武技所需的人体潜能，提高身体某一运动素质或锻炼某一特殊技能而编成的专门练习，具有养生、健身、护身及增强技击能力等作用。武术功法源远流长，随武术的萌生而兴起，随武术的发展而昌盛，随武术的演变而变化。其主要特点表现为以个人单独练习为主要锻炼形式，练习方法简便易学，可以反复交替练习，练习难度循序渐进，锻炼效果逐渐提升。

武术功法的内容丰富多彩，用于养生的功法主要有提高肢体关节活动幅度及肌肉伸缩性能的柔功和锻炼形、意、气、劲完整一体的内功。

（1）柔功　柔功是锻炼提高身体柔韧素质的基本手段，历来受到武术爱好者的重视，经常练习，可以提高肌肉、韧带的柔韧性和弹性，增强关节的灵活性和稳定性，发展速度、幅度、力量、协调性和控制能力，起到强筋壮骨、疏通经络、调和气血的功效。

（2）内功　内功是以练气、养气为基本形式，通过以气助势、以气助力、以气养生的修炼，达到内外兼修、内强外壮、增强武术功力、发展武术技能的目的。武术内功是武术技法与古代气功相结合的产物，伴随着攻防技术的产生、发展而逐步完善。

第三节　传统保健体育的产生和发展

传统保健体育源远流长，历世不衰。随着时代变迁，其内容和生活实践不断地丰富和完善，形成了我国人民独特的体育保健方式和理论体系。传统保健体育的理论体系源于中医养生，集合了我国古典哲学和中医学的精华，属于人体科学范畴。它的起源与发展是一个复杂而且漫长的过程。

一、传统保健体育的起源与萌芽（远古至周）

迄今为止，我们所知道的人类历史大约有 300 万年，中华大地上的人类历史至少也有 170 万年。历史已经揭示，人类是在同大自然的搏斗中发展起来的，劳动使人与动物分离，并产生了人类社会。在原始社会中，人们每当集会、节日、打猎成功和获胜凯旋时，都要用跳舞来表达自己内心的欢愉，而这种原始的舞蹈还具有保健的作用。因此，体育是伴随着劳动而产生的、人类社会发展到一定阶段的产物，是我国古代人民劳动的结晶。

考古研究证明，狩猎是人类最古老的生产活动，也是人类为了维持生存和进行自卫所必需的活动。人们在与凶禽猛兽的搏斗中，逐渐发展和掌握了搏斗的技巧，增强了体力，增进了智力，这就是传统武术发展的萌芽。

在我国原始社会后期，人们已经意识到某些身体活动能够起到保健祛病的作用。《吕氏春秋·古乐》载："昔陶唐氏之始，阴多滞伏而湛积，水道壅塞，不行其原。民气郁阏而滞著，筋骨瑟缩不达，故作为舞以宣导之。"在狩猎过程中，与兽禽的搏斗和奔跑追逐，体力消耗极大，当力不从心时，就要坐下休息。由原先激烈运动时的急促胸式呼吸过渡到深长的腹式呼吸，促进了代谢。通过长期的实践，人们感到腹式呼吸能更快地补偿消耗、缓解疲劳。如当身体疲乏时，伸伸懒腰、打个哈欠、闭目养神一下，精神就会好转，感到轻松愉快。当胸腹胀闷时，张口呵气或按摩一下胸腹，就会觉得胀闷改善。

在古代，由于战争的需要，作为战斗技能的武术得到了迅速的发展，其主要是为军事目的服务的。武术操练及模拟战斗生活中的"武舞"有振奋精神、疏通气血、强筋壮骨的保健作用。

《吕氏春秋·古乐》记载："阴康氏时，水渎不疏，江不行其源，阴凝而易闷，人既郁于内，腠理滞着而多重腿，得所以利其关者，乃制为之舞，教人引舞以利导之，是谓大舞。"意为远古时代，江水泛滥，湿气弥漫，人们普遍得了关节不利的"重腿"之疾，对此可用"大舞"来疏利导滞。《庄子·刻意》称这种原始的"大舞"为"道（导）引"。唐人王冰在《黄帝内经素问注》中说："导引，谓摇筋骨，动支节。"这种"摇筋骨，动支节"的舞，即《抱朴子·杂应》中"龙导、虎引、熊经、龟咽、燕飞、蛇屈、猿踞、鸟伸、兔惊"等诸种导引姿势，是人类对飞禽走兽攀援、顾盼、跳跃、展翅等动作的模仿，借此来活动关节、疏通气血，达到消除疾病、恢复健康的目的，于是逐渐创造出仿生的活动导引。

以上说明，从远古到周时期，传统养生已经积累了一些简单的经验和知识。这些都是传统保健体育的萌芽。

二、传统保健体育的形成期（春秋战国至三国）

春秋战国至三国时期是我国养生保健发展的重要时期。这段时期，养生实践在总结、归纳的基础上有了较快的发展。诸子百家特别是道家、儒家等的炼养方法逐渐完善。同时，养生思想百花齐放，出现了"百家争鸣"的局面，主要以老子、庄子为代表。老子《道德经》之"人法地，地法天，天法道，道法自然"，是顺应自然的养生思想，认为自然界不断地发展变化，人体只有适应自然规律才能生长、健康、长寿；庄子提倡顺应自然"调理四时""清净养神"的"无为"观可利用气功和导引的运动养生方法延长寿命；孔子认为，"仁者不忧""仁者寿""大德必寿"，心地光明有利于健康、长寿，同时提出"寝处不时，饮食不节，劳逸过度者，疾共杀之"。这说明那时的人们就已经认识到了身体健康与日常生活、衣食住行的密切关系。

春秋战国时期，人们在寻求治国安邦之策的同时，对自然界（包括人）的结构也进行了积极的探索。他们认为自然界的万物（包括人）都是由一种最基本的细微的物质构成的，这种物质极其微小而不可见，这就是"气"。《庄子·知北游》载"通天下之一气耳""人之生，气之聚也，聚之为生，散则为死"。气是构成天下万物最基本的无形物质，构成天下万物最基本的有形物质是"精"。

秦汉以来，行气术也有较大发展，在士大大阶层颇为流行。汉初汉高祖谋士张良有随赤松子学行气的记载。《汉书·王吉传》中也提到"吸新吐故以练臧，专意积精以适神"等吐纳行气之术。这一时期，出现了两种不同的行气法，一是承袭老庄"抱神守一"的"意守行气法"，二是源于"行气铭"的"周天行气法"。

东汉流行的《安般守意经》将行气分为"息气，出入为息，气出入不尽为喘"几种方式。这个分类法对后世六字诀吐纳法的出现有直接的影响。

现存最早的医学典籍《黄帝内经》提出了"上工治未病"的预防医学观点。《素问·上古天真论》指出"上古之人，其知道者，法于阴阳，和于术数，饮食有节，起居有常，不妄作劳，故能行与神俱，而尽终其天年，度百岁乃去""虚邪贼风，避之有时，恬淡虚无，真气从之，精神内守，病安从来"，《素问·四气调神大论》云"从阴阳则生，逆之则死"，提出了调摄形神、适应环境、预防为主的养生原则。在养生实践上，《黄帝内经》提出了"提挈天地，把握阴阳，呼吸精气，独立守神，肌肉若一"，并多角度地介绍了"恬淡虚无""独立守神""精神内守""导引按跷"等养生方法。其他如《素问·四气调神大论》中的四季养生调护之法、《素问·金匮真言论》中的脏腑养护之法等，都是古代养生学的首创和重大突破，直至今日仍发挥着重要的指导作用。可以说，《黄帝内经》所奠定的人体生命理论影响了几千年中国传统养生文化的发展。

三、传统保健体育的发展期（两晋南北朝至隋唐五代）

两晋南北朝至隋唐五代是我国养生与传统保健体育逐渐发展的时期。早期道教的养生理论

NOTE

和方法初步形成，表现为儒、释、道、医相互渗透发展，导引术与行气合流的趋势。此时期，医学与养生结合得更加紧密，医用导引术的发展取得了长足进步。这一时期，随着宗教的兴盛，道教炼养功法兴起、"天竺按摩法""婆罗门导引术"等伴随佛教的发展亦广为流行。在魏晋玄学和佛教的影响下，强调"行气攻病、和神导气"的坐式导引和心性修养、静功炼养发展较快，出现了忽略立式导引的倾向，部分炼养术开始打上释家的印记，使得传统保健体育的内容得到了充实与发展。

晋人李颐在《庄子集解》中注吐故纳新为"吐故气，纳新气也"；导引则为"导气令和，引体令柔"。从李颐的解释中可以了解到，"导引"包括导气和引体。导气就是在意识指导下的一种呼吸锻炼；引体就是引伸肢体，活动筋骨。

从东汉末年到两晋南北朝，道教养生思想与方法逐渐成形，到了唐代得到了完善和发展。1973年，从湖南长沙马王堆三号墓出土了一幅西汉帛画《导引图》，根据墓葬的年代推算，距今已有2100多年的历史。帛画复原以后，长约100cm，宽约50cm。上面绘有人体各种运动姿势共44个，分列排成4排，每排11人，其中有男有女、有老有少，姿势多种多样，有闭目静坐的、有双手抱头的、有收腹下蹲的、有弯腰打躬的、有站立仰天的、有屈膝下按的，还有几个持器械运动的……从整个图来看，绝大多数是针对某一病痛设计的动作。有的图侧不仅注明了所能医治的病痛，其动作设计与疗疾区的关系也符合人体解剖结构，可见当时的导引主要是用来防治疾病的，并且发展到了一定的水平，对研究导引的源流和发展具有十分重要的意义。

据《三国志·华佗传》记载，华佗晓养生之术，他"兼通数经""晓养性之术"。其认为，"人体欲得劳动，但不当使极尔。动摇则谷气得消，血脉流通，病不得生，譬如户枢终不朽也。是以古之仙者为导引之事，熊颈鸱顾，引挽腰体，动诸关节，以求难老"。他积极主张人体要活动，但又不宜过分。他在古人"熊颈鸱顾"的基础上，创编了五禽戏。华佗在向其弟子传授时说："吾有一术，名五禽之戏。一曰虎、二曰鹿、三曰熊、四曰猿、五曰鸟。亦以除疾，并利蹄足，以当导引。体中不快，起作一禽之戏，沾濡汗出，因上著粉，身体轻便，腹中食欲。"五禽戏能外练筋、骨、皮，内练精、气、神，使血脉流通，筋强腰固，脾胃健运。华佗的五禽戏对后来武术象形拳，如猴拳、螳螂拳、形意拳、八卦掌、南拳中的某些象形动作影响颇大，只不过这些拳术在模拟各种动物姿势的同时，更注重紧密而巧妙地与攻防方法相结合而已。

两晋南北朝时期，对导引养生最有影响的文献当属葛洪的《抱朴子》、陶弘景的《养性延命录》。葛洪与陶弘景都是养生家又兼医学名家。他们的著作均将《内经》以后的中医理论结合到导引养生理论中去，为导引养生疗法按照中医理论进行辨证论治打下了良好的基础。《抱朴子》中第一次明确地指出三个丹田的部位，后世静功意守锻炼，无不以此为经典论述。《养性延命录》集六朝以前的保健养生经验，是一本辑集较为完备的养生学专书，最早提出了静功六字诀吐纳法，也是现存最早载述华佗五禽戏具体方法的文献，并兼收了动功和静功的各种方法，主张养生需动静结合。

南朝时已有了初步的医学教育，隋代在太医署首次单设按摩博士，按摩成为医、针、按摩、咒禁四大科之一。按摩科授课内容主要是"消息导引之法"和治疗损伤折跌之法。

隋朝集元方在《诸病源候论》中载有吐纳导引方法260余种，强调根据不同的疾病施以不同的导引方法。这些方法大都是对病变局部有影响的动作，并与吐纳相结合而成，具有治疗功效。

《备急千金要方》是唐代孙思邈所著，他汇集了《内经》和扁鹊、华佗、老子、列子、葛洪、彭祖等的养生思想和成就，写成《养性》一篇。是我国历史上较全面而系统的养生学著作。书中记载了"老子按摩法"和吸取殊方异域的"天竺国婆罗门按摩法"，此两套简便易行的动功练功方法几乎包括了后世"八段锦"的全部动作。

两晋南北朝至唐代，佛教在我国的传播和发展使养生家无不受其影响。寇谦之、陶弘景、孙思邈等都不同程度地引佛入道，吸收和借鉴佛教的炼养方法，以充实和发展养生学说。

四、传统保健体育的兴盛期（宋至清）

传统养生在宋、元、明、清等朝代得到了较大的发展。这段时期也是导引养生发展较快的时期，不少养生专著相继问世，如赵自化的《四时颐养录》、陈直的《寿亲养老新书》、无名氏的《八段锦》、张君房的《云笈七签》等。这些保健养生方法广为流行，为人们防病治病、健身延年做出了巨大贡献。

传统保健体育运动发展到宋代，最突出的成就是在术式上发展了坐功，如坐势八段锦。人们把本功法比做"锦"，可见其当时在人们心目中的价值。八段锦口诀始见于南宋，明代配以图示，在流传过程中分为南、北两派。南派有立式、骑马式、坐式等，动作简易；北派多行骑马式，动作较为繁难。八段锦又有文八段和武八段之分。文八段为坐势，运动量小，它包括干沐浴（浴手、浴臂、浴头、浴眼、浴鼻、浴胸、浴腿、浴膝）、鸣天鼓、旋眼睛、叩齿、鼓漱、搓腰眼、搓脚心和摩腹。文八段又将肢体运动与按摩、吐纳结合起来，发展为十二段锦和十六段锦等，具有鲜明的传统健身法的特点。而武八段为站式，运动量较大。

北宋时期，针对体弱多病之人流传较广的有十二月坐功。此功相传为宋初道士陈抟所编创，宋太宗赐陈抟号希夷，故又名"陈希夷坐功"。其法载于明代高濂《遵生八笺》及王圻《三才图绘》中，两者各势要诀及配图几乎完全一样。全套动作共二十四势，包括头颈、胸腹、腰背、上下肢等身体各部的运动，配以叩齿、漱咽、吐纳、静思、集神等要求，以达到各势的疗效，大体类似"文八段"。

与此同时，宋代还出现一种"小劳术"。作者蒲虔贯在他的《保生要录》里写道："养生者形要小劳，无至大疲，故水流则清，滞则污。养生之人，欲血脉常行，如水之流，坐不欲至倦，行不欲至劳、频行不已，然亦稍缓，及小劳之术也。""小劳术"是一种简便易行的健身法，它提出了健身运动应循环渐进、量力而行和持之以恒的锻炼原则。

《圣济总录》是北宋后期由官方组织系统校勘编辑的一部巨著，书中包括咽津、导引、服气等内容，对导引锻炼的方法进行了总结，其中有些是现代常用保健功的前身，如"探击天鼓"，就是鸣天鼓；"试摩神庭"，就是浴面；"下摩生门"，就是摩腹。另外，书中还介绍了不少呼吸锻炼方法和注意事项，直至今日仍有很多内容值得借鉴。

到了明朝，传统保健体育有了新的发展。有关导引养生的著作大量涌现，超过了历代的总和。导引养生在医学中被广泛应用，促使了导引和医学的紧密结合。很多医学家在他们的医学著作中引用并发展了导引养生理论，而且不少导引养生的专著出自名医学家如李时珍、张景岳、徐春甫、杨继洲、龚廷贤、徐大椿、叶天士等人之手。武术也同样如此。明朝以前，武术专著寥若晨星；入明后，则如雨后春笋般不断推出。如戚继光的《纪效新书》《练兵实纪》，俞大的《耕余剩技》，洪转的《梦绿堂枪法》等。武术基本功是从古代导引术发展而来的，随着武术发展，这部分作为武术基本功的导引术被逐渐改造成以适应技击需要的功法，从养生转为壮力，且独立发展。

易筋经功法创编于明末，流传于清代。作者据查是天台紫凝道人委托达摩传授，故有达摩易筋经之说。初为手抄本，始见于明天启四年（1624 年）。清·王祖源《内功图说》辑本《易筋经》载有十二术势。"易"是改变的意思；"筋"是筋骨；"经"是方法。《易筋经》作者明确提出，通过锻炼，"缠绵之身，可以立成铁柱"，意思是使萎弱的身体变得强壮结实。该健身术的出现是保健体育运动发展的代表。它是以呼吸和静止性用力来锻炼肌肉、通经活血、改善内脏器官功能，进而达到防治疾病的一种健身运动。

明清时期的武术发展，促进了武术和导引的结合，养生拳术太极拳的创编就是这种结合的成果。太极拳起源于明末清初，传至近代，共形成五大派系：陈（王廷）氏、杨（露禅）氏、吴（鉴泉）氏、武（禹襄）氏、孙（禄堂）氏。五大流派各有特色，但基本风格和结构大同小异，均要求心静意专、柔和缓慢、圆活完整、协调连贯、轻灵沉着、虚实分明，具有内外俱同、"意念"和肢体运动结合的特点。此期，传统保健体育的理论也有较大的发展，其主要代表作包括高濂的《遵生八笺》、胡文焕的《修真必要》《保生心鉴》《养生导引法》、周守中的《养生类纂》、王圻的《三才图会》、万全的《养生四要》、王宗岳的《太极拳论》等。河南温县陈王廷是明末清初的一位武术家，他继承和发展了戚继光的"拳经三十二势"。结合《黄庭经》中道家的"嘘吸庐外，出入丹田"的导引、吐纳方法，创造了陈式太极拳。这套拳在锻炼时，要求意识、呼吸和动作三者密切结合为整体，以达到内外一致的行动。后人又将陈式太极拳发展成为杨、吴、武、孙等式，虽然架势不同，但拳理相同，都具有很好的保健养生作用。

清代后期王祖源编著的《内功图说》包括十二段锦总诀、十二段锦图解、易筋经图解及各种按摩导引方法。该书重视动功的锻炼，并附有图解。另外，清代徐世方的《寿世传真》、方开的《延年九转法》、潘伟时的《卫生要求》，也对传统保健体育进行了较系统的介绍，是研究传统保健体育的重要参考文献。

纵观宋朝至清朝，养生导引之术与武术在各自发展的同时，二者相互渗透和紧密结合，绽放出了一簇簇、一朵朵武林奇葩。同时，导引养生术被医学借鉴和应用，不但促进了中医学的发展，并最终成为中医学的重要组成部分；而且在中医学理论的指引下，导引保健术进一步得到改进和完善。在这个时期，涌现出大量的保健导引名著、武学名著和医学名著。传统保健体育在这个时期已经成熟，它不但成为我国，同时也成为人类的共同财富。

五、传统保健体育的继承与规范期（鸦片战争至今）

鸦片战争以后，中国逐步沦为半殖民地半封建的国家。至新中国成立前，曾出现全盘否定中华民族文化遗产的思潮，对中医采取民族虚无主义态度，使中医学横遭蹂躏。传统保健体育受其影响，著作很少，理论和方法也未得到发展。主要著作仅有阮福明和丁福保联合编著的《道藏精华录》，它采集了道家古书《全道藏》《道藏辑要》及《云笈七签》等书的精华，对养生要诀、练功秘制、导引、调气等均做了论述和介绍；蒋维乔所著的《因是子静坐法》中，导引锻炼的导入静和呼吸方法具有一定的特色，治疗效果明显，对近代的导引养生研究和发展产生了一定的影响；另外，席裕康所著《内外功图说辑要》、任廷芳所著《廷寿新书》等亦为该时期代表性的传统保健体育著作。总之，由于受排斥、限制和消灭中医学及保健学政策的影响，传统保健体育的发展遇到了空前严重的阻力，处于自发地、缓慢地发展阶段。

新中国成立后，党和政府非常重视和关怀中华民族的传统保健体育。毛主席下达了"中国医药学是一个伟大的宝库，应当努力挖掘，加以提高"的指示，随后，全国全面贯彻了"面向工农兵、预防为主、团结中医药"的精神。传统保健体育也随之风生水起，1949 年，中华全国体育总会成立，并召开了武术座谈会，把发展武术事业提到了新中国体育工作的议事日程中。1953 年在天津举行了规模较大的全国民族形式体育表演及竞赛大会，展示了中华武术的博大精深。1954 年，国家体委设立了民族形式体育委员会专门负责武术的挖掘整理及开展工作，并在唐山和上海相继建立了研究导引养生的疗养院和研究所。

从 1957 年开始，国家体委组织部分武术家，在继承传统的基础上，先后整理了简化太极拳、初级长拳、刀术、剑术、棍术、枪术等 20 多种武术项目；还编写出版了体育院系武术通用教材和各种武术专著；并把武术列为国家体育的正式竞赛项目，推动了武术运动的发展，使武术成为一项高尚的、健康的、为增强人民体质而服务的传统保健体育项目。

20 世纪 90 年代，健身气功纳入了政府统一管理的体育运动项目范畴。1996 年底，首届全国全民健身气功养生交流大会在河北省石家庄市召开；1997 年国家气功主管部门又制定颁布了《健身气功管理办法》和《健身气功师技术等级评定办法》等法规文件，以确保其规范化、科学化发展；1998 年 7 月，国家体育总局及有关部门对影响较大的气功功法进行了认真而严格的评定，于 1998 年 10 月首次公布了 11 种健身气功的气法，并向全社会推广，健身气功迎来了科学、有序的发展。

近几年来，随着社会的发展和人们对身心健康重视程度的提高，具有良好养生健身、益寿延年功效的中国传统养生体育更加受到世人的关注，并逐步地走向了世界。国际气功科学联合会、中国体育气功研究会和《气功与体育》杂志社先后组团出访美国、日本、加拿大、俄罗斯等国家和地区，推动了气功的国际交流。另外，随着导引的养生机理研究的发展，其医疗保健作用受到了国际上广泛的关注。前来我国学习考察传统保健体育的外国人日益增多，要求派专家教学的国家也不少。我国的传统保健体育正在走向世界，为全人类的健康事业做贡献。

第四节　传统保健体育与中国传统文化

传统保健体育鲜明地体现了中国传统文化"和合"观的特征，讲究"整体""平衡""统一"。其价值观表现为内向性、封闭性，体现了较强的民族性，并在一定程度上淡化了西方体育的竞争性，而主张修身养性。传统保健体育的传统文化观重节制、求持中，在其形态、内容、手段上表现为强调整体效果和直观感受、意念和内部修炼等，极其强烈地体现出传统文化的哲理和民族特征。如太极拳强调的刚柔相济，不偏不倚，并在长期的民族文化的熏陶下演化成技击、健身、娱乐、观赏于一体的运动。在竞技观方面强调道德对于人生和社会的重要性，对效果的衡量方面主要体现在人格的高低和修养的深浅上。传统保健体育作为中国传统养生保健体育，体现了东方人的人生哲理、养生哲理、伦理道德哲理。

中国传统文化是融合了儒、墨、道、法等诸家思想的综合性的文化。其中，儒、佛、道作为中国传统文化的直接体现，成为了中国人的意义世界，"三家学说"大体构成了中国传统文化的主体，它们是中国人的信仰系统、价值判断系统、解释系统、礼仪系统、交流认同系统和意识形态系统。在中国文化的数千年流变中，儒、佛、道的基本精神早已泛化溶解为无所不在的人文经验和思想习惯，它已精密地编织在中国人的日常生活形态和语言形态中。传统保健体育作为中国传统文化的重要组成部分，深受中国传统文化的熏陶，同时与儒、佛、道等传统文化互补相承。可以说，传统保健体育不仅以肢体语言阐释着儒、佛、道文化，更通过身体力行的方式体验儒、佛、道各家之理。

一、传统保健体育与儒家思想

儒家的创始人是孔子，他整理过"六经"（《诗》《书》《易》《礼》《乐》《春秋》），又以"有教无类"为宗旨，不问身世，广招学生，开创了大规模聚徒讲学的新风。孔子在长期的教育实践中，建立了一套阐述礼乐制度的系统理论，形成了比较完整的政治思想、伦理思想、教育思想和哲学思想，由此开创了儒家学派。儒家思想是中国传统文化的主流，贯穿在中国传统文化的诸多方面，经过两千多年跌宕起伏的发展，最终形成以伦理道德为核心的完整的体系。传统保健体育作为传统文化的重要组成部分，在其发展过程中深受儒家思想的影响，为儒家伦理思想结构中"仁"和"礼"的统一。儒家思想的价值取向早已渗透到传统保健体育的伦理道德之中。

（一）儒家思想"仁""义""礼""智""信"对传统保健体育的影响

孔子对"仁"的最基本界定是"爱人"：一方面是"己欲立而立人，己欲达而达人"，就是说自己希望有所建树，希望达到某种目的，就要想到别人和自己也有同样的心愿，设法成全别人，又称为"忠"；另一方面是"己所不欲，勿施于人"，就是说自己不愿意做的事情、不愿意受的痛苦，就要想到别人有同样的感受，不要把这些事情强加于人，又称为"恕"。两方面结合起来，就是说为人处事要讲"忠恕"，要"推自己及人"，要对别人有爱心、有同情心。《中庸》讲："君子不可以不修身，思修身不可以不待亲……曰：君臣也，父子也，夫妇也，昆弟也，朋友之交也……智、仁、勇三者，天下之达德也。"孔子提出"仁者寿""大德必得其寿"要求人们修身以道、修道以仁，只有道德高尚的仁者，才能"己所不欲，勿施于人"。这些，对传统保健体育的形成和发展有很大的影响。

传统保健体育深受儒家仁爱思想的影响，逐渐形成了与之密切相关的道德体系，"未曾学艺先学礼，未曾习武先习德"。习练者在道德上的技术行为规范是判断习练者社会行为的道德标准。习练者按此标准修养身心、规范举止、品评善恶，按照儒家人伦的要求尚中庸之道，谦虚恭敬、重视和合，这实际上是"仁"的体现。另外，传统保健体育还多主张"不可轻显其技"，要求谨守儒家"有若无，实若虚"之训言，强调谦逊。

孟子曰："鱼我所欲也，熊掌亦我所欲也，二者不可兼得，舍鱼而取熊掌也。生亦我所欲也，义亦我所欲也，二者不可兼得，舍生而取义也。"要"舍生而取义"，要"富贵不能淫，贫贱不能移，威武不能屈"。《礼记·中庸》："义着，宜也。"孟子云："恻隐之心，仁也；善恶之心，义也。"司马迁在评价游侠时说："至如朋党比周，设财役贫，豪暴侵凌孤弱，恣欲自决，游侠亦丑之。(《史记·游侠列传》)"具体地讲，义包括舍生取义、舍己为人、施恩不图报等，这些都对传统保健体育的发展产生了积极影响。因此，先秦儒家"仁""义"思想构成了传统保健体育伦理思想的核心。崇尚伦理、讲求仁义忠信，是传统保健体育文化中"德"的鲜明特色，重义轻利成为传统保健体育所推崇的行为信念。

中华民族是"重德向善"的民族，素以"礼仪之邦"著称于世。"礼"来自人的恭敬辞让之心，是仁义道德的节度及由此产生的待人接物的礼节仪容。传统保健体育不同于西方的竞技体育，它是围绕着养生自卫而形成的综合性实用技术，所以传统保健体育历来不提倡争斗，视争斗为匹夫之勇，强调"点到为止，礼让为先，不战而胜"。传统保健体育受儒家礼仪文化的影响，对"礼"有着严格的标准和规定，由此衍生出一系列具体的、形式化的礼仪，并直接融入习练者的道德笃行之中。如抱拳礼，就是仁义道德的具体体现。

明白是非、曲直、邪正、真妄，"人发为是非之心，文理密察，是为智也"。孔子认为，要塑造自己完善的理想人格，必须具备"仁""智""勇"的品德。

孔子极为重信。他强调做人要"信以诚之""与朋友交，言而有信""人而无信，不知其可也"，人若不讲信用，就无法做人行事。荀子云"耻不信，不耻不见信"，认为做人交友应以不讲信用为耻。司马迁《史记·游侠列传》中曾对古之侠士的道德标准做出较为详细的论述："行虽不轨于正义。然其言必信，其行必果，已诺必诚。"可见，"信"蕴含着巨大的道德约束力及积极的社会意义。

受儒家"信"思想的影响，传统保健体育逐渐将其纳入自身的道德规范中，成为习练者与习练者、习练者与他人交往的基本原则——遵守诺言，讲求信义。在古代，"信"是习武人共同尊奉的道德规范，是自身道德修养水平的体现，可助塑造理想人格。

（二）儒家思想"中庸"对传统保健体育的影响

"中和"思想是儒家思想的核心内容之一。所谓"中"，就是指事物矛盾双方都在自身应有的范围内发展，没有过和不及的缺陷，这样矛盾统一体就处于平衡和稳定状态中。孔子提出"贵和"的主张，"和"有二义，其一是和谐，即人与人、人与社会和谐相处，就是他所说的"礼之用，和为贵"。其二是与"同"相对，"君子和而不同，小人同而不和"。"和"是不同观点、不同意见相调和；"同"则是完全相同，抹杀差别。孔子认为，最理想的境界应是不偏不倚，无过无不及。这种境界又叫"中庸"，他说"中庸之为德也，其至矣乎"，是说"中庸"是最理想的道德境界，要求立身、处世均取不偏不倚、无过无不及的态度，不走极端。"中"为儒家的最高道德规范。中庸学说是儒家最高的道德标准和世界万物的基本秩序。

儒家的中庸思想也为传统保健体育的内容结构开创了中正、均衡的思维模式和创新的空间。比如武术套路中左右平衡的原则、功法合一的原则、攻防兼备的原则、前后对称的原则、奇正互补的原则、动静刚柔的原则、疾缓虚实的原则等，太极拳对身体姿势的要求为立身中正、不偏不倚，对神态的要求为中正安舒等，都为中国传统武术的构建和锻炼形式奠定了扎实的文化基础。

（三） 儒家思想"尚勇之气"对传统保健体育的影响

孔子认为，要塑造自己完善的理想人格，必须具备"仁""智""勇"的品德。有勇不惧，有勇必为。与此同时，孔子强调"勇"必须符合于"仁"，要用"仁""义"去规范"勇"。孔子曾说："君子义以为上，君子有勇而无义为乱，小人有勇而无义为盗。"《论语·宪问》孔子云"仁者必有勇"，讲明了"仁"与"勇"的辩证关系。如果一个人有了"仁"心，他便能疾恶如仇，在向不合规范制度的人或事做斗争时勇敢无畏。孟子则据此提倡"大勇"，即"安天下之民"的勇，反对"小勇"，即"敌一人"的"匹夫之勇"。

在儒家思想的影响下，传统保健体育以大勇为追求目标，而以小勇为戒。但大勇所持的谦让并非等同于一味迁就、姑息养奸，更不是鼓励胆怯和取事不关己的态度。《论语·为政》孔子曰："见义不为，无勇也。"该出手时不出手，同样是无勇。传统保健体育提倡的"忧国忧民，匡扶正义"，正是仁学人伦的历来主张。

总之，儒家的养生特点是以练心为主，在养生中引入伦理规范，讲究正、直。诚善则神明，欲修其身，先正其心。"修身以道，修道以仁，大德必得大寿"，主张通过养生修炼陶冶道德情操，修身养性，倡导养气，身心一致。方法上多以静功为主，除静功外也提倡形体运动与人格修养。

二、传统保健体育与佛家思想

佛教自东汉末年由印度传入中国以来，与中国传统文化进行了很好地融合，形成了有中国特色的佛学，即以"不立文字，明心见性"为修行手段的禅宗。禅宗哲学，强调发挥人的主观能动性，提倡"明心见性"，讲求"顿悟"。佛家养生源于禅定修心，为保证坐禅的顺利进行，需要采取一些手段以活动筋骨、疏通血脉，故逐渐形成了佛家的养生功法，代表性的有达摩易筋经、罗汉十八手、少林拳、禅密功等功法。

传统保健体育吸收和借鉴了佛教中的"渐悟""禅定""止观"等禅观之法以求入静，充实和发展了自身养生学说。佛家养生主要体现在以"戒""定""慧"为修行核心思想。其"定""慧"的"禅定"之学与气功的养生之道相类似，颇具养生意义与价值，并对中国传统保健体育产生了一定的影响。作为传统保健体育重要组成部分的少林武术，其突出特点便是"拳禅一体"，无论在修身养性，还是在拳法、拳理和门规戒律方面，少林武术都涵摄了丰富的佛教文化，也成为佛教文化渗入传统保健体育的典型代表。

（一） 佛家思想"禅定"对传统保健体育的影响

"禅"是"禅那"的简称，汉译为静虑，是静中思虑的意思，一般称"禅定"。此法是将心专注在一法境上，一心参究，故称参禅。修习禅定有调身、调气、息心静坐之法，这些方法具有强健身体、却病延年的作用。禅宗"入定"的修炼方法引入传统保健体育后逐渐衍化为以静坐为特点的健身功法。佛家有很多戒律，如五戒、十戒、普萨戒等。这些思想被传统保健体育所吸收，充实了传统保健体育中"养神""固精""节欲"等方面的内容。

禅定中的修炼过程强调"调身""调息""调心"，是用一念统摄万念、意守一念而达到无所守为基本原则的，"调心"（控制意识、松弛身心）"调息"（均匀和缓、深长地呼吸）"调身"（调整身体姿势、轻松自然地运动肢体），使身心融为一体，营卫气血周流，百脉通畅，脏腑和调。传统保健体育从佛教禅定吸收、接受了各种各样的心身修炼方法。比如达摩《易筋经》原为佛门养生健身功法。易筋经是一种意念、呼吸、动作紧密结合的功法，特别重视意念的锻炼，活动中要求排除杂念，通过意识的专注，力求达到"动随意行，意随气行"的状态，以用意念调节肌肉、筋骨的紧张力。其独特的"伸筋拔骨"运动形式，可以使肌肉、筋骨在动势柔、缓、轻、慢的活动中，得到有意识的伸、拉、收。经过循序渐进、持之以恒地锻炼，可使五脏六腑、十二经脉、奇经八脉及全身经脉得到充分的调理，进而达到保健强身、防病治病、抵御早衰、延年益寿的目的。

（二）佛家思想"禅武合一"对传统保健体育的影响

佛家对传统保健体育的贡献在于禅宗要义与武术的完美结合——以武参禅、禅以武显。"达摩东来一字无，全凭心意下功夫"是对禅宗"不立文字，明心见性"特征的精炼概括。禅宗"不立文字"，摆脱了印度佛教经典的许多高深理论，全凭修行者的悟性；"明心见性"，是以领悟宇宙的永恒。禅宗的修行在于"悟"，通过"悟"开启智慧之门，领悟自身的佛性，"悟"可以通过一句话、一个动作、一顿棍棒或拳脚来实现，即所谓的"棒喝"。

传统保健体育的最高境界同样要靠习练者多年的练习体验领悟才能达到，所以也需要"悟"。特别是练至思维道断、思路断绝之时，只有靠其本身的悟性，才能返璞归真，达到"天人合一"的至高境界。习武是修禅的法门，练武时专注于手、眼、身、法、步可达到万念尽空的境界，以意导气、以气引力、以力催形、以形养神、以神见性，是"天人合一"的健身、修心之道，以此可领悟禅的玄妙。修禅是习武的手段，通过"调身""调息""调心"而内练精、气、神，形神相融，身心为一，可达到形神俱妙的境界。所以，习武和参禅只是形式不同，并无本质区别，只要专心修炼，待到顿悟之时，都能修成圆满的"觉"。这是"以武参禅"的源头所在。

禅宗还要求"身心双修"，从而达到"法本法无法，无法法亦法"的境界。少林武术通过"身心两修"达到"拳无拳，意无意，无意之中是真意"的最高境界，说明少林武术的"无意之意"是禅宗的"不修之修"本质的具体表现。"禅武合一"是少林武术的主流思想，也成为僧人修习少林功夫的目标和最高境界。"禅武合一"是少林武术突出的特色，为武术习练者所追求的境界之一。其力求从内到外的平衡与和谐，体现了"和为贵"的思想。

（三）佛家思想"持戒武德"对传统保健体育的影响

出家人以慈悲为怀，十分注重慈善之心的修为，而且一直教导人们一心向善，善待一切事物。佛教讲的慈悲是一种关怀，是无条件地关怀一切生命。

佛家的慈悲与传统保健体育相结合形成了少林禁叛师等"十禁约"，突出了武德内容。所以，少林歌诀强调"忠诚善良传衣钵""少林真绝技，莫传恶歹人"。另外，佛家的慈悲心体现在对技艺和兵器选择的限制上。武术搏击与佛家的慈悲相违背，所以佛家对其做了相应的限制，如《少林七十二艺练法》告诫说"技击之道，尚德不尚力，重守不重攻"，并形成"八打八不打"规定，不准击打容易致命、致残的部位；此外，少林武术在兵器的选择上亦要求以杀伤力较小的拳术和棍术为主。

三、传统保健体育与道家思想

"道家之源，出于老子"。道家和道教有不同，道家是一种学术流派，道教则是中国土生土长的宗教。老庄之学不是修道成仙的宗教，而是哲学，是对宇宙和人生的理性思考。它以人

NOTE

生需要出发去探求天地为源头，又以天地源头的理论来解释人生、指导人生。道家的养生理论源于老子、庄子，主张以养气为主，以提高生命能力，并提出了"导引""养形"，十分强调练气以养生的观点。

这种观点对传统保健体育的"持静""内养"等养生观有很深的影响。具有代表性的道家养生功法包括五禽戏、马王堆导引术、八段锦等。

道家思想的根本精神在于它不是以人有限之眼透视宇宙和人生，而是以毫无束缚和限制的道眼来看待全部世界，即庄子所说的"自道观之"。英国著名学者李约瑟博士在其所著的《中国科学技术史》中指出："道家思想从一开始就有长生不死的概念。而世界上其他国家没有这方面的例子。这种不死思想对科学具有难以估计的重要性。"道家养生思想代表着中国传统养生思想的基本内容，传统保健体育在长期的发展中深受道家思想的影响，可以说道家思想为传统保健体育奠定了理论基础。

（一） 道家思想中的"大道"对传统保健体育的影响

道的本意是指道路、道理，也可以看作"规律"。老子认为，道是天地万物之本原，是一种"有"和"无"的统一状态，"天下万物生于有，有生于无"。这表明"道"创造和维持了万事万物，在这个过程中，虚无变为实有，一变为多。太极拳理论家陈鑫说："太极拳者，实本太极之理自然而然者……事事物物无非本于太极，故也。"老子认为，道的本质禀性是自然无为，他说："人法地，地法天，天法道，道法自然。""法"，就是仿效，就是以之为法则、以之为规律。此句的意思是说，人与天地都以道的法则为法则，而道则以自然为法则。在老子看来，以自然无为为法则就是得到了"道"。修养自身、追求大道，为的就是顺从自然。在庄子看来，道浑然一体，老子曾用"有物混成"来描绘它，所以称为"混沌"。道原本是浑一不分的，人与天地万物都是从混沌中来，又都将回到混沌中去。

"拳为小道，而太极大道存焉"（陈鑫《陈氏太极拳图说》）。拳为道，道寓于拳之中，故探求宇宙根本就是探求自己。传统保健体育习练者自身为一个小宇宙，是大宇宙系统中的一个因子，只有并入大宇宙的运行图式中，顺乎自然规律，才能无往而不胜，并获得永恒的存在。道生万物，万物归于道。传统保健体育通过"术"和"艺"的实践而获得天人相合、万物归根的精神体验与生命感悟，这是一种高层次的自我生命实现和体悟，表现为习练者获得的超越性生命体验和人生价值及对天道自然、宇宙万物生化之理的体悟和体验。在道的召唤下，传统保健体育不仅是一种健身、自卫和观赏的生存性活动，亦成为一种"求道"的手段。

（二） 道家思想中的"道法自然"对传统保健体育的影响

道家注重"人法地，地法天，天法道，道法自然"的"天人合一"理念。人与自然和谐共处的和谐之道通过"调身""调息""调心"，得其中和之道，推广至社会，就是人与人之间的和谐共处，这就是社会的和谐。道家将人的养生实践活动置于一个宏观的系统环境中去考察和认识。《庄子·齐物论》说"天地与我共生，万物与我为一"，《黄帝内经》说"上知天文，下知地理，中知人事，可以长久"，主张纯任自然，与天地合一。

道法自然，传统保健体育在这一法则指导下主张师万物、法天地、从大自然的生化衍变现象中获得灵感和启迪。传统保健体育取各种飞禽走兽的形象、动作、意蕴，融入动作创编中。如大鹏展翅、白鹤亮翅、金鸡独立、玉女穿梭等动作术语，追求崇拜物之神采。再如武术的象形拳如猴拳、螳螂拳、鹰爪拳、蛇拳等均是模仿自然界动物的形态，结合武术技法而成拳的。传统保健体育融自然物为一体，是人对自然美的形态模仿。崇尚生命、崇尚自然，是求得自然与人的共鸣与统一。传统保健体育在长期实践中体会到，人作为传统保健体育对象的客体和宇宙自然的客体，二者有着内在的密切联系，因而在传统保健体育实践中必须使前者适应后者，顺乎后者，达到二者的统一与一致。这种人体小自然与宇宙大自然、人体小天地与宇宙大天地、人体内气与体外大气相统一、相一致的完美结合，正是自然界的变化规律，也是太极拳的变化规律。正如陈鑫所说："拳名太极，实无极自然直运行，阴阳自然之开合也。"因此，顺乎自然便成为传统保健体育的重要属性。

（三）　道家思想中的"反者道之动"对传统保健体育的影响

从道体运动的规律来看，老子所谓"反者道之动"表明"道"又伴随着相反的历程，它使天下万物化归虚无，多变为一。"反者道之动"，就是说事物必然地总在向其反面转化。即太极图所示，事物达于强盛的顶点之后，要迅速地走向自己的反面。那么对敌手而言，最好就是如老子所言："将欲翕之，必固张之。将欲弱之，必固强之。将欲去之，必固兴之。将欲夺之，必固予之。"然而，以水"攻坚强者，莫之能胜"，表现在传统保健体育中的太极拳上，则是欲进先退、欲伸先屈、欲左先右、后发先至等。太极拳讲求"往返须有折叠""欲左先右，欲上先下""如意要向上，即寓下意。若将物掀起，而加以挫之之意，斯其根自断，乃坏之速而无疑"。

老子说"弱之胜强，柔之胜刚。天下莫不知，莫能行""天下之至柔，驰骋天下之至坚"，并提出一系列柔弱胜刚强的原则方法。老子说的"柔""弱"并非软弱无力，而是一种坚韧不露、含蓄、深沉、外柔内刚的状态。柔是气，刚是力，以气化力。看似柔弱如棉，实则坚硬如铁，表面看来柔弱，内里却充满生机，达到内功与外力融为一体，不让人看见其形，便于随机应变，克敌制胜。陈振民、马岳梁《吴鉴泉氏的太极拳》云："练太极拳时，最忌用力，务使全身松开，气血贯注，日久自然练出内劲，这种内劲是很柔的，遇敌时不含抵抗力，能随敌劲以为伸缩，所谓柔中而有弹性。"太极拳采取"以柔克刚"的战术，是守、柔、退、弱的战略战术思想，不是单纯的消极防守，而是以守为攻、以弱胜强、以柔克刚、以屈待伸。太极拳以不先发劲为主，遇敌来击，先以化劲化之，待其不稳，从而击之，则用发劲。《十三势行功心解》云："彼不动，己不动；彼微动，己先动。"后发之所以先至，其前提是"顺人之势""引进落空"，就是根据对方的意图，诱敌深入，在避实就虚的情况下，取得有利条件，迅即转守为攻。当对手进攻时，不是正面迎击，而是腾挪闪战，引进落空，抓住空隙，自然借力，花小的力气战胜强大的对手。在技击时，避其锋芒，虚于周旋，达到"人不知我，我独知人"的目的，避其实，乘其虚，避其强，击其弱，战而胜之。

（四）　道家思想中的"动静结合"对传统保健体育的影响

动静结合思想的含义是养生者既要以静制躁来养神调心，同时也必须通过适度运动来养形怡神。《老子》讲："致虚极，守静笃。万物并作，吾以观复。夫物芸芸，各复归其根，归根曰静。"《庄子·刻意》讲："纯粹而不杂，静一而不变，淡而无为，动而天行，此养生之道也。"虚静是道家追求的一种高深境界。传统保健体育强调"静"，静方能致专，排除杂念，使精神意志集中，用意识引导动作，从容自如，势正招圆。李亦畬《五字诀》云"一曰心静。心不静则不专，一举手，前后左右全无定向，故要心静。起初举动，未能由己，要悉心体认，随人所动，随屈就伸，不丢不顶，勿自伸缩"；庄子讲"虚则静，静则动，动则得矣"，均主张动静结合。太极拳要求："外动内静"，动中求静，以静御动，虽动犹静，外动是形体运动，内静是精神内守，是以人的身体和心灵来体验动静运动变化的。

《老子》《庄子》等，论述了抱一守静，以及心斋、坐忘、内守真气等修炼之道。老庄哲学中阐述了"专气致柔""致虚守静""心斋""坐忘"等修养方法，主要为以静养神，以之得"道"的方法。导引，"导"指导气，"引"指引动身体，为"导体令柔，导气令和"之意，是古代一种以形体运动配合呼吸吐纳的炼养方法，可达到强身健体、延年益寿的目的，主要为以动养形的方法。我国古代就很重视导引之术，《庄子·刻意篇》中记载："吹呴呼吸，吐故纳新，熊经鸟申，为寿而已矣。此导引之士，养形之人，彭祖寿考者之所好也。"意思是通过肢体的运动并配以呼吸可以达到养形的目的。另外，在《汉书·艺文志》及湖南长沙马王堆汉墓出土的帛画《导引图》中均有导引的相关记录。

（五） 道家思想中的"重人贵生"对传统保健体育的影响

"重人贵生"是中国传统思想文化的重要内容，是中国传统养生文化的基础和出发点。要想做到长生不死，首先应当从爱护、重视和养护自身生命和躯体入手，注意自身锻炼和养护。也就是说，人应当对自身加以重视、爱护并加以自我锻炼和养护，只有这样才能够求得长寿。人的生命是最可贵的，因此，人应该努力养护、珍惜、发展生命本身，最大限度地发挥人的主观能动性，以求得自我生命的发展、获得生命的超脱和自由。要以人的主动精神去探索和追求人类体质健康长寿，通过各种实践方法取得人类把握自身生命自由的途径。这种思想包含着一种积极的、洋溢着生命热情的本质。

道家的一切活动都是以人类生命的存在与生存的延续为宗旨的，即"告人以长生之决，授之以不死之方"。老子强调生命应遵循自然、宁静、自由的生活理念，并通过内在精神来调节人与自身、人与外界活动的关系。保持"朴""真"本性，途径在于人内心的致虚守静，提出"清静无为""返璞归真""以静养生"的理念；"致虚极，守静笃"，即要通过净化心灵，颐养精神，而达到"载营魄抱一"之精神与形体兼养的目的。而这些，组成了传统保健体育思想内涵中独具特色的一部分。所以说，"重人贵生"思想是传统保健体育养生理论的出发点和原点。

（六） 道家思想中的"专气致柔"对传统保健体育的影响

老子说："专气致柔，能如婴儿乎？"意思就是说，把气结聚起来，使身体柔和，像婴儿一样，这正是练习传统保健体育的基本方法。其锻炼要领就是使全身放松，自然呼吸，使练功者从外在形体到内部精神都处于柔和的状态。这是老子对传统保健体育锻炼方法言简意赅的概括。道家认为支持天地、人体运行的是气，如《庄子》中说"气变而有形，形变而有生""人之生，气之聚也，聚则为生，散则为死。通天下一气耳，圣故贵一"。气蕴含天地之精华和能量，故在"练内"过程中采用不同的动作，通过以意导气的方式可使人体内部运行的丹田之"气"与外在"天地之气"相通，从而使天地之能量源源不断地注入自己体内，以达到增进健康、提高身体素质和攻防技击能力的目的。道家的养生术中行气、吐纳、服气等皆可视为道家的"气功"练习，它是以"气"为万物本源的认识论为基础，吸取方技之术而创造的一种养生方法。

传统保健体育习练者从长期的直觉体验中感到了气本体的存在和存在方式。《庄子·知北游》云："人之生，气之聚也，聚则为生，散则为死。"内练，实际上就是气功锻炼，元气充盈，自然就达到了内壮的目的。传统保健体育养气一般都通过静心平息、存养气息，以求全身内气凝聚充盈于丹田，如太极拳的"气沉丹田"、少林拳的"气贯丹田"等，将养气练气法融入站桩的"桩功"练习，以意念引导气息，配合劲力的聚蓄、运转、爆发等；又如太极拳讲究"以意导气""以意调息"等，通过"气"的运行，使习武者的内练与自然相通。通过内练，一方面使自我作为生命载体的身体状态得到质的提高，另一方面又确实给予自我精神感受以全新的体验和发展，使人生日趋完善与完整。传统保健体育的练功场所、时间等也有一定学问，强调宜在空旷、安静、避风的场所，宜在早晨或黄昏之时练习，以便更好地吸纳天地万物之气。练功时要求洞想万物之气汇集体内，把精、气、神和自然万物融于一体，以达到内外兼修的最佳效果。

（七） 道家思想中的"形神兼养"对传统保健体育的影响

道家修炼的基本主张是"形神俱妙，与道合真"，其对"神形"的认识已经上升到哲学的范畴，视为精神和物质关系的一种特殊现象。《黄帝内经》云："太上养神，其次养形。"《素问·上古天真论》云："形全不敝，精神不散。"道家的养神功夫，是基于练精化气、练气化神、练神还虚阶梯渐进的。养神是身心合一的境界，形神相依而致心神相交是道家养生法的境界追求。生命之贵在于神，神兴则生命的活力旺，神衰则生命的活力弱，老子说"谷神不死"，即养神才能不死，把神提到了重要的位置；又指出"神"只有靠"气"来滋养才能发挥功能，而人只有注重"神"的"内守"才能身心健康。所以养生所贵者在乎养神。

传统保健体育既究形体规范，又求精神传意，内外合一的整体观是传统保健体育的一大特色。所谓内，指心、神、意等心志活动和气息运行；所谓外，即手眼身步等形体活动。传统保健体育内外合一、形神兼备的特点主要通过传统保健体育功法和技法来体现。如太极拳主张身心合修，要求"以心行气，以气运身"。此外，在技术上也要求把内在精、气、神与外部形体动作紧密结合，完整一气，做到"心动形随""形断意连""势断气连"，以"手眼身法步，精神气力功"八法的变化来锻炼身心。正如古人云："形不正则气不顺，气不顺则意不宁，意不宁则神散乱。"道家修炼的内容中，对传统保健体育影响较大的有内丹、导引等。

总之，道家是我国较早的养生流派，练功方法比较多，注重身心兼顾、人与自然的平衡，强调养生要符合自然规律，并以道法自然、性命同修、返璞归真为主要目的。道家养生的核心内容是精神修炼，把清静无为作为最高境界，注重呼吸训练。

无论儒家、佛家、道家，修身养性是其共同之处。其以自省为主要思维方式，以道德的自我完善为主要人生目标，都不同程度地继承和发展了《黄帝内经》"治未病"的思想，提出了"养性"之说，强调"善养性者，则治未病之病，是其义也"。因此，可以说，习练传统保健体育，以身悟道，实际上是对自然规律与生命本体的深刻参悟，或者说是对人生境界的不懈追求。

第五节　传统保健体育的特点和功能

一、传统保健体育的特点

（一）既能养生，又能治病

养生，又称摄生，即"治未病"，旨在通过调养精神和形体，来增强体质、治疗疾病、保持健康，以达到延年益寿的目的。人的健康状况、疾病的发生与否，取决于人体正气的盛衰。传统体育运动通过姿势的调整、呼吸的锻炼、心神的修养来疏通经络、活跃气血、协调脏腑、平衡阴阳，起到锻炼真气、培育元气、扶植正气的作用，可达到抵御外邪、祛病强身、延年益寿的目的。另有一种致病因素——喜、怒、忧、思、悲、恐、惊，即七情。七情在生理范围内活动，并不足以致病。但是，如果长期遭受精神刺激，或突然受到剧烈的精神创伤，超过生理调节的范围，就会引起体内的阴阳、气血、脏腑的功能失调而发生疾病。传统保健体育在锻炼时，强调放松机体、平衡呼吸、安静大脑，可直接作用于中枢神经及自主神经系统，缓冲不良情绪对大脑的刺激，降低大脑的应激性反应，从而维持人体内环境的相对稳定，预防疾病的发生。

（二）强调整体观，以内因为主

整体观是中医理论的指导思想，同样适用于传统保健体育。宇宙是个整体，人体五脏亦为整体。人生活在宇宙之中，与天地相应，人的生命活动，其生理变化与大自然的整体运动是联系在一起的。自然界的运动变化常直接影响着人体，而人体受自然界的影响也必然相应地产生生理或病理上的反应，因此人们必须善于掌握自然界的变化，顺从天地而和之。只有这样，才能更好地进行守神、调息、形体的锻炼，达到强身治病、延年益寿的目的。

传统保健体育的作用不仅在于发展身体某部位的功能或治疗某种疾病，更在于通过"调身""调息""调心"的综合锻炼，以达到调整中枢神经系统、增强机体的抵抗力和适应能力、改善功能状态的目的。练静功要求松弛机体，宁静思想，意守丹田，调整气息，这些都是整体锻炼的方法。通过这些锻炼，人的睡眠可改善、食欲可增加、精神可更充沛，身体内部的正气则可逐渐旺盛。传统保健体育是一种自我身心锻炼的运动，主要依靠自身锻炼，掌握一定的方法和要领，逐渐获得效果，从而战胜疾病，增进健康。欲得其效，就要求练功者树立信心，发挥主观能动性，勤学练，持之以恒。练功一定要符合客观规律，选择适合的功法，领悟练功要领，由浅入深，由简到繁，不要急于求成。因为传统保健体育的锻炼需要一个过程，功夫是逐渐积累起来的，只有达到一定的水平才能对机体起到调整的作用，获得预期的效果。

（三）内外合一、形神兼备

所谓"内"，指的是心、意、气等内在的情志活动和气息运动；所谓"外"，指的是手、眼、身、步等外在的形体活动。练静功时，一般采用坐、卧、站等安静的姿态，结合意念的集中与各种呼吸方法进行锻炼，姿势、呼吸、意念三者不可分割。动功由肢体运动、呼吸锻炼、意念运用三个部分组成。肢体运动表现于外，但要求达到"动中有静"，即注意力集中，情绪安定，并根据动作变化，配以适当的呼吸方法，达到形、意、气的统一。武术虽然内容丰富，刚柔有别，但都十分注重内外合一、形神兼备的练功方法。如长拳，要求姿势舒展，动作灵活，快速有力，节奏明显，运动幅度、关节活动幅度较大，强调"精、气、神"合一，"心动形随，意发神传"，要体现攻防含义的意识需根据架式变化，采用"提、托、聚、沉"的运气方法，达到"心与意合，气与力合"。太极拳动作圆活，处处带有弧形，运动绵绵不断，前后贯穿，要求"以心使身"，意识引导动作，配合均匀深长的呼吸，气沉丹田。这种练功方法，对外能利关节、强筋骨、壮体魄，对内能理脏腑、通经络、调精神，使身心得到全面发展。

（四）具有广泛的适应性

传统保健体育锻炼价值高，内容丰富，形式多样，不同的功法有着不同的动作结构、技术要求、风格特点和运动量，不受年龄、性别、体质、时间、季节、场地和器材的限制，风格朴实，易学易练，人们可以根据自己的需要和条件，选择合适的项目进行锻炼，这都十分有利于传统保健体育的普及和开展。人们通过锻炼，可以提高预防疾病的能力、增强体质、增进健康。

二、传统保健体育的功能

（一）培补元气、扶正祛邪

人体的健康状况取决于元气的盛衰。元气充沛，则后天诸气得以资助，从而脏腑协调，身心健康；当先天禀赋不足或后天因素损及元气时，诸气失助而衰败，可导致一系列疾病的发生。传统保健体育的锻炼非常重视培补人体元气。由于先天之精藏于肾，肾位于腰部，因此通过意守和吸抵撮闭的呼吸锻炼，可使肾中元精益固，"精化为气"，元气自充。练功使元气充沛，可更好地激发与推动脏腑进行正常有效的生理活动，这对维持机体健康具有重要意义。

中医学认为："气为血之帅，气行则血行，气血瘀滞，病由此生，气血通则百病自愈。"这里指的气有两个含义：一是指构成人体的维持人体生命活动的精神物质，如水谷之气、呼吸之气等；二是指脏腑组织的生理机能，如脏腑之气、经络之气等。两者是互相联系的，前者是后者的物质基础，后者为前者的功能表现。它循经络运行全身，内属脏腑，外络肢节，温养肌肉脏腑，润泽筋骨皮毛，司升降开阖，密腠里而御外邪，它是人体活动的根本动力。传统保健体育根据这个论点，通过对锻炼正气，使人体体内元气充沛，血脉流通、脏腑协调，代谢正常，以达到增进健康的目的。

（二）调节精神、平衡阴阳

传统保健体育通过"松"和"静"调节以提高机体的抗病能力。中医学强调"恬淡虚无"，即排除杂念、专一放松。锻炼时如能做到"恬淡虚无"不仅可使肌肉放松，还可以使进入大脑皮质的冲动减少，使人体处于"松弛反应状态"，达到改善生理功能的效果。传统保健体育的锻炼可以使人感到心情舒畅、减少消极情绪、脱离病态心理，对中枢神经系统、呼吸系统、消化系统和心血管系统都有明显的调节作用。

阴阳的动态平衡是维持人体正常生理活动的基础，阴阳平衡关系的破坏，就意味着疾病的发生。中医学认为，疾病的发生、发展、诊断、治疗、转归等都可以阴阳学说为理论依据，"阴盛则阳病，阳盛则阴病"。所以，传统保健体育能体现养生治病的特点。如对阴盛阳衰的病人，应选择练习动功，以求助阳胜阴；而对阴虚阳亢的病人，则应选择练习静功，以求养阴助阳。夏季练功以静功为主，以防耗阳；而冬季练功则以动功为主，以防阴盛。病势向上（如肝阳上亢），则意念向下；而病势向下（如气虚脱肛），则意念向上。所有这些，皆为平衡阴阳。

（三）疏通经络、调和气血

经络遍布全身，是人体气、血、津液运行的通道，是联络五脏六腑的生理结构。经络有广泛而重要的生理作用，可运行气血、营内卫外、联络脏腑。因此，传统保健体育的医疗保健作用，也可通过疏通经络这一途径实现。如以意引气，多循经络运行，这种经气传感现象，通过锻炼可以获得；肢体的活动或按摩拍打，可触动气血循经络互流，使百脉皆通，气血充盈。

气血是构成人体的重要组成部分，是维持人体生命活动不可缺少的精微营养物质。气具有推动、温煦、防御、固摄和气化等作用；血具有营养和滋润等作用。正常情况下，气血之间维持着"气为血之帅，血为气之母"的相辅相成的动态平衡状态，称为"气血调和"；而"气血不和，百病乃变化而生"。传统保健体育中的"意守"可起到调和气血的作用。练静功时，有意守病灶的方法，即病灶在哪里，意念亦放在哪里，以意领气至病灶，使气推动血液至病灶，从而改善病灶部位的血液供应，加强营养和滋润作用，使病灶组织得以修复，恢复气血调和的状态。

中医学谓"经脉者，所以决生死，处百病，调虚实，不可不通""通则不痛""痛则不通"，认为经络阻滞是疾病发生的主要原因之一。当锻炼进展到一定程度时，体内气血运行发生调节性改变，血液呈现再分配状态，末梢血管扩张，可大大改善毛细血管的微循环，增强血氧的体内交换。从而证明，传统保健体育锻炼可以疏通经络、调和气血，达到防病、治病的功效。

（四）调理脏腑、延年益寿

脏腑功能状态的正常与否，决定着人体的健康和疾病。因此，脏腑失调是人体失去健康的病理基础。传统保健体育锻炼中，几乎所有的动作都是以腰为基础，腰部命门是其主要锻炼之处，命门相火旺盛，肾气则充溢。肾阳相火是其他脏腑生理活动的原动力。命门元阳之火充足，则脾阳得资，脾气充足健运，后天水谷得以消化，精微物质得以运化，从而为人体脏腑、经络乃至四肢百骸的正常活动提供了物质保证，这就是传统保健体育何以能全面增强体质的原因。传统保健体育中的"调心"，就是调心神，心清安气和，并使魂、魄、意、志处于协调、安定的状态，促进身心健康。

传统保健体育能使人体中枢介质和内分泌发生变化。据测定，锻炼后血浆中催乳激素浓度增加，作为中枢介质的多巴胺活性降低。因此，锻炼者会感到轻松、安宁。另外，血浆皮质激素的减少意味着人体衰老过程变慢，免疫系统功能增强。所以，传统保健体育可以调理脏腑，延年益寿。

第六节 传统保健体育的发展方向

一、保持传统保健体育独特的民族性和传统性特色

中国传统保健体育自古以来受民族文化的影响，比较重视人与自然的和谐，认为人与自然相辅相成，形成了独特的文化。传统保健体育以修身养性为主，以追求"健"和"寿"为目的，以"身心合一""动静结合"为特点。它讲究"内外之合"，提倡"神形兼备"，尤其重视表现其"精、气、神"，着重在姿态的意趣里显示人格，形成了独特的健身养生特色。因此，传统保健体育的发展应保持其独特的民族性和传统性特色。

二、创新开发传统保健体育项目的内容和形式

随着人们生活水平的提高，人们对生活质量的追求不断提高，因此，传统保健体育必须适应人民生活、娱乐和休闲的理念，不断改革创新其项目内容和形式。发展传统保健体育不能简单地对其进行"复制"，而是要有针对性地进行创新，要改变过去传统保健体育单一的发展形式，把传统保健体育更多地运用到现代教育、健身休闲、交流展示、文化传承等社会发展需要上来，同时要借鉴现代体育成果和现代生活元素，为传统保健体育发展服务。

三、传统保健体育需坚持走与现代体育相融合的道路

目前，全球化对于我国传统保健体育文化发展可谓机遇与挑战并存，在受到现代体育文化冲击的同时，也给传统保健体育文化发展提供了崭新的背景，促进传统保健体育的发展需要整合传统体育与现代体育的关系，主动吸收现代体育的成就，同时保持传统保健体育的独立性，发扬传统保健的主体性、主体意识，认识传统保健体育独特内涵。因此，在现代体育为主要内容的形势下，使传统保健体育与现代体育融会贯通是传统保健体育进入 21 世纪的必然要求。

四、学校教育是拓展传统保健体育发展空间的有效手段

学校是体育发展的摇篮，是传统保健体育从原始形态走向规范化、科学化和普及化的必由之路。受现代文化和经济大潮的冲击，部分传统保健体育项目处于弃旧而未迎新的相对真空期，发展传统保健体育更是当务之急。所以进入教育体系、从孩子抓起是传统保健体育发展的必由之路。

五、开展全民健身运动是传统保健体育发展的机遇

1995 年，国务院颁布实施了《全民健身计划纲要》，它是国家发展社会事业的一项重大决策，是以社会主义现代化建设为时代背景，面向 21 世纪发展我国体育事业的重要文件和新时期群众体育发展的纲领性文件，其宗旨是"国家发展体育事业，开展群众性体育活动，增强人民体质"。全民健身已经成为我国现阶段群众体育运动发展的主要趋势和方向，而传统保健体育项目可以充分利用这一机遇，寻求自身发展的空间和解决定位选择等问题，利用自身项目多

样化、广泛的适应性等特点，加快传统保健体育的改革，完善传统保健体育自身体系的建设，编创适合全民健身锻炼方式的保健养生运动项目，这对于全民健身计划的实施，无疑是十分重要的。

【思考题】

1. 传统保健体育的特点和功能有哪些？
2. 简述诸家思想对传统保健体育的影响。
3. 说说新形势下传统保健体育的发展趋势。

第二章　传统保健体育与中医基础理论

第一节　传统保健体育与中医基础理论的关系

传统保健体育在我国历史悠久，而中医学在我国源远流长。传统保健体育是以导引、武术、按摩等为手段，促进人体新陈代谢，动员自身的积极因素，进行自我修复、自我调整、自我建设以求防治疾病、增进健康的体育运动；而中医学则是研究人类生命活动和外界环境相互关系，研究人类疾病的发生、发展及其防治的规律，以求增进健康、延长寿命和提高劳动能力的医学科学。二者都具有鲜明的东方哲学色彩，反映着中华民族的文化特征。由于传统保健体育的理论运用了中医的精气神、脏腑、经络等学说加以阐述，所以，尽管传统保健体育属于体育范畴，但和中医学亦有着密不可分的联系。

一、传统保健体育与中医理论思想

"治未病"是中医理论的核心思想，早在《黄帝内经》中就提出了"治未病"的思想。如《素问·四气调神大论》指出："圣人不治已病治未病，不治已乱治未乱，此之谓也。"当今，随着医学模式的转变。"治未病"的理念与实践引起了医学界的广泛关注。"治未病"也是传统保健体育的核心目的之一。而传统保健体育与中医基础理论的关系，其实质就是传统保健体育和"中医治未病"思想之间相辅相成的辩证关系。

（一）传统保健体育以中医学理论基础为依据

传统保健体育是以静神、动形、固精、调气等具体实践为表现形式，充分体现了整体观、"天人合一"、形神统一等思想观念，注重养生和调整阴阳、扶正祛邪等理论与实践，运用综合治疗的方法，消除病理状态，并使之恢复正常的健康状态，以达到提高机体的抗病力及康复能力的目的。

中医养生保健十分重视精、气、神，而传统保健体育集中体现了中医的精、气、神。精气足则人的生化之源充足，生化之源充足则身体强壮。太极拳要求运气至丹田的原因，就是因为中医学认为，丹田藏有元精、元气、元神，丹田集人体三大物质基础精、气、神为一体，故气沉丹田，可达到藏精、藏气、藏神的预防保健作用。

（二）传统保健体育蕴含了预防保健的思想理念

传统保健体育是以增强体质为核心的预防保健方法，是以养生调摄为主要手段的方法体系。维护健康、扶正祛邪、预防为主，这是"治未病"的经典理论，也是传统保健体育养生的核心理念。我国古代医家经过反复实践，总结出一系列养生之术，饮食有节、起居有常、情志调畅、劳逸适度等养生方法；同时，针对不同情况亦有着丰富的运动方法，如五禽戏、八段锦、易筋经、太极拳等。传统保健体育通过身心合一、内外兼修、整体和谐的运动以提高人体抵抗病邪的能力，达到正气旺盛、阴阳平衡、气血畅通、脏腑协调的健康状态，从而使人体远离亚健康。

（三）传统保健体育以提高生活质量、延年益寿为目的

"治未病"在传统保健体育中体现为无病自调，调控生命的规律、节律与节奏。传统保健体育尊重机体自身内在规律性（机能调节），主动提高自然适应能力（规律调节），尽量避免不良干扰（习惯调节）；养身与修性并重，形神合一（心态调节）。

二、传统保健体育在中医理论基础上的功效与价值

（一）疏通经络，调和气血

"气血不和，百病乃变化而生。"通过传统保健体育的锻炼，可令气经任、督、带、冲诸经脉上行于肩、臂、肘、腕，下行于胯、膝、踝，至于手足四末，周流全身之后，气复归于丹田，故周身肌肉、筋骨、关节、四肢百骸均可得到锻炼，具有疏通脉络、行气活血的功效。

（二）强健筋骨，调和五脏

现代研究证实，导引养生功法能改善神经体液调节机能、加强血液循环；锻炼五官、头颈、躯干、四肢、腰腹等全身各部位，对相应的内脏及气血、经络起到调理保健作用。同时，健身导引功法可针对性地对脏腑进行锻炼，达到调和五脏的功效。如"双手托天理三焦""调理脾胃须单举""摇头摆尾去心火""双手攀足固肾腰"等都是针对某一脏腑进行的锻炼。

（三）调畅情志，调整心态

情志活动，指人的情感、情绪变化，是精神活动的一部分。长期坚持传统保健体育锻炼，能调畅气机，使人心情舒畅。情志活动分属五脏，由心所主，亦与肝的疏泄功能有关。心所主神志功能的物质基础是血液，而血的生成和运行，又依赖于气机的调畅，而肝主疏泄，调畅气机，所以肝具有调畅情志的功能。

第二节　中医基础理论在传统保健体育中的应用

一、整体观念与传统保健体育

（一）整体观念

整体观念是中医学关于人体自身的完整性及人与自然、社会环境的统一性的认识。人生活在自然和社会环境中，人体的生理功能和病理变化必然受到自然环境、社会条件的影响。人类在适应和改造自然及与社会环境的斗争中维持着机体的生命活动。

中医学的整体观，主要体现于人体自身的整体性和人与自然、社会环境的统一性两个方面。

1. 人体是一个有机整体　人体是一个内外联系、自我调节和自我适应的有机整体。人体是由若干脏腑、形体、官窍组成的，而各个脏腑、形体和官窍各有不同的结构和功能，但它们不是孤立的，而是相互作用、相互影响的。

（1）生理上，人体是一个以心为主宰，五脏为中心的有机整体。人体是由肝、心、脾、

肺、肾五脏，胆、胃、小肠、大肠、三焦、膀胱六腑，筋、脉、肉、皮、骨五体，以及目、舌、口、鼻、耳、前阴和后阴等诸窍共同组成的。其中每一个组成部分，都具有其独特的功能，为一个独立的器官。但是，所有的器官都是通过全身经络而互相联系起来的，而且这种联系有其独特的规律。如肝、胆、筋、目构成"肝系统"；心、小肠、脉、舌构成"心系统"；脾、胃、肉、口构成"脾系统"；肺、大肠、皮、鼻构成"肺系统"；肾、膀胱、骨、耳和二阴构成"肾系统"。每一个系统，皆以脏为统领，故五大系统以五脏为中心。五脏之中，又以心为最高统帅。如《素问·灵兰秘典论》说："心者，君主之官也，神明出焉。"因此，在整个人体中，心对人的生命活动起着主宰作用。

（2）在生理功能上，每个脏腑既有各自的功能，又在整体活动中分工合作。脏腑之间，既有协同作用，如心主血脉、肝藏血、脾统血；又存在相反相成的制约关系，如心肾相交，水火既济，各脏腑之间通过五行相生、相克关系互为因果，维系着功能上的动态平衡。在病理变化时，往往通过经络联系，发生母子及病、相乘相侮的负面影响。

（3）人体以五脏为中心，通过经络系统，把六腑、五体、五官、九窍、四肢百骸等全身组织器官有机地联系起来，构成了一个表里相关、上下沟通、密切联系、协调共济、井然有序的统一整体，并且通过精、气、神的作用来完成机体统一的机能活动。这种五脏一体观充分地反映出人体内部各组织器官不是孤立的，而是相互关联的有机的统一整体。传统保健体育就是以此中医思想为基础，确立自己的健身理念和养生方法的。所谓的"拳起于易，理成于医"之说，即是这种吸收、运用的概括。

2. 人与自然环境的统一性　中医学的整体观念强调人体内外环境的整体和谐、协调和统一，认为人体是一个有机整体，既强调人体内部环境的统一性，又注重人与外界环境的统一性，所谓外界环境是指人类赖以生存的自然和社会环境。大自然的阳光、空气、水、温度、磁场、引力、生物圈等，构成了人类赖以生存、繁衍的最佳环境，同时，自然环境的变化又可直接或间接地影响人体的生命活动，这种人与自然息息相关的认识，即"天人合一"整体观的体现。

人与自然有着统一的本原和属性，人产生于自然，人的生命活动规律必然受自然界的影响。人与自然的物质统一性决定生命和自然运动规律的统一性。人类生活在自然界之中，而自然界具有人类赖以生存的必要条件。自然界的运动变化又可以直接或间接地影响着人体，机体则相应地发生生理和病理上的变化。人类不仅能主动地适应自然，而且能主动地改造自然，从而保持健康，这就是人体内部与自然环境的统一性。

（二）"整体观念"在传统保健体育中的应用

传统保健体育的理论和锻炼要求都体现了"人与天地相应"的整体观思想。就太极拳而言，就运用了人与自然这一特殊规律，丰富和完善了太极拳的理论，其一求圆，其功理在于圆则动，动则变，变则化。在形体的调节上求圆，在动作的路线上求圆，因为只有圆才能循环往复，以至无穷，求得变化，得以升华。宏观万物，如太阳、月球，其形是圆，其运动路线是圆，并且处于不断地运动之中。人体脏器、经络走向皆为圆。太极拳顺应这一自然规律，要求沉肩垂肘，含胸拔背，运动路线走弧形、走圆形，以运行气血、疏通经络。要求连绵不断，从起式至收式，中间没有停顿，一式之末乃另一式的开始，全套一气呵成，循环往复，以至无穷，犹如涓涓流水，灌养全身。太极拳在化字上下功夫，以收四两拨千斤之效。对内，使五脏

NOTE

六腑、四肢百骸得以疏理通达，从而起到健身、御敌、治病、益寿之功效，既要求重视个体自身精、气、神内因锻炼的主观因素，又强调"精神修养，顺应四时，饮食有节，起居有常，不妄作劳"五方面的综合调理的养生法。整体观是中医学的理论基础，也是唯物主义的自然观，它强调事物本身的统一性、完整性及与其他事物的联系性。因此，人们必须善于掌握自然界的变化，以顺从"天地之和"。传统保健体育强调"顺应四时、天人相应"的养生方法，同时在个体锻炼时强调人这一个体的完整性、统一性，这种在整体观念指导下的综合调理方式，构成了传统保健体育的最基本的理念和指导思想。

二、精气学说与传统保健体育

（一） 精气学说

精气学说是研究精气的内涵及其运动变化规律，并用以阐释宇宙万物的构成本原及其发展变化的一种古代哲学思想。

"精"又称精气，乃气中之精髓。"气"，指一切无形的、不断运动的物质，在古代哲学中，指存在于宇宙之中的不断运动且无形可见的极细微物质，是宇宙万物的共同构成本原。气的活动力很强，而且不断地运动，所以能从事物的运动变化中测知气的存在。精气学说认为，宇宙中的一切事物都是由精或气构成，宇宙万物的生成皆为精或气自身运动的结果，精或气是构成天地万物包括人类的共同原始物质。

（二） 精气学说在传统保健体育中的运用

精气是对人体有用的气，是生命活动的动力。人体脏腑生理功能的正常运行及人的日常生活，必须在气的推动下进行。精气充足，则生理活动正常，生命力旺盛；若精气不足，推动全身或局部的生理功能活动无力，则出现全身或局部虚弱的征象。传统保健体育是注重人体呼吸、意念、动作的运动，更体现人的精、气、神，因此，我们可以通过日常的传统保健体育锻炼，达到补精气的效果，使得人体的气运行通畅。练习传统保健体育项目时要精神饱满、注意力集中，呼吸配合，静心养神，通过长期练习，可达到颐养精、气、神的作用。

三、阴阳学说与传统保健体育

（一） 阴阳学说概述

阴阳学说是研究阴阳的内涵及其运动变化规律，并用以阐释宇宙间万事万物的发生、发展、运动和变化的古代哲学理论，属于中国古代唯物论和辩证法范畴，是古人探求宇宙本源和解释宇宙变化的世界观和方法论。阴阳学说认为，世界是物质性的整体，世界本身是阴阳二气对立统一的结果。阴阳二气的相互作用促成了事物的发生并推动着事物的发展和变化。如《素问·阴阳应象大论》说："阴阳者，天地之道也，万物之纲纪，变化之父母，生杀之本始，神明之府也。"阴和阳这两个对立统一的方面贯穿于一切事物之中，是一切事物运动和发展变化的根源及其规律。

1. 阴阳的概念及属性

（1）阴阳的基本概念 阴阳是中国古代哲学中的概念，是对自然界相互关联的某些事物或现象对立双方属性的概括。阴阳最初是指日光的向背，而古人却以光明、黑暗、温暖、寒冷等区分阴阳，这时的阴阳变成了一个概括自然界具有对立属性的事物和现象双方的抽象概念。

（2）阴阳的属性　阴阳学说认为，宇宙间凡属相互关联且又相互对立的事物或现象，或同一事物内部相互对立的两个方面，都可以用阴阳来概括分析其各自的属性。如天与地、日与月、水与火、寒与热、升与降、明与暗等。一般来说，凡是运动的、外向的、上升的、温热的、无形的、明亮的、兴奋的都属于阳；相对静止的、内守的、下降的、寒冷的、有形的、晦暗的、抑制的都属于阴。如以天地而言，则天为阳、地为阴，由于天气清轻向上故属阳，地气重浊凝滞故属阴。以水火而言，则水为阴、火为阳，由于水性寒而润下故属阴，火性热而炎上故属阳。以物质的运动状态而言，"阳化气，阴成形"，物质从有形化为无形的过程属于阳，由无形凝聚成有形的过程属于阴。这一系列描述事物变化的原理，被广泛用于阐释传统保健体育的动静、攻防、刚柔、虚实、开合、进退、显藏、屈伸等。王宗岳《太极拳经》开首就指出太极是以"动静之机，阴阳之母，动之则分，静之则合"的变化为基础。功法中调息的"上提、下引"同样体现了事物的阴阳属性。

2. 阴阳学说的基本内容

（1）阴阳对立互根　阴阳对立，指阴阳双方具有相互制约、控制和相互排斥、对抗的特性。阴阳学说认为，自然界一切事物或现象都存在着相互对立的阴阳两个方面，如上与下、左与右、天与地、动与静、出与入、升与降、昼与夜、明与暗、寒与热、水与火等。阴阳双方既是对立的，好似矛盾双方，互不相容；同时由于对立互制的结局使事物和现象得到统一。

阴阳互根，即阴和阳任何一方都不能脱离另一方而单独存在，每一方都以相对的另一方的存在作为自己存在的前提和条件。如没有上也就无所谓下，没有下也就无所谓上。没有热也就无所谓寒，没有寒也就无所谓热等。所以说阳依存于阴，阴依存于阳。阴阳的这种相互依存关系，称之为"互根"。

阴阳学说运用阴阳互根互用关系来阐释自然界的气候变化和人体的生命活动。如春夏阳气生而渐旺，阴气也随之增长，天气虽热而雨水增多；秋冬阳气衰而渐少，阴气随之潜藏，天气虽寒而降水较少。人与自然界相统一，白天人体阳气随自然界的阴阳变化而旺盛，兴奋功能占主导地位，但须以夜晚充足的睡眠为前提；夜晚人体阳气衰少而阴气渐盛，抑制功能占主导地位，但须以白天的充分兴奋为条件。

（2）阴阳相互消长　阴阳消长是指对立互根的阴阳双方不是一成不变的，而是处于不断地增长和消减的变化之中。阴与阳之间的互为消长是不断进行着的，是绝对的；而阴与阳之间的平衡则是相对的，是动态的平衡。

（3）阴阳相互转化　阴阳转化，指在一定条件下阴阳双方可以向其各自相反的方向转化，即阳可以转化为阴，阴可以转化为阳。阴阳相互转化，一般都产生于事物发展变化的"物极"阶段，即所谓"物极必反"。如果说阴阳消长是一个量变的过程，那么阴阳转化则是在量变基础上的质变。《内经》以"重阴必阳，重阳必阴""寒极生热，热极生寒"来阐释阴阳转化的机理。

（二）阴阳学说在传统保健体育中的运用

阴阳学说是中医理论的重要组成部分。它认为"动静合一，气血通畅，百病不生，乃得尽其天年"。因此，练动功时要"外动内静，动中求静"，以便动静互根，阴平阳秘。太极功理首先就运用了这一学说，在拳理中太极拳全面诠释了以上种种阴阳相对的关系。如太极拳中进退、重心转移、虚实等都是阴阳学说的具体体现，也是阴阳法则在不同角度和方法上的运用。

NOTE

太极拳预备式要求："十趾抓地头顶天，舌顶上腭垂两肩，尾闾中正松腰胯，提肛运气意守丹田。"这就是说在练功一开始，首先要根基牢固，因而十趾抓地，并使涌泉穴接地，头顶天使百会穴通天，从而达到天地相应，阴阳结合，精神内守，气运丹田。舌顶上腭以接通任督两脉。脊柱中正身体不俯不仰、松腰胯、沉肩垂肘，松则通，从而使气血流通，起到阴阳平衡的作用。太极拳概括了以上种种阴阳相对的关系，故有"外三合"，即"肩与胯合，肘与膝合，手与足合"。这是对形体的要求，练习时此三者在一垂线上，身体不可前倾后仰。"内三合"为"意与气合，气与力合，力与意合"，可达到精神内守、调节呼吸、导引神气、通经络的作用。练习时动作配合呼吸，气力贯达全身，要求"其根在脚，发于腿，主宰于腰，行于手指"。

注重养生是保持健康无病的重要手段，而养生最根本的就是善于调理阴阳。人体的阴阳，是生命的根本。

（1）按四季阴阳变化选取的锻炼方法　春天气候温暖，万物生长，故春夏宜养阳，秋冬寒冷宜养阴。因此，可以在相应的季节用存想法或意念冰雪法以滋阴，如用闭气发热法或存想火热法以生阳。

（2）按昼夜变化选择练功的时辰　在一昼夜中有十二时辰，属阳的时辰有六个，即子、丑、寅、卯、辰、巳。属阴的时辰有午、未、申、酉、戌、亥。按照阴阳的变化来行气、练功：阳时为生发之时辰，则宜练功；阴时为死气之时辰，则不宜练功行气。说明练功行气应选在阳时。

（3）按病情阴阳的不同而练功　如果是阳邪致病则宜用泻法，如果是阴邪致病则宜用补法。

（4）按人体经络阴阳而行"周天法"　大小周天功法，实际上是根据阴阳消长变化来进行的：如任督脉一为阴脉之海，一为阳脉之纲。所以通任督，本身就是调节阴阳。

（5）按呼吸吐纳在阴阳调整中的不同作用练功　呼为阳，吸为阴。因此阳元火旺之人练功时应注意呼气，使之心胸舒松，头脑清晰，余阳外散；而阳虚气短之人，应加强吸气，以补阳之不足。

（6）按姿势中的阴阳实践　人体锻炼时，无论上下、左右、前后、俯仰、屈伸等，均与阴阳发生直接关系。

四、五行学说与传统保健体育

（一）五行学说概述

1. 五行的概述　"五"指木、火、土、金、水五种物质；"行"指运动变化，生生不息之意。"五行"又称"五材"，中国古代人民在长期的生活和生产实践中认识到木、火、土、金、水是构成世界必不可少的最基本物质，认为宇宙万物都是由此五类属性物质发生、发展、运动、变化的结果，五行之间存在着既相互滋生又相互制约的因果关系，在不断的相生相克运动中维持着动态的平衡。

2. 五行特性　古人对木、火、土、金、水五种物质悉心观察，在发现各自特性的基础上，引申为更广泛、更抽象的含义，这实际上已超越了五种具体物质本身，而是五类事物的象征。一般认为，《尚书·洪范》所说的"水曰润下，火曰炎上，木曰曲直，金曰从革，土爰稼穑"

是对五行特性的经典性概括。

3. 五行学说的内容　五行学说的基本内容包括五行之间并不是静止的、孤立的关系，而是存在着生、克、乘、侮的相互联系、相互制约和协调的平衡关系。五行的相生相克关系可以解释事物之间的正常现象，而五行的相乘相侮则可以用来表示事物之间平衡被打破后的异常现象。自然界与人体的五行分类归属见表2-2-1。

表 2-2-1　自然界与人体的五行分类

	木	火	土	金	水
天	风	暑	湿	燥	寒
体	筋	脉	肉	皮毛	骨
脏	肝	心	脾	肺	肾
色	青	赤	黄	白	黑
音	角	徵	宫	商	羽
声	呼	笑	歌	哭	呻
变动	握	忧	哕	咳	栗
窍	目	舌	口	鼻	耳
味	酸	苦	甘	辛	咸
志	怒	喜	思	悲	恐
方位	东	南	中央	西	北
季节	春	夏	长夏	秋	冬

（二）　五行学说在传统保健体育中的应用

传统保健体育把人的生命活动所表现出来的复杂事物和现象，按五行的特征用分析、归类、推演的方法进行分类。传统保健体育根据五行生克制化的规律，阐释、探索人在保健过程中肝、心、脾、肺、肾五脏之间相生相成、相克相制、生中有制、克中有生的联系。

传统保健体育项目五禽戏中的虎、鹿、熊、猿、鸟动作就是用取象比类法和推演络绎法，模仿"五禽"动作和神态；另外，形意拳中的五行拳也是根据上述原理而创编的，即劈拳之形似斧，性属金通肺，可克崩拳；崩拳属木通肝，可克横拳；如太极拳中的掤属水、捋属火、挤属木、按属金、列属土等。

传统保健体育在运动形式和内容上，也体现了五行生克规律理论的应用。例如六字吐纳法，它是根据五行配备的统一性，即语音和脏腑相关联的关系，通过吐字发音的吐纳方式，达到调节脏腑的作用，实现保健乃至治病的目的；健身气功五禽戏，虎戏、鹿戏、熊戏、猿戏、鸟戏分别与五脏相关联，五禽戏是模仿虎的凶猛扑动、鹿的伸展头颈、熊的沉稳走爬、猿的纵跳、鸟的展翅飞翔等的一系列动作，运动后可清利头目、改善心肺功能、强腰壮肾、滑利关节、增强人体素质，对消化不良、支气管哮喘、高血压病、冠心病及神经衰弱等疾病有防治作用。传统保健体育的实践证实，古代养生家在编创养生内容和手段方法时，自觉地运用了五行学说的生、克、乘、侮观点和方法。譬如武术中形意拳，其基本拳法劈、蹦、钻、炮、横可划分为金、木、水、火、土五种属性，并与肺、肝、脾、心、胃相联系和匹配，体现了武术拳理、拳法的五行思想内涵，表明了武术练养结合、内外兼修的理论依据。

五、藏象学说与传统保健体育

（一） 藏象学说的概述

脏腑是人体五脏（心、肺、脾、肝、肾）、六腑（胆、胃、大肠、小肠、膀胱、三焦）和奇恒之府（脑、髓、骨、脉、胆、女子胞）的总称。藏象学说的主要特点是以五脏为中心的整体观。五脏生理功能之间的平衡协调是维持机体内在环境相对恒定的重要环节。传统保健体育的养生保健作用，就是通过一系列自身的调节，不断维系五脏生理功能之间的平衡协调。因此，了解五脏的主要生理功能的相互关系有助于认识传统保健体育健身和养生机制，并对各种功法的学练有重要的指导作用。

（二） 藏象学说在传统保健体育中的应用

传统保健体育一直把藏象学说作为保健的理论基础，增强和协调各脏腑之间的生理功能，炼养人体精、气、神是开展传统保健体育的出发点和归宿。

1. 增强脏腑功能　人体生命的盛衰、寿夭，是由精、气、神的充盈与衰竭决定的，而精、气、神的旺盛与否，又是由脏腑功能的强弱而决定的，所以传统保健体育主要围绕着炼养精、气、神而展开，通过摇动肢节、导引行气等保健功可增强脏腑功能，使人体精盈、气充、神合，达到保健养生的目的。可见养护脏腑、增强各脏腑的生理功能是传统保健体育的重要原则。

2. 协调脏腑组织器官之间的生理功能　对人体脏腑而言，脏与腑具有共同的生理特点和不同的形态结构特征与生理功能，各脏腑组织器官的器质和生理功能及病理变化又因人体内外环境的变化而不断变化，这些变化表现在阴阳、表里、虚实、寒热、气血、经络等诸方面。传统保健体育项目可以通过协调各脏腑之间功能而达到增强脏腑功能的作用。

传统保健体育的宗旨在于保养身心、延年益寿。保健应求本：对于人体而言，本在脏腑；对于脏腑而言，本在五脏；对于五脏而言，本在肾脾。先天之本在肾、后天之本在脾，肾气充足、脾运有常则五脏六腑的生理功能健全且相互间协调、统一。可见，藏象学说是传统保健体育的理论基础，增强各脏腑的生理功能并协调脏腑间的联系，是传统保健体育实践应遵循的重要原则。通过传统保健体育项目的锻炼可以增强脏腑功能，协调脏器，以达到防治疾病、保养身心的目的。

六、经络学说与传统保健体育

（一） 经络的概念

经络，是经和络的总称。经，又称经脉，有路径之意。经脉贯通上下，沟通内外，是经络系统中纵行的主干。经脉大多循行于人体的深部，且有一定的循行部位。络，又称络脉，有网络之意。络脉是经脉别出的分支，较经脉细小。络脉纵横交错，网络全身，无处不至。

经络相贯，遍布全身，形成一个纵横交错的联络网，通过有规律的循行和复杂的联络交会，组成了经络系统，把人体五脏六腑、肢体官窍及皮肉筋骨等组织紧密地联结成统一的有机整体，从而保证了人体生命活动的正常进行。所以说，经络是运行气血，联络脏腑肢节，沟通内外上下，调节人体功能的一种特殊的通路系统。

（二）　经络系统

经络系统是由经脉、络脉及其连属部分构成的。经脉和络脉是它的主体。经脉系统包括十二经脉和奇经八脉。其中，十二经脉又包括十二正经、十二经别、十二经筋、十二皮部。络脉则有别络、孙络、浮络之分。

（三）　经络的生理功能

《灵枢·经脉》指出："经脉者，所以决死生，处百病，调虚实，不可不通。"这既概括说明了经络系统在生理、病理和防治疾病方面的重要性，又说明了经络系统具有联系、感应、濡养、调节的生理功能。

（四）　经络学说在传统保健体育中的应用

传统保健体育通过循经取动的形体锻炼，以及循经导引、行气、按摩、意守等方法的实施，可达到疏通经络、协调脏腑、调畅气血、平衡阴阳、健康长寿的目的。可见经络学说是传统保健体育的理论基础，经络的循经部位、方向、次序、交接部位及穴位，对传统保健体育项目的创编和学、练、用等具有重要的指导意义。

1. 与经络系统的联络作用相结合　人体是一个由五脏六腑、四肢百骸、五官七窍、皮肉筋骨等组成的整体。它维护机体的协调统一，主要是通过经络系统的联络作用实现的。陈五庭将人体经络学说中的联络作用应用于太极拳术之中，形成了太极拳技击理论"一静无有不静，一动百骸皆随"。

2. 与经络系统的运输作用相结合　人体的各组织器官均需要气血的濡润滋养，以维持正常的生理活动。若使气血畅通无阻，通达于周身，营养脏腑组织，抗御外邪，保卫机体，则需依靠经络系统的传注。陈王庭将经络系统的运输作用应用于太极拳术之中，通过经脉运行气血而营养阴阳，以养丹田，溢发于体外，助于技击施展；濡筋骨，使自己体格健壮，表里筋骨坚实，内气充足，以此承受、化解外来之击；利关节，使演练者身体各部位活动轻灵，以己不动化彼之动，后趁势出击，克敌制胜。

3. 与经络系统的感应传导作用相结合　所谓感应传导，就是经络系统对于外界刺激的感觉，有传递通导作用。陈王庭将经络系统的感应传导作用应用于太极拳之中，以保证以静制动，后发制人的顺利完成。正如《拳论》云："彼不动，己不动；彼微动，己先动。"

4. 与经络系统的调节作用相结合　人体的经络系统能够保持人体各部机能活动的平衡与协调。陈王庭将经络系统的调节作用应用于太极拳术之中，以经络的平衡与协调作用对身体的各部位进行灵活调节，变幻虚实，以虚诱敌，引实落空，避其实而击其虚，从而克敌制胜。

第三节　传统保健体育与中医养生文化

一、养生的概念及其发展

养生，又称摄生、保生、卫生、寿世等。养生，最早见于《庄子》内篇。养，即保养、养护、调养、养救、补养；生，即生命、生存。养生即可理解为对生命的保养，以及围绕这一主题的各方面的理论思想与具体实践方法。由于对生命的保养涉及非常广的领域：生理的、心理的及围绕生命这一中心的衣、食、住、行、环境、气候等，因此，从广义的概念来讲，人类一切维持生存、保养身体、增强对环境适应能力、提高生命质量的行为都是养生学所涵盖的内容。

在中国历史上养生的观念很早以前就提出了。早在商代典籍《尚书·洪范》中就提出了"五福"之说："五福：一曰寿，二曰富，三曰康宁，四曰攸好德，五曰考终命。"这其中，涉及身体健康的内容就占了三条。古人这种重视长寿的意识，促使人们开始积极地进行有关长寿的探索与实践，并由此开始了早期的对生命养护、延年益寿的研究与探索。由于健康长寿是人类普遍关心的问题，因此在养护生命、追求长生的过程中，受到中国古代哲学、医学、宗教等各家各派的影响，他们在不同的层次、不同的视角对养生学的理论与实践进行了探讨与研究，使传统养生得到了充分的发展，并最终在中国历史上形成了涵盖广泛、形式多样的养生内容。

《黄帝内经》是我国古代生理学、医学、养生学的经典著作。其中，《素问》和《灵枢》两部分均用了很大篇幅探讨养生，尤其是《素问》，开卷五章"上古天真论""四气调神大论""生气通天论""金匮真言论""阴阳应象大论"便专论养生之道，而《灵枢》中"寿夭刚柔""本神""本脏""天年"等篇也大都涉及养生。

《黄帝内经》首先确立了一整套建筑于观察和经验基础之上的关于人体生命的基本认识。《黄帝内经》强调"精、气、神"为人身三宝，认为精是构成人体的基本物质，"人始生，先成精，精成而脑髓生"。气指精微物质，又指脏腑活动的能力，气又分为精气、真气、宗气、营气、卫气、脏气、经气。人的生命结束即"五脏皆虚，神气皆去，形骸独居而终矣"。神为生命活动现象的总称，是精神、意识、知觉、运动等一切生命活动的集中表现，"得神者昌，失神者亡"。因此，精、气、神谓之人身三宝，它成为后世养生家多注重保精、益气、养神的理论依据。《黄帝内经》创立经络学说，把经络分为十二经脉、奇经八脉等，提出经络作用在于"行气血而营阴阳，濡筋骨，利关节者也"，能够"决生死，处百病，调虚实"。这些都是治病、练功、养生的理论基础。

基于对人体生命的认识，《黄帝内经》提出了自己的养生原则和主张，"法于阴阳，和于术数"。所谓"法于阴阳"，就是要从人与自然的关系中去探求养生之道，从人的生命与自然的和谐、平衡、一致中去从事养生治身；和于术数，则要寻求、选择采用那些有效而又合理的方法来祛病健身。"和于阴阳，调于四时"，即按照四时变化，遵守机体变化的基本规律，顺应天地自然进行炼养的原则。《黄帝内经》认为生命是本于阴阳的，如果不善于调养，使阴阳偏性，失去平衡协调，"若春无秋，若冬无夏"，便会导致疾病的产生。于是，《黄帝内经》提出"节阴阳，调刚柔"的动静原则，要求机体必须保持一定的运动，以维持正常的生命活动。

在养生实践上，《黄帝内经》提出"提挈天地，把握阴阳，呼吸精气，独立守神，肌肉若一"，并从不同的角度阐释"恬淡虚无""独立守神""按跷导引"等养生方法，其他还有像《素问·四气调神大论》中的四季养生调护之法、《素问·生气通天论》中的保健防病之法、《素问·金匮真言论》中的脏腑养护之法等，都是古代养生学的首创和重大突破。因此，《黄帝内经》所奠定的人体生命的理论影响和指导着几千年来中国传统养生文化的发展。

二、传统保健体育养生

（一）传统保健体育养生的特点

1. 以中医学理论指导健身运动　无论哪一种传统保健体育健身方法，都是以中医的阴阳、脏腑、气血、经络等理论为基础，以养精、练气、调神为运动的基本要点，以动形为基本锻炼形式，用阴阳理论指导运动的虚、实、动、静，用开阖升降指导运动的屈伸、俯仰，用整体观念说明运动健身中形、神、气、血、表、里的协调统一。所以，健身运动的每一招式，都与中医理论密切相关。

2. 注重意守、调息和动形的协调统一　强调意念，呼吸和躯体运动的配合，即所谓意守、调息、动形的统一。意守指意念专注；调息指呼吸调节；动形指形体运动；统一是指三者之间的谐调配合，要达到形、神一致，意、气相随，形、气相感，使形体内外和谐，动、静得宜，方能起到养生、健身的作用。

3. 融导引、气功、武术、医理为一体　传统的运动养生法是我国劳动人民智慧的结晶。千百年来，人们在养生实践中总结出许多宝贵的经验，使运动养生不断地得到充实和发展，形成了融导引、气功、武术、医理为一体的具有中华民族特色的养生方法，其中源于导引气功的有五禽戏、八段锦等；源于武术的功法包括太极拳、太极剑等。然而，无论哪种功法，运用到养生方面，都讲求调息、意守、动形，都是以畅通气血经络、活动筋骨、和调脏腑为目的的。因此，融诸家之长为一体，即运动养生的一大特点。

（二）传统保健体育养生的原则

我国传统的运动养生法之所以能健身、治病、益寿延年，是因为它有一套较为系统的理论、原则和方法，注重和强调机体内外的协调统一，和谐适度。从锻炼的角度来看，其归纳起来，原则有三。

1. 掌握运动养生的要领　传统运动养生的练功要领就是意守、调息、动形的统一。这三方面中，最关键的是意守，只有精神专注，方可宁神静息，呼吸均匀，导气血之运行。三者的关系为"以意领气，以气动形"。这样，在锻炼过程中，内练精神、脏腑、气血；外练经脉、筋骨、四肢，使内外和谐、气血周流，故整个机体可得到全面锻炼。

2. 强调适度，不宜过量　传统运动养生是通过锻炼达到健身目的的，因此，运动过程中应控制运动量。运动量太小则达不到锻炼的目的，起不到健身作用；太大则超过了机体耐受的限度，反而会使身体因过劳而受损。孙思邈在《千金要方》中指出："养性之道，常欲小劳，但莫大疲及强所不能堪耳。"西方一家保险公司调查了五千余名已故运动员的生前健康状况后发现，其中有些人40~50岁就患了心脏病，许多人的寿命竟比普通人短。这是因为剧烈运动会破坏人体内外运动平衡，加速某些器官的磨损和生理功能的失调，结果缩短生命进程，出现早衰和早夭。所以，运动健身强调适量的锻炼，要循序渐进，不可急于求成。操之过急，往往欲速而不达。

3. 提倡持之以恒，坚持不懈　锻炼身体并非一朝一夕之事，要经常而不间断。"流水不腐，户枢不蠹"，一方面说明了"动则不衰"的道理，另一方面，也强调了经常、不间断的重要性，水长流方能不腐，户枢常转才能不被虫蠹。只有持之以恒、坚持不懈，才能收到健身效果，否则是不会达到锻炼目的的。运动养生不仅是身体的锻炼，也是意志和毅力的锻炼。

NOTE

（三） 传统保健体育养生的方法

传统保健体育养生内容全面，具有广泛的群众基础。中华民族传统尚古顺俗，保留了大量有价值的古代养生理论与方法，求实致用的民俗文化特点又保证了所传承养生文化的实效性。所以我们今天所看到包含了诸多方面的、丰富多彩的传统养生理论与实践方法，涵盖了生活的各个方面：以静（行气）为主的有静坐、养气功等；以动（导引）为主的有五禽戏、八段锦等各种导引术；以呼吸为主的有彭祖闭气术等。

1. 行气方法   行气，又称吐纳、调息，是一种以呼吸促进内在气血运行为主的养生方式。行气是一种自我控制内循环的运动。早在先秦典籍中已有行气活动的记载及具体要求的描述。战国初年的"行气玉佩铭"已记叙了具体的行气路线，表明当时行气术已较为成熟。

（1）行气方法主要有以下两种主要类型   一是练习者以"意守"为主要特征，通过意念固守身体某一部位，配合呼吸，从而完善该部位的生理功能，提高机体生存能力，达到以神养气、以气养形的目的。这种行气方法重视呼吸与内在行气感受的配合，对练习者的综合要求不是很高，而锻炼效果又比较明显。

另一类型源于"行气玉佩铭"所述之法，即后世所称"周天行气法"。即气沉丹田，循人体前后的任、督两经而行，在高级阶段后可以促使内气沿人体全身的各大经脉循行，以增强生命力。这种行气方法以《周易》阴阳运动原理为框架，以"黄老"精气学说为内核，借用炼丹术语，构筑了行气炼养术的理论模式，最终形成了内丹养生术。

（2）行气术的练习要领   ①松：行气术要求在练习中达到整体的放松状态。在身心高度放松的状态中，达到自我生命的调整。松是全面的，不但要做到肢体放松，还要做到精神放松。②静：要达到身心完全放松，就必须做到身心的安静。静不但是肢体的相对安静，更是精神的宁静。③自然：自然是对练功的各个方面而言，只有自然，才能练得舒适得力，这点极为重要。所谓练功"贵乎自然"，就是这个道理。

意气相随。意，即练功者的意念活动，这是大脑的功能。练功时意念活动的锻炼，可对人体的生理功能产生积极的影响。气，包括呼吸之气和练功家所说的"内气"，即所谓的"丹田气"。因此，意气相随就是练功者用自己的意念活动去影响呼吸和"内气"的运动，使体内的气息运动和意念活动一致起来。

2. 导引方法   "导引"是以肢体运动为主，配合呼吸吐纳的传统健身方式。

它的基本要素包括肢体运动、呼吸运动及自我按摩。肢体运动是导引术最基本的、不可或缺的结构要素，同时导引术也强调呼吸吐纳技术及心理调节技术。我国古代导引术流传至今，具有代表性的主要包括：由华佗创编的，以模仿动物行动特征进行锻炼的五禽戏；创编于宋代的八段锦；创编于明代的易筋经；以及日常起居导引法、易筋经导引法、彭祖闭气导引法等。

导引术既是一种养生术，又是一种体育医疗方法。导引术具有以下特点：一是治病与健身相结合，即每种导引法都具有针对某些疾病的治病与健身作用。二是肢体运动与呼吸吐纳相结合，这种结合呼吸的方法也正体现了中国传统健身术的主要特点。三是动物象形仿生动作与自然肢体运动相结合。

（四） 传统保健体育养生的机理

中医将精、气、神称为"三宝"，与人体生命息息相关，运动养生紧紧抓住了这三个环节：调意识以养神，以意领气，调呼吸以练气，以气行推动血运，周流全身；以气导形，通过形体、筋骨关节的运动，使周身经脉畅通，营养整个机体；如是，则形神兼备，百脉流畅，内外相和，脏腑协调，机体达到"阴平阳秘"的状态，从而增进机体健康，以保持旺盛的生命力。

正因为如此，传统保健体育养生对人们生活的各个方面都产生了积极的影响，且流传渐广，受到了各国人民的认同与欢迎。因此，大学生学习、继承传统保健体育养生文化意义重大，有利于这一古老民族文化在新世纪发挥出更大的作用。

【思考题】

1. 简述整体观在传统保健体育中的应用。
2. 简述经络学说在传统保健体育中的应用。
3. 简述阴阳学说在传统保健体育中的应用。

第三章　传统保健体育与现代科学

　　传统保健体育适应性强，是现代社会不可替代的健身养生方式，传统保健体育有益于缓解社会压力对人的健康形成的损害，有益于加强人们之间的相互联系与沟通；传统保健体育作为体育的一部分，在体育心理学领域也因其自身独特的理论体系和锻炼行为，在促进心理健康、完善性格发展、改善情绪体验方面发挥了积极的作用。习练传统保健体育项目，对人体循环系统及免疫系统可有不同程度的改善作用；对于现代常见心身疾病，以及骨关节病、内科疾病等，传统保健体育在预防和康复方面均能发挥其独特作用。

第一节　传统保健体育与社会学

　　马克思主义认为，社会是以共同的物质生产活动为基础而相互联系的人们的有机总体。这一概念包含两个方面的含义：①社会不是人的堆积或者简单相加，它是人们相互交往的产物，是全部社会关系的总和。②人们的交往首先是在生产、分配、交换、消费中发生的经济交往，因此人们之间的最基本的、决定其他一切的关系是生产关系。生产关系是社会的基础和本质，它是不以人们的意志为转移的客观物质关系。

　　传统保健体育来源于劳动人民的生产和生活需要，并直接服务于生产和生活实践。传统保健体育着重于人的身心健康和情感愿望的满足，既可强身健体又能修身养性。它的价值具有多元性，几乎能够满足各个层面人群的需要，因此，全面探索传统保健体育的社会学价值有着十分重要的意义。

一、传统保健体育的社会学分析

　　社会学是现代社会科学中从某种特有的角度，或侧重对社会，或侧重对作为社会主体的人，或侧重对社会和人的关系，进行综合性的研究，因而是具有自己独特的对象和方法的学科。它主要研究人与人之间的社会关系及人与人、群体与群体之间的相互交往和相互影响的原因和结果，研究社会环境、社会制度、行为生活方式等因素对社会发展和人的健康的作用，注重全面衡量生物、心理、社会因素对人的社会发展和健康的影响。

　　健康不仅是个人问题，亦是社会问题。这一问题包含以下三个方面的含义：一是人的健康本身就包含着个人与社会关系的状态。健康不仅指一个人身体有没有出现疾病或虚弱现象，还指一个人生理上、心理上和社会上的完好状态，个人与社会的关系是否完满、和谐。二是指除生物因素外，经济、文化、社会形态、家庭等环境及自身的情绪、情感生活习惯等与人的健康和发展都有着十分密切的联系，人的健康与社会环境息息相关，受社会环境的影响和制约。三是指人的健康是社会健康发展的基础，是衡量社会发展状况的重要因素。从社会学的角度来看，传统保健体育对人的健康和社会发展有着积极的意义。

现代社会中，健身手段日益丰富，人们有着十分广泛的健身运动选择，但人们选择健身运动时往往会受到种种环境条件的限制。而传统保健体育项目一般不受场地、时间、器材、年龄、身体状况等限制，可随时随地进行锻炼，且简单易学，功效明显，适于不同经济条件、不同生活环境、不同年龄段的人群练习。

传统保健体育有益于缓解社会现代化对人的健康造成的损害。现代社会的人们，无论是体力劳动者还是脑力劳动者，其生活的一个共同特点是节奏快、效率高。长期保持紧张状态，身心处于巨大压力之下，极易产生焦虑、精神不振及心脑血管等方面的疾病。另外，物质资料的丰富，使人们罹患糖尿病、肥胖症、冠心病、高血压病等疾病的机会大大增加。在这种情况下，选择适当的传统保健体育项目进行锻炼，对于缓解现代化的负面影响有着积极的作用。如太极拳、太极剑、导引等传统保健体育项目刚柔相济、动静结合、意动身随、气息自然，脑力劳动者在紧张的伏案工作之余，习练一番，可神清气爽、精神饱满，长期锻炼，则对增进身心健康有明显作用。

传统保健体育有益于加强人们之间的相互联系与沟通。传统保健体育项目除了单人锻炼之外，也可以进行集体锻炼。集体锻炼过程中，人们之间互相尊重、互相鼓励、互相切磋技艺，可促进相互间的亲切感、融洽感，不但可以强身健体，还可以增进人的社会交往。

二、传统保健体育的社会价值

体育文化的价值在于它满足了人性发展的需要。在传统保健体育的发展历程中，各民族所形成的不同形式的体育活动，与民族的价值观念、稳定的价值取向及社会关系有着密不可分的联系。故传统保健体育具有多元价值的属性，它几乎能够满足人们各个层次的价值需要，因此，全面探索传统保健体育的社会学价值有着十分重要的意义。

（一）弘扬民族精神，增进民族凝聚力

民族精神，是一个民族长期形成的带有本民族特点、体现本民族精神风貌的意志和品格。民族精神是民族文化的深层内涵，是一个民族在历史活动中表现出来的富有生命力的优秀思想、高尚品格和坚定志向，具有对内动员民族力量、对外展示民族形象的重要功能。民族精神是一个民族自立于世界民族之林的必要条件。

民族精神是民族特质的聚集和集中表现，是一个民族漫长历史经历的沉淀和升华。传统保健体育由于其特殊的历史渊源，对于中华民族的所有成员都具有强烈的精神激励功能。传统保健体育运动能够激发国人团结爱国、拼搏向上的民族自尊心、自信心和民族自豪感。传统保健体育作为一种独特的文化形式已成为弘扬民族精神的重要手段，并且成为凝聚华夏民族的精神纽带。

（二）改善人际关系，促进社会和谐发展

体育运动是在社会互动场所中个人与个人、个人与集体、集体与集体之间频繁交互的媒介。在这些活动中需要人与人之间的沟通、配合与协调。如在体育游戏与比赛中要学会理解人与人之间的关系、意识到自己在相互关系中的位置等，这都为我们提供了一个自我教育与学习的契机。

NOTE

传统保健体育，不仅可以调节人们的精神状态，愉悦身心，还可以作为一种交际手段，缩短人与人之间的距离。运动像一座桥梁，架起了人们之间和谐相处的梦想，有助于建设和谐的社会关系，实现"中国梦"。

（三） 提高生活质量，增加生命的长度和宽度

人类对自身的认识和修炼是人类得以生存和发展的决定性因素之一。传统保健体育作为重要的健身手段与人类社会文化的发展息息相关，它是人们在长期的生产和生活中积累的健身养生的理论和实践，体现了中国古代对生命本质、生命活动规律及疾病发生等特点的认识，形成了特有的身体观、运动观和健康观，为人类的健康做出了巨大的贡献。

大多数成年人的慢性疾病都是由不良的生活习惯和生活方式造成的，如饮食习惯、吸烟饮酒、过度熬夜等。越来越多的科学证据表明，习练传统保健体育项目可增进健康，并能有效防止各种慢性及非传染性疾病的发生，有助于提高人们的生活水平和生命质量。

第二节　传统保健体育与心理学

心理学是研究心理现象的事实、机制、规律和本性的科学。体育心理学作为心理学的一个分支，是研究体育运动这一特定情境中的心理和行为的科学。传统保健体育作为体育的一部分，在体育心理学领域也因其自身独特的理论体系和锻炼行为，在促进心理健康、完善性格发展、改善情绪体验方面发挥了积极的作用。心理学的基本任务是研究心理现象的规律，这在理论上和实践上都具有重大的意义。青年时期是一个人独立地走向社会生活的准备时期，也是一个人开始认真思考自己未来生活道路的重要时期，从传统保健体育教学和锻炼的角度认识传统保健体育对青少年心理成长的作用，具有积极的意义。

一、心理学与体育

（一） 心理学

心理学是通过研究人的行为和生理特点来研究人的心理现象及其规律。心理现象是心理活动的表现形式，一般把心理现象分为两类，即心理过程与个性心理。

（二） 心理学在体育运动中的应用

心理学在体育教育、竞技运动和大众健身三大体育运动领域中的研究应用，分别衍生了体育心理学、运动心理学和锻炼心理学三个分支学科。

体育心理学是研究体育运动这一特定情境中的心理和行为的科学。具体而言，体育心理学是研究体育运动情境中认知、情感和行为的科学，主要的研究目的是提高教与学的效果。体育心理学研究对象为学生和教师，侧重研究体育教学过程中的心理现象，特别是学生在学习过程中的心理特点和变化；运动心理学研究对象为运动员和教练员，侧重研究竞技运动训练和比赛中的心理现象，特别是运动员在训练和比赛过程中的心理状态和变化；锻炼心理学研究对象为大众，侧重研究体育锻炼过程中的心理现象。

二、传统保健体育对心理的影响作用

对于每个人来说，正常和异常的行为都是心理、生理和社会共同影响的产物，传统保健

体育学习和锻炼作为一种生活方式和行为方式，能够影响人的心理，对人心理的影响作用既有体育对心理影响作用的共性，又可因自身独特的文化内涵对心理影响具有一定的特殊性。

（一）传统保健体育对心理的一般影响

1. 改善情绪　情绪状态是衡量体育锻炼对心理健康影响的最主要指标。人生活在错综复杂的社会中，经常会产生忧愁、紧张、压抑等情绪反应，体育锻炼可以转移个体不愉快的意识、情绪和行为，使人从烦恼和痛苦中摆脱出来。经常参与体育锻炼可降低人的焦虑反应。

2. 提高智力水平　经常参加体育锻炼可以提高自身的智力水平，不但可使锻炼者的注意力、记忆力、反应、思维和想象等能力得到提高，还可以使其情绪稳定、性格开朗、疲劳感下降等。这些非智力成分对人的智力具有促进作用。

3. 确立正确的自我观念　自我观念是个体主观上对自己的身体、思想和情感等的整体评价。体育锻炼对于改善人的身体表象和身体自尊至关重要，且加强力量训练会使个体的自我观念显著增强。

4. 培养坚强的意志品质　在体育锻炼中要不断克服客观困难（如气候条件的变化、动作的难度或意外的障碍等）和主观困难（如胆怯和畏惧心理、疲劳等），锻炼者越努力克服客观、主观方面的困难，越能培养良好的意志品质。而这种从锻炼中培养起来的坚强意志品质亦能够迁移到日常的学习、生活和工作中去。

5. 消除疲劳　疲劳是一系列综合症状，这与人的生理和心理因素有关。当一个人情绪消极，或任务超出个人的能力时，生理上和心理上都会很快地产生疲惫感。持续紧张的学习、工作和过重的生活压力极易造成身心疲劳和神经衰弱，保持良好的情绪状态和参加中等强度的体育锻炼可以使身心得到放松。

6. 治疗心理疾病　体育锻炼被公认为一种心理治疗方法。焦虑症和抑郁症患者通过体育锻炼可减缓症状。

（二）传统保健体育对心理的独特作用

1. 武术与心理健康　武术运动具有朴实的、独特的民族风格，练习时不受时间、季节的限制，具有广泛性和适应性。武术运动以套路运动形式为主，要求做到手、眼、身法、步和精、气、神内外结合，高度协调；在动作上要求在短时间内完成快慢相间、转折顿挫、节奏紧凑、动作敏捷的动作形象。坚持习练武术套路能够发展习练者的肌肉运动感觉、动作表象、运动记忆、动作想象、思维能力及积极的增力性情感，同时能够培养习练者的坚定性、目的性、自制性和勇敢顽强等意志品格特征。

2. 导引与心理健康　导引是以肢体运动为主配合呼吸吐纳的传统健身方式。导引锻炼的三要素为"调身""调息""调心"，在进行肢体运动的同时，也强调心理调节和呼吸吐纳。人的思维活动和情绪变化皆能影响五脏六腑的功能，如"怒伤肝，喜伤心，思伤脾，悲伤肺，恐伤肾"等。导引运动中的"调心"就是要把这些不利于身体健康的情绪变化和思想杂念排除掉，营造良好的内环境，以抵御各种外界因素对机体的不良刺激。习练过程中应不断加强意念对自身控制的能力，动作练习强调轻松、柔和、缓慢，使大脑进入宁静、虚空和轻松的境界，心神安宁、减除杂念、精气充沛则疲劳消除。因此，导引锻炼有利于练习者进入"松"和

NOTE

"静"的状态。通过身心放松，稳定情绪，调整呼吸，心身松弛，缓冲应激，调整、协调、修复、改善心身机能状态，以达到治疗和预防疾病的目的。

第三节　传统保健体育与生理学

生理学是以生物机体的生命活动现象和机体功能为研究对象的一门科学。生理学的任务是阐明生物体及其各组成部分在正常情况下所表现出来的各种生命现象、活动规律及其产生机制，以及机体内、外环境变化对这些功能活动的影响和机体所进行的相应调节，并揭示各种生理功能在整体生命活动中的意义。

一、传统保健体育对循环系统的影响

人体的循环系统包括血液循环系统和淋巴系统两个部分，血液循环系统包括心脏、血管和血液；淋巴系统包括淋巴结、淋巴管及淋巴液。淋巴系统可以看作是血液循环系统的辅助部分。

血液循环系统在人体内起到物质运输的作用，主要是不断运送氧气和营养物质，供人体各个部分的需要，同时将各内脏、器官、组织及细胞新陈代谢后产生的废物运送出体外，如机体组织细胞代谢产生的二氧化碳，可通过循环的血液经肺脏排出体外，还有些废物是通过血液运送到肾脏，由肾脏滤过从尿中排出。只有循环保持畅通，循环流速和流量符合机体要求，血供充沛，人体机能才能旺盛。

人体在运动的状态下，需要机体加快新陈代谢，以提供更多的能量。循环系统则需要不断地向肌肉组织和运动器官输送氧气和营养物质。因此，通过运动锻炼，能够加快机体的循环速度，从而使其功能得到增强。

心脏是血液循环的动力器官，心脏的节律运动在循环系统中发挥着举足轻重的作用。运动可使心肌的兴奋性提高，血流加快，冠状动脉扩张，肌球蛋白的 ATP 酶活性增强，肌球蛋白与肌动蛋白的相互作用提高，肌丝收缩增强，从而提高心肌的收缩力。长期坚持锻炼可使心肌糖原含量、肌红蛋白、己糖激酶活性提高，心肌摄取血糖的能力增加，氧化血乳酸的能力增强，并提高心脏的功能储备，使血液循环功能得到较好的发挥。因此，经常进行体育锻炼的人，心肌纤维增粗有力，心率减缓，心脏舒张期延长，心脏储备能力提高。另外，运动能够加快血液循环，挤压按摩血管，使血管弹性和容量增加，血管功能得到改善。

传统保健体育对人体的血液循环系统产生的影响主要是通过影响心脏、血管和血液循环实现的。传统保健体育项目要求放松、入静和意守丹田，练功时间通常以 15 ~ 30 分钟为宜。实验研究发现，长期习练传统保健养生功法可以扩张冠状动脉、减慢心率、降低心肌耗氧量、降低血压、减少心绞痛发作，同时还能降低血液黏稠度、改善微循环、调节脂质代谢和糖代谢。所以，传统保健体育对冠心病、高血压病、高脂血症等与循环系统关系密切的疾病具有改善作用。

1. 太极拳对血液循环系统的影响作用　太极拳在我国是一项深受人民群众喜爱的传统保健体育项目，是一种常见的养护心脏、治病强身的健身方法。太极拳的拳法特点是运动柔和、放松，太极拳在习练的过程中要求呼吸深长、柔和、自然，气沉丹田，这是一种横膈运动与腹肌运动相结合的规律性均匀呼吸运动，要用意而不用力。太极拳锻炼时心率应保持在110次/分左右，相当于最大心率的60%~70%，虽然运动强度不大却对心脏功能具有一定的影响。研究表明，长期坚持太极拳锻炼的老年人每搏输出量较大、安静心率相对较低，提示长期坚持太极拳锻炼可使老年人心脏功能保持良好的状态。

练习太极拳往往采取腹式呼吸，呼吸时膈肌和腹肌的收缩和舒张使腹压不断变化，可以调节腹腔静脉的回心血流量。在太极拳的练习过程中，人体的肌肉和关节处于放松状态，毛细血管舒张，静脉、淋巴的回流加速，减轻了心脏的负担。另外，太极拳通过"调心"能够改善自主神经功能，加强心气统辖血液运动的能力，起到改善血液循环、养护心脏的作用。

2. 五禽戏对血液循环系统的影响作用　作为一种医疗体操，五禽戏通过模仿动物的各种姿态，使全身的各个关节、肌肉都得到锻炼，间接地起到了锻炼脏腑的作用。从中医的角度看，虎、鹿、熊、猿、鸟五种动物分属于木、水、土、火、金五行，对应于肝、肾、脾、心、肺五脏。因此，通过动作形体运动能够影响人体的内脏。尤其是五禽戏中的猿戏可以按摩心脏，改善循环系统功能，从而延缓衰老；五禽戏中的鸟戏通过肢体动作、升降开合，起到宣肺理气的作用，有助于增加肺活量，提高气血的运行和活力，有利于改善人体的气血循环。

五禽戏能够起到改善循环系统的生理学原理有以下三个方面。首先，在模仿动物爬行或采用动物卧姿时，因身体高度降低接近水平位置，血液循环阻力降低，十分有利于体内血液循环的运行，使心脏能够相对轻松地把新鲜血液泵送到身体的各个部位，并能及时地将人体内代谢产物排泄而出，降低血压和减慢心跳，从而改善血液循环。其次，五禽戏在锻炼的过程中，用鼻吸气，用口呼气，注重呼吸吐纳，采用自然平静的腹式呼吸，起吸落呼，开吸合呼，蓄吸发呼，以加强呼吸运动。膈肌的上下运动，不断改变胸压和腹压，使呼吸系统能够得到充分的血液供应，从而提高血液循环中气血交换的效率，提高机体的血液循环功能。研究发现，长期规律的五禽戏锻炼可以提高线粒体氧化呼吸链中复合酶的活性，提高线粒体的整体功能，为心肌泵血提供足够的能量。再次，五禽戏的锻炼强调运动顺其自然，注重意念的调节和肌肉适度的收缩、舒张，使毛细血管处在放松的状态下，有利于人体周围组织血液循环的改善。

3. 八段锦对血液循环系统的影响作用　研究证实，练习八段锦能够改善心血管功能状态。八段锦的动作柔和缓慢、圆活连贯，通过外部肢体屈伸来调节机体内部气机的升降开合，可使全身筋脉疏通，从而达到调畅气血的作用。各段功法动作虚实变化和姿势转换衔接无间断，动作路线为弧形，符合人体各关节自然弯曲的规律，能够有效地活动肢体关节，促进身体各部位的血液循环。八段锦锻炼较为全面，从头至足，全身关节和肌肉无一处不动，而且动作均符合其生理功能要求。"摇头摆尾去心火"一式与中医学理论中的心相应，因此，通过此动作的练习能够增强心主血脉的功能。本功法一为脊椎运转，一为意守涌泉，以肾水济心火，则心肾相交，诸恙自愈。另外，此运动可以加快下肢血液循环，促进躯干和头部的血液回流，增加心脏、肾脏等重要器官的血容量，并帮助因为久坐而导致脊柱僵硬者有效地预防颈、腰椎疾病。

4. 易筋经对血液循环系统的影响作用　易筋经是一种通过锻炼来变易筋骨的导引强身方

法。通过外动易筋强骨，内静攻心纳意来达到强身健体的目的。易筋经是"调息"与"调心"相配合的静止性肌肉锻炼，对血液循环的影响主要是通过肌肉等长收缩牵拉肢体活动实现的。易筋经的一个重要作用是抻筋拔骨，通过对肢体韧带的牵拉，达到按摩血管，增加血管弹性的作用，在一定程度上也能够改善人体的血液循环。另外，易筋经对心肌的锻炼和休息是反复间歇进行的，这可以增加心肌的收缩力，提高心脏将心室的血液推动至外周血管的能力，使心脏后负荷得到改善，心脏每搏射血量增加，从而使心功能得到改善。同时，因心脏排空量增大，前负荷也得到改善，心肌顺应性和舒张性增强，促进了机体的血液循环，从而亦起到了改善心脏功能的作用。

易筋经的动作轻灵圆活，富有节奏，肌肉张弛有度。锻炼可改善心肌能量代谢，提高冠状动脉血流量及血管舒张功能，抑制心室肥大，提高心肌细胞收缩功能，从而改善机体的循环功能。研究发现，长期进行易筋经的锻炼可使迷走神经张力增高，使发生心室颤动的阈值升高，有利于血液循环保持在稳定的状态，对心脏可起到保护作用。

二、传统保健体育对免疫系统的影响

免疫是指机体对入侵异物的识别、排除和消灭的过程。免疫系统是机体发挥免疫功能的物质基础，包括免疫器官、免疫细胞及免疫分子三部分。传统保健体育功法锻炼能够培养真气，促进各脏腑功能的发挥，提高机体抗病的能力，从而达到养生延年的目的。研究发现，传统保健体育项目如太极拳、易筋经、八段锦、五禽戏和练功十八法等，运动强度适中，可通过姿势训练、呼吸调整等途径改善机体的免疫机能。经常练习传统保健体育项目的人群，细胞免疫和体液免疫功能好于未练人群。

运动对免疫系统的影响与运动强度、运动时间、运动频率有关。长期规律的运动能够加强非特异性免疫功能，能够增加机体某些酶的活性，增加 T 细胞、B 细胞数目和功能，增强杀伤细胞的数目和能力。

传统保健体育运动通常为中低强度的有氧运动，其之所以能够防病治病，根本原因在于练功具有扶正祛邪的作用。对练功者血象检测的研究提示，练功前白细胞总数正常或低下者，练功后可出现白细胞数增加、粒细胞的吞噬活力加强、吞噬指数升高、淋巴细胞百分率增加、唾液中溶菌酶活力增强，血清总补体增高。另有研究发现，癌症病人放疗或化疗后，练习气功能使其白细胞恢复正常，说明锻炼能双向调节免疫功能。有报道显示，唾液中的 SIgA 在练功之后显著升高；同时也观察到血清 IgG 水平偏高者，练功后可趋向正常，可见传统保健体育健身功法具有双向调节免疫功能的作用。

传统保健体育能促进免疫功能，一方面在于提高免疫细胞的吞噬功能和免疫球蛋白的活性。另一方面在于能够促进心理健康。传统保健体育项目动作柔和，松静自然，意气相合，动静交替，练习后心情畅快，精神振奋，可提高自信心，从而消除了不良情绪对免疫抑制的影响。实验证明，运动后的良好心理效应可使免疫细胞的应答能力明显提高、免疫细胞的活性增强、免疫细胞的数量增多，使人的免疫能力保持在一个较高的水平上。

1. 太极拳对机体免疫系统的影响　太极拳刚柔相济，动静结合，通过对垂体或更高的内分泌中枢的调节可改善靶腺功能，继而对机体代谢产生积极的影响，因此练习太极拳能明显改善机体虚衰状态。有研究发现练习太极拳后，淋巴细胞转化率可有明显升高，显著提高白细胞与吞噬细胞的吞噬能力，可以使唾液中分泌型免疫球蛋白 A 和溶菌酶分泌量增多。

太极拳能够改善机体免疫功能的原因有以下几个方面。首先，太极拳是一项运动负荷和缓适中的运动，而适当的运动强度可促进血液循环，增加机体中性粒细胞、B 细胞和 T 细胞数量，同时可激发各抗体活性，提升免疫力。运动还可以影响外周血 NK 细胞的活性，而 NK 细胞是机体对肿瘤及慢性感染进行免疫监视的重要成分。其影响因运动强度、运动时间、运动方式及个体的体质水平而异。研究发现，系统地进行一段时间的太极拳锻炼后，中老年女性 NK 细胞含量较实验前有所增加。其次，心理与免疫力间关系是互相联系和互相影响的。太极拳动作舒缓，能有效地消除烦恼、紧张、沮丧、不安等消极心理，减轻精神压力，使人心情愉悦、精神振奋，从而更能有效地发挥心理、神经对免疫的作用，使机体获得和保持更高的免疫力。

2. 五禽戏对免疫系统的影响　五禽戏主要通过模仿五种动物，即虎、鹿、熊、猿、鸟的动作，使练习达到意、气、形合而为一，从而实现"调身""调息""调心"的目的。有研究发现，经过 6 个月的五禽戏习练，中老年人的 NK 细胞活性较练习前明显升高，其中女性受试者变化幅度高于男性。

练习五禽戏时，要求排除不利于身体健康的情绪和思想杂念，进入演练五禽戏的意境，抵御各种外界因素对机体的不良刺激，从而提高锻炼者的境界，使其心理状态得到转换调节，有助于缓解练习者精神紧张、减轻心理压力、保持心理的健康状态，进而通过神经、内分泌网络影响人体组织细胞的功能，产生良性效应，以提高人体免疫能力。

3. 八段锦对免疫系统的影响　八段锦以导引为主，配合呼吸调节，意念引导，动作均匀含蓄，形态舒展，内外俱练，动静相兼，重在宣通气血、活动关节、协调五脏六腑，具有对症调理、防病治病的作用。八段锦锻炼能够对人体的免疫系统产生积极的作用。首先从动作设计分析，以第四式"五劳七伤往后瞧"为例，该动作的转头扭臂动作能够调理颈椎，同时挺胸可刺激胸腺，可助调节脏腑，促进自身良性调整，增强免疫机能。

松紧结合是八段锦习练的一个显著特点，要求练功时要做到松中有紧、松而不懈、紧从松来、柔和拔身。练功过程中，"紧"是动作中的一瞬间，而"松"贯穿动作始终。这种松、紧的密切配合和有序转换，有助于促使人体经气流通、关节滑利、活血化瘀、强筋壮骨。从运动科学的角度看，这种松、紧交替的运动也是一种小负荷的运动应激。当机体受到外部因素刺激时，人体会产生适应性的调节，表现为交感神经的兴奋和垂体-肾上腺皮质分泌增多为主的一系列神经内分泌变化，从而调节人体代谢和免疫系统。良性、柔和的持续应激，可以调动全身各脏器组织的准备潜能，提高机体的免疫能力。另外，练习八段锦对内脏具有明显的自我按摩和调理作用。内脏功能改善，有助于消除疲劳，亦可提高免疫能力。实践表明，人们长期参加八段锦锻炼可改善不良心理状态，疏通经络气血，具有保精、养气和存神的作用。

4. 易筋经对免疫系统的影响　易筋经对肢体，尤其是对脊柱的屈伸、扭转和牵拉可对机体免疫系统起到调节作用。研究发现，练功者锻炼易筋经后，淋巴细胞转化率较练功前有显著上升，说明易筋经具有增强机体细胞免疫机能的作用。良好的情绪状态对免疫机能具有积极的影响，通过易筋经锻炼可改善人体的焦虑和抑郁状态，而这种改变也是易筋经锻炼增进人体免疫机能的一个重要方面。

第四节　传统保健体育与疾病

一、传统保健体育与心身疾病

心身疾病是指心理、社会因素在发病、发展过程中起重要作用的躯体器官疾病和躯体功能性障碍，而传统保健体育在一定程度上可以预防或改善心身疾病。随着对传统保健体育养生机理研究的深入，人们逐渐认识到传统保健体育不仅具有养生作用，而且对部分疾病具有改善效果。研究发现，练习太极拳可以大大缓解纤维性肌痛症状。心身医学的核心理论是心身相关，即身体的疾病与人的心理状态关系密切。心身疾病是一组躯体性疾病，但在发生、发展、转归和防治方面与心理因素关系密切。心身疾病广泛地分布在人体各个系统中，大约超过1/3的疾病属于心身疾病的范畴。

西医学身与心的概念与中医学"形"与"神"的范畴异曲同工。中医学的核心理论之一——整体观念强调，人的形体与精神是统一的，即形神合一。"形"，指人的物质基础，包括肌肉、筋骨、脏腑等组织器官；"神"，指情志、意识、思维等精神活动，是人体功能的反应。中医的形神合一也就是西医学理论的心理与身体的关系。明代中医学家张介宾云"形者神之体，神者形之用""无神则形不可活，无形则神无以生"。故心理健康必以身体的生理健康为基础，所以要维护心理健康，必须强调躯体无病痛。而反过来，心理问题也可以影响生理的健康，所以要想保持生理健康，又必须强调心理无障碍。两者没有矛盾，并不对立。只有追求心身和谐，才能"形与神俱，而尽终其天年"。《内经》云"恬淡虚无，真气从之，精神内守，病安从来""精神不进，意志不治，故病不可愈"，可见，机体的精神状态不仅对疾病的发生影响巨大，而且对于疾病的治疗与康复也意义重大，强调了人的心身统一。

传统保健体育深受中医学"整体观念""形神合一"理论的影响。习练传统保健体育讲究动静结合，动中有静，静中有动，动以养形，静以养神。传统保健体育的锻炼方法分为内功与外功两类，即所谓的"内练精气神，外练筋骨皮"。内功"调身"以养生，"调息"以养气，"调心"以养神，使机体主动进入"精神内守"的状态，内功以静神为主，其中又包涵呼吸与意识活动，故静中有动。外功是有意识地按照一定的程序进行一定的体育活动，强调意志专一，故动中有静，如五禽戏、八段锦、太极拳等便是体现。传统保健体育注重形动神静。"形动"，即加强形体的活动锻炼，《吕氏春秋·达郁》以"流水不腐，户枢不蠹，动也"指出，形气亦然，形不动则精不流，精不流则气郁。筋骨肌肉、四肢百骸需常动，形动既可使体魄强健、筋骨发达壮实，又可促进气血流畅、新陈代谢、脏腑功能健旺。再者，还可借形动济神静，稳定情感，久之可优气质，改善个性。而"神静"则是指精神内守。如此注重形动神静，做到形神统一，不仅可以防病健身，而且可以治疗各种疾病。传统保健体育在此基础上，通过疏通经络、舒畅情志，以达形动神静、形神合一之境界，进而强身健体、预防、治疗疾病。

（一）传统保健体育有利于预防心身疾病

预防心身疾病，即中医学的"治未病"。《素问·四气调神大论》指出："圣人不治已病治未病，不治已乱治未乱，此之谓也。"随着医学模式的转变，"治未病"的理念与实践引起了医学界的广泛关注。所谓的"治未病"就是要在人体的不同状态下达到未病先防、既病防变、瘥后防复。传统保健体育实质上是我国古代医家经过长期反复的临床实践，总结出的一整套养生健体防病之法，代表功法有五禽戏、八段锦、易筋经、太极拳等。传统保健体育通过身心合一、内外兼修、整体和谐的运动提高人体抵抗病邪的能力，以达到正气旺盛、阴阳平衡、气血畅通、脏腑协调的未病状态，从而使人体远离疾病与亚健康。

（二）传统保健体育有利于心身疾病康复

一个人的伤病及其后遗症可能无法消除，但是经过康复治疗，可以恢复其生活自理功能，并能参加社会活动，这就是康复的作用。随着人们经济、文化、生活水平的提高，健康的理念正在从"治病保命"为主要目标向"功能恢复，提高生活质量，重返社会"这一新的目标转变。

传统保健体育以"不通则痛"和"用进废退"的中医理论为指导，可使筋骨、气血、脏腑等通过活动得到锻炼，以增强机体对疾病的抵抗力和对环境变化的适应能力，使某些失去平衡或受到损害的机能得以恢复。

例如五禽戏，练猿功可固纳肾气，适用于肾虚及肺肾虚之喘证；练鹿功可增强胃气，适用于脾胃虚弱、消化不良者；练虎之戏，可扩张肺气，适宜肺气壅塞、清肃之令不行者；练熊功可舒畅肝气，适用于肝郁不舒、肝气横逆者；练鹤功可增强心脏及全身功能，适用于心神不宁、全身不适者。因此，可根据患者身体状况、病情进行选练，做到辨证施功，促进疾病的康复。

再以太极拳为例，太极拳可以从生理和心理两个方面促进疾病的康复治疗。生理上，太极拳通过增强神经系统的灵敏性、舒筋活络、调畅气血、增强肌肉柔韧性与力量促进疾病康复。心理方面，练习太极拳注重"心静用意，心无杂念""刚柔并重"，练习后能够使人顿感轻松，情绪平稳，促进心理疾病康复。

总之，传统保健体育具有许多功效，可根据自己的实际情况，辨证施功，适当锻炼，坚持不懈，可助疾病的康复。因此，大力推广传统保健体育健身活动对提高国民的身体素质、维护广大人民身心健康、促进各种疾病的康复具有积极意义。

二、传统保健体育与骨伤科疾病

（一）传统保健体育与颈椎病

颈椎病按病变部位、范围及受压组织的不同可出现不同的临床表现。颈椎病的治疗方法很多，包括针灸、推拿、手术等方法，但难以根治，容易复发。传统保健体育运动对颈椎病的防治、康复和治疗有着较好的效果。古人根据中医经络学说、导引、吐纳等，创编了一系列刚柔相济、快慢相间且符合人体结构、自然规律的拳术。此类拳术是集哲学、道学、医学、养生学于一体的健身运动。应用此法治疗颈椎病可疏通血脉、调畅气机，起到缓解颈脊部肌肉痉挛、改善局部血液循环、松解粘连、消肿止痛的作用。同时具有防止肌肉萎缩、关节强直，使受损的组织得以修复，加强颈椎的稳定性。

1. 太极拳锻炼对改善颈椎病的作用

（1）太极云手　太极云手讲究内外兼修、动静结合，且动作缓慢，有利于提高机体的稳定性。太极云手以左手为主的右手相随，以右手为主的左手相随，绵绵不断，形似流水，动静

NOTE

结合，可增强颈部左侧屈和右侧屈功能。另外，太极拳对颈椎曲度异常有较好的矫正作用，可加强肌肉力量，改善颈部肌肉紧张。

（2）太极推手　太极推手之初以轻推为主，讲究用意不用力，使肢体在完全放松的情况下做弧形运动。太极推手的基本动作包括悬顶、弛项、含胸、拔背，这就要求在上下、左、右四个方向施以静态的张力，此法有助于恢复颈椎及胸椎的生理曲度，长期练习还可以延缓退变，消除颈肩部肌肉的异常应力，纠正力线，恢复肌肉与关节静态与动态的平衡，而且在增强关节的稳定性及肌肉的功能。

2. 八段锦锻炼对改善颈椎病的作用　八段锦重点在于对各关节和韧带的锻炼，其能舒经活络，全面改善人体机能，尤其是上肢和颈部的拉伸旋转动作对颈、肩部的影响更加明显。八段锦的每一式都具有舒筋活血、调节脏腑的功效。练习时要求上下、左右协调配合，动作柔和缓慢，有张有弛。练习时，以形体活动配合呼吸吐纳来引导津液气血在全身的运行，以达到顺畅气血、调和脏腑、健身祛病的目的。如"两手托天理三焦"，该式通过两手交叉上举，缓慢用力，保持深拉，使三焦通畅、气血调和，有利于颈部气血运行和肌肉及关节对营养物质的摄取。同时，通过拉长躯干与上肢各关节周围的肌肉、韧带及关节软组织，可提高颈、肩关节的灵活性，防治肩部疾患和颈椎病。

3. 练功十八法锻炼对改善颈椎病的作用　练功十八法可用于防治颈、腰部疼痛及四肢关节酸痛、腱鞘炎、网球肘、内脏器官功能紊乱，以及中老年慢性支气管炎和心肺功能减退等。该功法主要是通过头部和肩部的活动促进血液循环，增加局部血流量，改善肌紧张和痉挛，增加脑的供氧量，从而使交感神经受压的症状如颈部麻木、酸胀、沉重感等得以解除。

4. 五禽戏之猿戏的锻炼对改善颈椎病的作用　猿戏中的耸肩、缩胸、收腹、提肛、提踵、转头、缩项、夹肋、屈肘、提腕、团胸等动作能够实现全身的开合和缩放，使颈椎、胸椎、腰椎等部位得到充分的活动。两掌上提时，缩脖、耸肩、团胸吸气，可挤压胸腔和颈部血管；两掌下按时，伸脖、沉肩、松腹，扩大胸腔体积，可按摩心脏、改善脑部供血。对于长期伏案的工作人员，进行猿戏练习尤为适宜。

（二）传统保健体育与肩周炎

肩周炎是肩关节周围肌肉、韧带、肌腱、滑囊、关节囊等软组织损伤、退变而引起的关节囊和关节周围软组织的慢性无菌性炎症，以肩关节疼痛和活动不利为主要症状。早期（疼痛期）和冻结期（僵硬期）肩周炎的治疗以缓解疼痛、预防关节功能障碍、恢复关节运动功能为主，可采取主动运动练习。主动运动是整个治疗过程中极为重要的一环。恢复期，以消除残余症状为主，应继续加强功能锻炼，增强肌肉力量，恢复在先期已发生废用性萎缩的肩胛部肌肉、恢复三角肌等肌肉的正常弹性和收缩功能，以达到全面康复和预防复发的目的。

1. 太极拳锻炼对改善肩周炎的作用　二十四式或四十二式任选一式，进行1~2遍练习，每日1~2次，可使肩关节得到充分的活动，改善局部供血，有利于关节功能的恢复。

2. 易筋经锻炼对改善肩周炎的作用　通过易筋经锻炼，可以使肩周炎患者气血周流全身，肩背部血液循环加快，保证肩背肌肉筋膜的血液供养，调节肩背物质代谢，利于肩背部损伤的软组织修复。

3. 练功十八法锻炼对改善肩周炎的作用　研究证明，采用练功十八法第一套防治颈肩痛，对肩关节活动度有改善作用，对肩关节周围炎具有良好的防治作用。

（三） 传统保健体育与腰椎间盘突出症

腰椎间盘突出症是由于椎间盘退变或纤维环破裂后髓核突出压迫神经根造成腰腿痛的一种常见病。反复发作的腰痛伴坐骨神经痛是本病的主要症状。

1. 太极拳锻炼对改善腰椎间盘突出症的作用　太极拳习练过程中十分重视腰的作用，时刻留意以腰为轴带动全身和四肢协调运动，使劲力完整、气机畅达、气敛入脊背，达到中气和内劲贯于脊中的要求。同时还要悬顶、提肛、尾闾中正，以培补肾气、和调任督二脉之气。太极拳运动中，旋腰转脊可带动四肢的屈伸、旋转、收展，形成一种以腰为轴的缠绕运动，从而达到健肾固腰的效果。经常习练太极拳可以使腰背部紧张痉挛的肌肉、神经得以放松，使血液循环得到较好的改善，对于增加肌群力量、增强腰椎的稳定性和灵活性、改善腰背部运动功能大有裨益。

2. 易筋经锻炼对改善腰椎间盘突出症的作用　易筋经是一种以脊柱运动为主的健身气功。在练习过程中，要求做到旋转屈伸、松紧适宜，以腰带动脊柱的旋转屈伸，并可带动内脏和四肢。从运动解剖学角度看，易筋经运动所致的脊柱旋转屈伸、节节拔伸，有利于改善椎体、椎间关节、脊柱韧带及肌肉的受力和排列。从易筋经的运动力学角度分析，其运动时肌肉主动等长等张收缩和躯干牵伸可以增强躯干的稳定性。练功过程中，习练者由起势时的站姿向运动过程中的下蹲、马步过渡，对腰部核心肌群中的腹横肌、多裂肌有良好的训练刺激作用，可使之稳定性、协调性得到提升。同时，易筋经运动时肌肉的主动静力收缩和躯干牵伸也有利于缓解下腰痛。易筋经牵伸对象是经筋，与西医学中的肌肉、筋膜及周围神经相对应。在患者练习易筋经的过程中，通过自身体位牵引可起到缓解肌肉等组织痉挛的作用。

另外，易筋经对疼痛的治疗作用可以分成两方面来认识。其一，易筋经的练习可使局部痉挛的肌肉得到有效牵伸，缓解疼痛；其二，练习易筋经可使肌肉特别是固摄丹田的腹横肌及多裂肌得到充分的锻炼，强化经筋，从而缓解椎体压力，降低椎间盘负荷，使腰部稳定性增强，预防疼痛的发生。

易筋经中"卧虎扑食"势通过改善下腰痛患者下腰肌肉的募集次序，可使失活的肌群重新发挥稳定椎体的作用，以改善腰椎的核心稳定性。"卧虎扑食"势是全身性动作，在运动时，思想要集中，做到心神专一，"心静用意""静气凝神"，使意识不断指导动作。此动作不仅锻炼躯干肌肉，也使人体信号输入系统（视觉系统、前庭系统、本体感觉系统）功能得以改善，同时习练者协调性、本体感觉能力亦可提高。而视觉前馈系统的激活又可以使患者在超负荷情况下有效调节躯体肌肉，以达到稳定腰椎的作用，减少下腰痛的复发。

（四） 传统保健体育与中风后遗症

中风后遗症是指中风患者经抢救治疗 6 个月后仍遗留的口眼㖞斜、语言不利、半身不遂等症状的总称。对于肢体运动功能障碍的中风后遗症患者来说，功法锻炼是较为适合的治疗手段，但宜选择难度适宜、运动强度偏低的项目。传统功法锻炼主要针对中风后遗症运动功能障碍者，可有效地促进其气血流通，使精血旺盛、筋骨劲强，从而改善患者的肢体运动功能，同时可以兼顾到其他伴随症状或功能障碍，如语言功能障碍、心理障碍等的康复。语言功能的恢复主要通过运动过程中配合呼吸吐纳和发声练习而实现，如易筋经锻炼中的配合发"嗨"音等；心理障碍的改善有赖于传统功法运动中强调的精、气、神，常用的传统保健体育功法有太极拳、易筋经、八段锦等。

（五）传统保健体育与骨质疏松

原发性骨质疏松是以骨量减少、骨的微观结构退化为特征的，致使骨的脆性增加及易于发生骨折的一种全身性骨骼疾病。疼痛是原发性骨质疏松症最常见的症状，以腰背痛多见。

有研究分析表明中等强度的运动能够阻止骨量的丢失。太极拳运动讲究"以意调息""以意导气"，就是通过气的调养沟通内外，与自然融合，是一种集等张运动和等长运动于一体的中等强度运动项目。通过肌肉收缩产生负荷直接或间接作用于骨，可改变骨内电压，进而刺激成骨细胞生成，表现在不仅可以维持骨量、增加骨密度，还能使骨的弹性增加，增强抗弯曲、抗挤压和抗扭转的能力。太极拳独特的身型法、步型法及柔缓的波浪式运动，对骨膜可起到一定的按摩作用，亦可改善骨组织的血液供应，促进骨骼对营养物质的吸收。同时，太极拳运动属于有氧运动，已有研究表明，长时间有氧锻炼可提高肌肉强度、协调性和平衡性，可修复骨结构和骨量，刺激成骨细胞活跃，使骨生成增加。太极拳运动还特别注重下盘脚腿功夫的锻炼，迈步如猫的步法，使下盘脚腿稳固有力，所以太极拳运动对于发展腿部的力量和耐力、增强平衡能力、延缓骨质疏松症的发生、增强下肢骨的支撑力、保持关节灵活性和韧带的柔韧性都极为有利。太极健身球运动是继承民间体育中的踢毽子游戏，结合现代球类运动规律的传统体育项目的新延伸。这一项目有助于提高血清骨钙素含量，对于改善骨密度及骨代谢具有良好的作用，是较为理想的健身强体方法。

三、传统保健体育与内科疾病

随着人们生活水平的提高，饮食习惯转向高脂和高糖食物，加之运动少、人口老龄化的日益突出，心血管病、糖尿病等慢性疾病的发病率逐年上升，成了影响人们健康的主要因素。传统保健体育项目大多具有柔和、缓慢、轻灵的特点，非常适合于慢性病患者及亚健康人群练习，它能调节人体的阴阳平衡，调畅气血，舒展筋骨，培植正气，使人体的功能发挥正常，以达到内外调和，预防疾病，抵抗外邪和延年益寿的目的。近几十年来，由于运动生理学、运动生物化学、运动生物力学等运动人体科学实验指标和方法的发展，传统保健体育强身健体、防病祛病的功效已得到充分证实。

（一）传统保健体育与高血压病

高血压病是一类由多种病因引起的不断进展的疾病，可导致心脏和血管功能与结构的改变。高血压病分为原发性高血压和继发性高血压两类，通常我们所说的高血压病是指原发性高血压，约占高血压病患者的95%。高血压病通常起病缓慢，可有头痛、眩晕、心悸、耳鸣等症状。高血压病患者应注意改善生活方式，此为本病治疗的基础，包括戒烟、减轻体重、减少酒精摄入、强调坚持长期适度的需氧体力活动、减少钠盐摄入、增补钾、镁、钙盐、低脂低热量食物等。

1. 太极拳锻炼对改善高血压病的作用　太极拳对高血压病具有独特的治疗作用，其作用机理有以下几个方面：①太极拳对于大脑皮质有很好的调节作用。太极拳运动的整个过程都是在大脑皮质有意识的控制下完成的。长时间的太极拳锻炼可使大脑皮质运动区和其他功能区建立广泛联系，使人体大脑机能进入良好的觉醒状态，这种觉醒状态可提高大脑机能的同步化、有序化水平；进而调节大脑皮质兴奋和抑制过程，提高血管运动中枢的功能状态，重新调节机体的血压水平，使血压能够稳定在较低水平。②练习太极拳时要求松静自然，肌肉放松，使自主神经系统功能得以调整。太极拳的入静及放松锻炼可降低交感神经的兴奋性，增强副交感神经的兴奋性，引起血管舒张，促使血压下降，缓解小动脉痉挛。③太极拳松柔缓慢，采用螺旋式弧形运动，在练习时要求旋腕转膀、旋腰转脊、旋踝转腿，可使全身肌肉收缩和放松交替，动作协调自然，使肌肉韧带在反复旋转中不断对自身的血管平滑肌起到按摩作用，可使血管顺应性改变和压力感受器敏感性增加，改善血液循环和代谢，促进毛细血管密度和数量增加，降低外周阻力，使血流畅通、末梢循环加快、指端血管容积增大，促使血压下降。④太极拳对内分泌系统具有很好的调节作用。太极拳运动训练可使血中的升压激素（洋地黄样物质、儿茶酚胺等）含量减少；降压激素（前列腺素 E、多巴胺、牛磺酸等）含量增加。运动可以使一氧化氮（NO）与内皮素（ET）比值（NO/ET）处于动态平衡的状态，促进了人体内环境的相对稳定，从而降低对血管的紧张程度，达到降压的效果。

太极拳套路中的太极云手动作舒展、姿势圆活，具有很好的健身功效。①练习太极云手可帮助练习者掌握太极拳意念、呼吸与姿势之间的协调关系，而动作与呼吸的有效配合又能够很好地作用于心血管系统，改善血液循环，具有一定的降压功效。②练习太极云手可对中枢神经系统产生影响，令人感觉周身舒适、精神焕发，而情绪的改善又可促进个体血液生化、血流动力，以及机体代谢等多个方面发生变化，对于维持血压稳定有着重要的意义。③常练太极云手可以起到松弛肌肉、调理脏腑的作用，对于维持血压稳定十分有利。

除云手外，太极拳的起势、野马分鬃、左右揽雀尾等动作均可单独练习，也可配合马步、站虚步等步法练习。练习这些太极拳的分解动作适宜高血压病患者日常保健。

2. 太极推手锻炼对改善高血压病的作用　太极推手的保健功效主要作用为强健肢体、愉悦心情、降低血压。推手适用于高血压病、冠心病轻症患者。其是一种双人对练的运动形式，具有一定的对抗性，讲求"以柔克刚"，非但不会造成身体伤害，还平添了许多运动的乐趣。长期练习太极推手能够有效地改善心血管系统功能，改善血液成分和血流速度，促进血液循环，起到降低血压的作用。长期练习太极推手亦可对人体的中枢神经系统产生良性调节，有效缓解高血压病患者的情绪障碍及消极心理，增强其战胜疾病的信心和勇气，对患者的病情控制非常有益。

3. 舒心平血功锻炼对改善高血压病的作用　舒心平血功以指代针可起到治疗和预防高血压、低血压、冠心病等心血管系统疾病的作用。经络和人体脏腑有密切联系，经脉中阴阳经之间存在络属关系。按摩、刺激各经上的穴位，可达到防病治病的目的，如舒心平血功第一节对劳宫穴的按摩，即可起到调整脏腑经络功能的作用。从西医学角度来看，对劳宫穴的刺激可促进新陈代谢，使散热加快，从而浅表血管扩张，血压下降。实践证明，意守劳宫穴 5 分钟，该部位皮肤温度可升高 $0.5℃ \sim 1.5℃$。另外，舒心平血功第六节需手背轻叩命门穴。中医学认为命门是人体生命的原动力，是生命之本、生化之源，轻叩和意守命门穴，可培补人体正气。另外，舒心平血功还注重旋臂转腕的动作，对经络穴位亦可起到了按摩的作用，并可通行气血、沟通表里、贯通上下，使经络阻遏、气滞血瘀现象得到改善。从西医学角度来看，加强旋臂转腕的动作，可影响主动脉弓和颈动脉窦的压力感受器，起到降压和扩张冠状动脉的作用。练功时，全身放松有利于小动脉痉挛现象的改善，从而使血压下降；有意识地延长呼气，可使中枢兴奋性增强，副交感神经兴奋性增强，致周围小动脉舒张，解除痉挛，减少阻力，降低血压。

NOTE

（二）传统保健体育与失眠

失眠是以不易入睡或睡眠短浅易醒，甚至整夜不能入睡为主要表现的一类疾病。引起失眠的原因有很多，如躯体疾病或疼痛、精神疾病、药物副作用、生物节律周期障碍等。失眠治疗的最佳选择是找出并治疗引起失眠的原因或障碍。相比之下，传统保健功法对失眠症状的改善有其独特优势。传统运动如八段锦、太极拳等以肢体开合寓于阴阳运动之中，以导形而引气，使气血顺则脏腑调，可从根本上治疗失眠。另外，其以特有的"调身""调息""调心"作用，缓解大脑疲劳，调整情绪，达到形神共养。传统保健体育运动动作平稳缓和，招式均匀，能使紊乱的神经协调、平衡，不仅具有强身健体、舒筋活血的功效，还能养气、安神、减压、调心，有利于改善睡眠质量。

太极拳锻炼对治疗失眠有较好的疗效，其作用主要在于：①常练太极拳，能加强肾的藏精、保精功能，并能调节内分泌系统。不仅能健身强体，改善阳痿、遗精、腰腿酸软等症状，还能矫治体虚肾亏引起的失眠、多梦等，明显改善睡眠质量。②练习太极拳时，强调练功者要进行"腹式呼吸"，即吸气时慢慢将腹部隆起，想象中气入丹田，呼气时慢慢收腹。通过腹腔压力的改变，使胸廓容积增加，胸腔负压增高，上下腔静脉压力下降，血液回流加速。腹腔压力的规律性增减，加强了腹内脏器的活动，改善了消化道的血液循环，促进了消化道的吸收功能，使夜寐安，减少对睡眠的干扰。③练习太极拳时，讲究形意同练，而且腹式呼吸有内气功的功效，可以调整神经功能，使高度紧张的精神状态得到恢复，阴阳达到平衡，从而治疗神经衰弱、健忘失眠、神志不宁等病证。因此，睡前练太极拳，既能有效地改善睡眠，又能防治多种疾病，是养生保健的上乘方法。

（三）传统保健体育与便秘

便秘可由多种疾病引起，表现为大便量少、质硬、排出困难甚至需用手法帮助排便，可合并一些特殊症状如直肠胀感、排便不尽感等。在口服药物的同时，纠正生活中的紧张情绪，减缓工作节奏及纠正长期忍便等不良习惯，对便秘的治疗至关重要。

1. 太极拳锻炼对改善便秘的作用　中医学认为，肺为百气之主，主调理气机，与大肠互为表里，因而如肺气不降则会导致大便秘结。太极拳通过调节左右胸前三阳经的升降，可将上焦肺气导引至左右手末端的手阳明大肠经，因而具有导气通络治疗大便秘结的作用。

太极拳融合了中国古代阴阳、五行、经络学说及道家的哲学思想和养生术，具有预防和治疗疾病的作用。太极拳强调提顶、收臀、松肩、沉肘、含胸、拔背、裹裆、束肋，注重动作的"松、慢、圆、和"，这是具有积极的治疗意义的。提顶、收臀、拔背，是提神、气沉丹田，使呼吸深细的练功方法；松肩、束肋，能使肺活量和呼吸运动范围增大，从而调节肠道的运动。意、气的调节是太极拳预防便秘的关键。太极拳主张"以意带形，形意合一"，长期坚持可内气鼓荡、周身舒泰，进而调节肠功能。

太极拳中的"左右倒卷肱"是以手三阴、手三阳经脉带动周身经脉的运行，以腰胯的动作带动手脚的运动，"以神为帅，化意带气行"的动作。腰胯运动配合腹式呼吸可以促进肠道及腹肌蠕动，加速肠内糟粕排出体外。

2. 八段锦锻炼对改善便秘的作用　八段锦对慢性、功能性消化系统疾病有明显的治疗效果，尤其是第一式"两手托天理三焦"、第三式"调理脾胃须单举"、第四式"五劳七伤往后瞧"和第八式"背后七颠百病消"。这些动作可改善胃肠消化器官的血液循环、促进消化管的蠕动和消化腺的分泌、提高消化传导功能。

3. 五禽戏之熊戏锻炼对改善便秘的作用　五禽戏每一戏都各具特色。其中熊戏主脾,"熊行"时身体以腰为轴运动,可使中焦气血通畅,对脾胃起到挤压按摩的作用;身体左右晃动,可疏肝理气,亦有健脾和胃之功。经常练习熊戏可使腹胀腹痛、泄泻、便秘等症状得到缓解。

（四）传统保健体育与肥胖症

肥胖症是指饮食中能量的摄入多于机体能量的消耗,致过剩的能量以脂肪形式在体内贮存,使体重显著增加,达到或超过标准体重的20%。体重指数(BMI)是国内外公认的评价体重的指标。BMI＝体重(kg)/身高(m)^2。按照中国人的标准,体重指数大于或等于28者称为肥胖。轻度肥胖者一般无自觉症状。中、重度肥胖患者,体力劳动时容易疲劳,活动时常表现为心慌气短,怕热多汗。

太极拳以中医的经络学说为行气运气的依据,其控制体重的机制及作用:①从运动的节奏来说,太极拳速度适中,为持续、缓慢的运动,既能使人保持活力,又能避免剧烈运动造成关节损伤。②太极拳强调了身体运动的统一性,举手投足都是从脚跟到腰胯及手臂梢节的整体运动,全身的肌肉和筋骨、神经都能得到均衡的锻炼。③长期练习太极拳可使周身经络通达、气血畅通,达到阴阳平衡的状态。④在太极拳的锻炼过程中,练习者大量排汗、呼吸加深、胃肠蠕动加快,可使血液及淋巴液加速循环,从而分解、液化脂肪,达到控制体重的效果。⑤在练习太极拳的过程中,机体需要吸收大量的营养来维持运动的需要,故可加速破坏多余的脂肪组织吸收转化为能量以供身体所需。⑥通过太极拳的练习可使阴阳调和、经络畅通、新陈代谢加快,从而调节内分泌失调,使激素代谢趋于正常。

（五）传统保健体育与糖尿病

糖尿病是由遗传因素、免疫功能紊乱、微生物感染及毒素、自由基毒素、精神因素等各种致病因子作用于机体导致胰岛功能减退、胰岛素抵抗等引发的糖、蛋白质、脂肪、水和电解质等一系列代谢紊乱综合征。糖尿病具有典型的"三多一少"症状,即多尿、多饮、多食、体重减轻。糖尿病患者应首先调控饮食、监测血糖,并配合适度的运动锻炼。

1. 八段锦锻炼对改善糖尿病的作用

(1) 八段锦运动处方对2型糖尿病患者呼吸机能的影响　阻塞性睡眠呼吸暂停在2型糖尿病患者中较普遍,增强患者的呼吸机能有助于2型糖尿病患者的康复治疗。习练八段锦第一式"两手托天理三焦"、第二式"左右开弓似射雕"和第六式"两手攀足固肾腰"等几个动作,可以增加胸廓容积,使肺吸入的空气量大幅度增加,膈肌运动幅度加大,以提升肺的通气量。

(2) 八段锦运动处方对2型糖尿病患者体质的影响　①八段锦的练习可以增加肌肉力量:从八段锦动作结构本身来看,其第二式"左右开弓似射雕"和第五式"摇头摆尾去心火"等均要求马步站立,这对发展下肢肌肉力量具有积极的作用;第七式"攒拳怒目增气力"等,要求手指用力抓握,此法可充分锻炼前臂及手部的肌肉。②八段锦的练习有助于改善身体状态:八段锦练习要求"神形相合,气寓其中",即整套动作要达到意动形随、神形兼备,以提高锻炼者的注意力,并有效建立神经系统与肢体动作的和谐统一,从而使锻炼者对信号的反应能力及操作能力得到协同发展,有利于保持良好的精神状态,从而改善身体状态。③练习八段锦要求练习者巧搭鹊桥、叩、漱、吞、咽,目的都是产生唾液,保津益气。中医学认为，津之咽下，在心可化血、在肝可明目、在脾可养神、在肺可助气、在肾可生精，使自然百骸调畅，诸病不生。唾液中含有淀粉酶、溶菌酶、免疫球蛋白、无机盐、碱性离子和多种活性因子，不仅可以帮助消化吸收，还可改善糖代谢，从而防治糖尿病。

2. 糖尿病人群传统保健体育的锻炼注意事项

（1）应用中医理论指导锻炼　传统体育运动是中医养生学的一个分支，只有应用中医理论进行指导，才能增强锻炼的针对性和疗效。糖尿病患者多为阴虚火旺，可结合八段锦的"摇头摆尾去心火"及五禽戏的鹿戏进行锻炼，以泻南补北，调理阴阳。

（2）合理选择运动方法　应因人、因时、因地、因病合理选择相应的运动方法，不能一概而论。以太极拳为例，年轻患者可选择练习陈式太极拳二路等运动量较大、动作难度较高的套路；年长者可选择练习二十四式太极拳等动作舒缓的套路。

四、传统保健体育与亚健康

据世界卫生组织一项全球性调查表明，全世界真正健康的人仅占5%，明确诊断患有疾病的占20%，75%的人处于健康与患病之间，即亚健康状态。亚健康将成为21世纪人类健康的主要问题之一。传统保健体育通过姿势的调整、呼吸的锻炼、心神的修养疏通经络、活跃气血、调和脏腑、平衡阴阳，以起到锻炼真气、培育元气、扶植正气的作用，达到改善亚健康状态、预防疾病的目的。

（一）传统保健体育对亚健康的作用

亚健康是疾病与健康外的第三种状态，调整机体亚健康状态为健康状态，符合中医"治未病"的理念。研究证实，传统保健体育对于改善躯体功能状态、调节心理的亚健康状态均有明显效果，并可增强习练者的社会适应能力与道德情操。

1. 传统保健体育是亚健康人群躯体功能状态的调节法　亚健康虽然未进入疾病状态，通过实验室检查也无明显异常，但却同样给人们带来痛苦。传统保健体育具有防病、治病、益智、延年的功效，有助于缓解亚健康人群的躯体症状。练习传统保健体育是人走出亚健康状态的有效方法和手段。

2. 传统保健体育对亚健康人群心理状态的调整　健康不仅是指没有身体缺陷和疾病，还包括完整的生理、心理状态和社会适应能力。心理健康与生理健康一样，是健康内容的重要组成部分。心理性亚健康人群多表现为心情抑郁、心烦易怒、焦虑不安或急躁、情绪低落或不稳、脾气暴躁、善太息、思绪混乱、兴趣丧失、反应迟钝、记忆力下降、注意力不集中、自我感觉差或做事缺乏信心、犹豫不决、悲观冷漠、缺乏活力等，甚至可产生自杀等不良欲念。这些现代人的心理问题与难以适应社会的快速发展、竞争带来巨大的压力、通货膨胀带来的经济负担等密切相关。而且随着社会的发展，物质文明、精神文明程度的不断提高，人们的心理问题也会越来越多、心理障碍也越来越严重。所以，有学者认为，心理疾病是人类进步、社会发展所付出的代价，是一种文明病。大学生面临学业、就业、经济、家庭、社会等多重压力，所以很多大学生也存在心理健康问题。传统保健体育不仅健身效果佳，而且能够调整亚健康人群的心理状态。有研究调查了哈尔滨的4所高校的大学生心理健康状况，结果显示11.24%的学生肯定存在心理健康问题，29.07%可能存在心理健康问题。

习练传统保健体育项目时，要求注重"调身""调息""调心"，不仅应注意身体的运动，还要注意心理、情绪、意念的调整，使机体处于和谐状态。如练习太极拳时，要求松静自然，无拘无束，动静作势，纯任自然，呼吸顺其自然，行拳圆活流畅，强调放松训练，慢中求动。要求"气沉丹田，以虚灵之心，养刚中之气""以浩然之心行气，无往不宜"，强调"中气贯于肾中，收于丹田"。用意练拳，行拳练气，以心行气，以人的思想、精神、心理状态为修炼基础，使之与太极拳统一起来，共同实现对心理的调节作用。太极拳有"外三合"与"内三合"的习练要求，所谓"外三合"是指手与足合、肘与膝合、肩与胯合，是对肢体外在的要求。而"内三合"为神与意合、意与气合、气与力合。"内三合"是太极拳内功练习的重点要求，对于充沛精神、增长内劲、治疗内脏及神经系统疾病均有良好的效果。太极拳活动还能促进人与人之间的沟通与交流，通过这种方式可以使练习者缓解紧张情绪，消除孤独感，提高社会适应能力。

3. 传统保健体育可以改善心身功能　传统保健体育中的每一姿势动作都和呼吸密不可分的，气决定意，行随于意。练习者应气注丹田，意志坚定，以培养定力。而这种定力亦是道德修养至关重要的方面，当前社会中浮躁之风时起，定力的修炼就是戒除时弊的良方。

传统保健体育可改善心身功能、放松机体、平衡呼吸、安静大脑，调整中枢神经及自主神经系统，缓冲不良情绪对大脑的刺激，降低大脑的应激性反应，维持人体内环境的相对稳定，使练习者忘掉烦恼、抛却浮躁，使身心升华到轻松自如的境界。传统保健体育在运气调息、内守心神、稳定情绪等方面有独特之处，其修身养性方面的作用可以为现代人身心的健康和谐提供方法指引。

传统保健体育在历史发展的长河中不断地进步与完善，形成了比较精湛的实践与理论。其通过人体自身姿势的调整、呼吸的锻炼、心神的修养，提高人休的正气，以达到抵御外邪、健身祛病、调整人的心理状态和社会适应能力的目的，在"治未病"、调整亚健康状态的同时，提高习练者的道德情操。

（二）亚健康人群传统保健体育锻炼的方法

体育锻炼是改善亚健康状态最有效的途径之一。运动不仅可以提高自身的机能水平，还能改善其心理状态。选择合适的运动项目，是防治亚健康的一个重要方面，习练者可以根据各自的亚健康状态选择相应的传统保健体育项目，辨证施功，从而祛除亚健康，恢复健康，预防疾病的发生。目前常用的消除亚健康的传统保健体育项目有太极拳、五禽戏、八段锦、易筋经等。

1. 练习太极拳改善亚健康状态　太极拳的锻炼是全方位的，其健身机制全面而复杂，能改善人的整体机能状态、疏肝理气、健脾养心、疏通经络、补充正气，提高人体整体素质，从而改善亚健康状态。

（1）太极拳内外兼练可改善亚健康状态　太极拳外练筋、皮、骨，内练精、气、神。太极拳的起势动作两臂慢慢前平举可以锻炼机体上肢的肱二头肌、喙肱肌、肱肌，以及上肢的肩关节、肘关节及腕关节；野马分鬃的转体动作，头、颈、脊柱、骨盆绕垂直轴回旋，可以锻炼腹内斜肌、腹外斜肌、胸锁乳突肌、臀大肌，还可以很好地锻炼机体的脊柱功能，缓解机体疲劳。练习太极拳可通过协调全身各个系统，缓解亚健康状态易出现的肌肉、关节酸痛，增加食欲，增强机体的免疫力，改善亚健康状态。另外，太极拳要求意念在先，以意领气，意到气到，气到劲到，可以有效缓解精神紧张，从而亦可改善亚健康状态。

NOTE

（2）太极拳圆活舒展的动作可以改善亚健康状态   太极拳整套动作圆活舒展，可使全身肌肉有节奏地收缩舒张、毛细血管反射性扩张、静脉回流增加，加速血液循环，促进脑供氧，加速机体的新陈代谢，增强内脏功能，增强机体免疫力。太极拳中的转腰运动及四肢的屈伸、旋转、收展动作可以按摩全身的穴位，疏通经络，加强维持并联系各组织器官的生理功能，使其处于有序的状态。练习太极拳还可以调节肌肉代谢，以气运身，将神经、体液调节的信息和能量供给躯体、四肢，使其产生相应的代谢变化和运动变化，转化体内脂肪。

（3）太极拳可增强心肺功能，改善亚健康状态   太极拳可以改善人体的血液循环，调节动脉血压。有研究提示长期练习太极拳可以明显降低高血压病人群的收缩压，提高高密度脂蛋白胆固醇水平，降低低密度脂蛋白胆固醇的浓度，有利于防治或减缓某些心、脑血管疾病的发生和发展。对于血压容易波动的亚健康人群，长期练习太极拳具有调整心血管功能，稳定血压的作用。练习太极拳时，采用腹式呼吸，要求呼吸匀长，讲究连绵不断。通过这种呼吸锻炼，可使心壁增厚、心肌纤维增粗、心脏收缩能力增加、动脉的弹性和韧性增强、心脏的容量和每搏输出量加大，以使氧气更易到达各器官参与新陈代谢，有利于人体内环境的平衡及稳定，有利于增强心肺功能并加强了心肺对大肠、小肠的管理能力，使机体内脏功能调节趋于平衡，从而使体内的酸碱度、渗透压、温度等趋于相对稳定，代谢正常进行，以缓解伴随亚健康状态而出现的便秘、肥胖、心悸、气短、乏力等症状。腹式呼吸，既锻炼了肺的通气功能，又加大了横膈运动的幅度，增强肺的宣发肃降功能，宣散卫气功能加强，则机体不容易外感，可有效预防亚健康状态的出现。

（4）太极拳的具体动作对于亚健康状态的改善   太极拳每个独立的操作姿势都具有其独特的健身和治病效果。腹式呼吸可防治心血管疾病；左右搂膝拗步，通过下肢的屈膝、后坐等动作可以锻炼下肢肌肉群，防治下肢痿软；云手时，颈部随手转动，配合深呼吸，可对颈椎病有预防作用。亚健康人群可以根据各自的症状选择相应的动作进行练习。

2. 练习五禽戏改善亚健康状态   五禽戏是东汉名医华佗根据古代导引方法，研究虎、鹿、熊、猿、鸟五禽的活动特点，以五禽配五脏，并结合人体脏腑、经络和气血的功能，创编的一套导引术。五禽戏能改善亚健康状态人群心理、情志、呼吸等方面的症状。

（1）五禽戏可调理三焦，改善亚健康状态   三焦主持诸气，总司人体的气化活动，是通行元气和水谷运行的道路。三焦气化作用出现异常，可见到头昏沉胀、四肢困重、多寐、神志模糊、胸脘闷胀、大小便不利等亚健康症状。而五禽戏的虎戏具有调理三焦的作用，可增强三焦气机交换能力，强化三焦总司人体气化的功能，以激发、推动各个脏腑组织的运化能力，使三焦通行元气、运行水谷、疏通水道的功能得以正常发挥。

（2）五禽戏可通过强腰补肾、振奋阳气，改善亚健康状态   肝肾虚亏证的亚健康人群会出现腰膝酸软、腰部虚冷、疼痛等症状。五禽戏中的鹿戏具有强腰补肾、振奋全身阳气的作用，适合肝肾亏虚的亚健康人群。练习鹿戏时，通过腰部侧屈拧转、尾闾运转，促使气运命门，从而疏通肾脏经络，改善气血循环，加强了先天与后天气血交流，起到防治腰部虚冷、疼痛的作用，具有强腰壮肾的功效，促进人体恢复正常的生理心理状态。

（3）五禽戏可加强脾胃的运化功能，改善亚健康状态   熊戏的主要效应是通过各式动作的锻炼加强脾胃的运化功能，以改善身体营养物质的供应。因此，脾胃运化功能欠佳的亚健康人群可以选择练习熊戏。脾主运化，胃主收纳、腐熟，二者相互配合，才能完成消化、吸收、输送营养的任务。如果脾主运化功能健旺，则肌肉丰满，四肢轻劲，灵活有力。反之，如果脾失健运，清阳不布，营养缺乏，则肌肉痿软，四肢倦怠无力，所以四肢健壮依赖于脾气的健运。通过"熊运"的腰腹转动、两掌划圆和"熊晃"的身体左右晃动，可导引内气运行，加强脾胃的运化功能，改善身体营养物质的供应，有利于防治脾胃升降失调所导致的气血不畅、消化不良、腹胀纳呆、便秘、腹泻等，使脾胃保持健旺的生理功能。

（4）五禽戏可改善心脑供血并改善亚健康状态　五禽戏中的猿戏具有疏通手、足三阴三阳经脉，加速其首尾相贯的气血循环，强化脏腑及四肢百骸的生理功能，以达到防病治病，改善亚健康状态的功效。尤其适合由于心脑供血不足引起头晕、胸闷、肢体末端供血不足等症状的亚健康人群习练。练习猿戏时，两掌在胸中团聚和两掌下按，可起到挤压、扩张胸腔的作用，按摩五脏，增强心脏泵血能力，从而促进血液在经络中畅流不息，把营养物质输送到全身，达到提高人体免疫功能、增强机体对疾病的抵抗力的目的。

（5）五禽戏可增强心肺功能，改善亚健康状态　鸟戏中的"鸟伸"动作要求两掌上举下按，可扩张胸腔、增加肺活量，改善肺吐故纳新的功能，疏通气血，防治肺热引起的咳嗽、气喘、胸部胀满、咽喉肿痛等症状。

（6）五禽戏可调整任督二脉、强筋壮骨，改善肢体关节的亚健康状态　很多亚健康人群具有颈、肩、腰背、四肢、关节酸麻胀痛等症状。练习五禽戏可以有效缓解此类症状。

练习"虎扑"动作，要求脊柱前后伸展折叠，脊柱反复前伸后展，充分牵拉任督两脉，以起到调理阴阳、疏通经络、活跃气血的作用，可增强脊柱各关节的柔韧性，使脊柱保持正常的生理功能。脊柱运动能增强腰、背、颈部肌肉力量，对常见的腰、颈部不适，如腰肌劳损、颈部疾病、肌肉疼痛和习惯性扭伤等都有防治和康复作用。虎戏动作可刺激主管全身阳气的督脉，推动躯干、肩部、上肢的气血运行，促进局部软组织的营养供给，加速局部软组织的新陈代谢，使肩关节的活动功能逐渐得到改善或恢复，促进"冻结肩"康复。

通过练习"熊运"，活动腰部肌肉和关节，可防治腰肌劳损及软组织损伤，有助于人体保持肌肉丰满、四肢灵活、协调有力。

很多亚健康人群存在骨关节异常，例如骨骼关节及周围组织的疼痛、肿胀、酸沉、麻木、僵直、活动受限等。通过练习鸟戏动作，可改善骨关节症状。鸟戏中"鸟伸"动作可使人体的颈、肩、肘、指、腕、膝、髋及脊柱各骨关节得到磨合锻炼，肌肉、肌腱、韧带得到滑利伸拉，有助于保护各关节的灵活性和协调性。

猿戏中的猿勾、屈指、提踵、十趾抓地，以及两臂、两腿的伸展、牵拉等动作，都可有效地增强四肢的力量，促进四肢血液循环，特别是四肢远端的微循环，增强四肢肌肉反应的灵活性，预防四肢关节活动不利等症。

3. 练习八段锦改善亚健康状态

（1）八段锦可增强心肺功能，增加脑供血，改善亚健康状态　存在心悸胸闷、头脑眩晕等心脑供血不足症状的人群可以选择练习八段锦。

八段锦第一招"双手托天理三焦"具有调理和强健身体各内脏器官的功效。这节动作强调挺胸，头后仰，其运动有利于胸腔扩张、活动颈部诸肌、加强深呼吸，使机体获得更多的氧气，同时加强血循环，尤其是头脑的血液循环，以解除疲劳、清醒头脑，改善亚健康状态。

NOTE

"左右开弓似射雕"的动作重点是活动胸部与颈椎，两臂外展且左右交替猛拉可促使胸腔扩张，增强呼吸功能与血液循环，有利于神经调节，促进心身健康。

练习"五劳七伤往后瞧"时，要求头部用力，左右旋转，以增强颈部深浅肌群的收缩能力，增加脑部的血液供给，对脏腑气血和全身均有协调作用。

"双手攀足固肾腰"的动作可使胸廓上提。

"摇头摆尾去心火"的动作可使胸廓受到牵拉，运动颈部，有助于加强心肺机能，促进新鲜血液供给头脑和全身组织。

（2）练习八段锦可改善脾胃功能，帮助纠正亚健康状态　八段锦中的"调理脾胃须单举"的动作要求两臂交替上举与下按，上下用力牵拉，同时仰头、直腰、脊柱侧屈，牵引内脏器官和躯干肌肉。该动作主要作用于中焦，可促进胃肠蠕动、增强脾胃消化功能，经常锻炼，有助于加强脾胃机能，增进食欲。伴有消化功能不佳的亚健康人群可以练习该动作。

（3）练习八段锦可调节神经系统功能，改善亚健康状态　练习八段锦"攒拳怒目增气力"的动作要求握拳要紧，脚趾用力抓地，全身用力，聚精会神，瞪眼怒目，可激发大脑皮质和交感神经功能。

练习八段锦的"背后七颠百病消"的动作时，足跟轻微震动可引起脊柱内和颅内的脑脊液加速循环，有利于脑和脊髓中枢神经的调节，改善存在神经紧张、失眠、神经功能紊乱等症状的亚健康人群的健康状况。

（4）练习八段锦可以锻炼眼球，改善亚健康状态　练习"攒拳怒目增气力"可以锻炼眼部肌肉，改善亚健康人群常见的眼部肌肉疲劳症状。

"五劳七伤往后瞧"要求眼球随动作转动，可锻炼眼部的肌肉，提高视觉能力。

（5）练习八段锦可加强肾脏功能，改善亚健康状态　练习"双手攀足固肾腰"动作，主要锻炼腰部，可有效保护胰、肾、肾上腺、输尿管，以及腹主动脉、下腔静脉等器官。当腰部运动时，能促使腹后壁器官组织活动，从而增强各器官的生理机能。

（6）练习八段锦可以改善颈椎、腰椎、全身关节的功能，改善亚健康状态　"双手攀足固肾腰"包括头向后仰、上体背伸和弯腰活动等，主要锻炼腰部。腰是全身运动的中枢，又是头颈和躯干负重的轴心，因此，腰部的锻炼不仅能加强腰部肌肉、腰椎关节、韧带等的功能，而且对于支配下肢的主要神经，也有良好的调节作用。

"五劳七伤往后瞧"的动作可以锻炼颈部肌肉，有助于防治颈椎病，可减轻眩晕和上肢麻木，改善高血压与动脉硬化。

"摇头摆尾去心火"属于全身运动，不仅可锻炼颈部肌肉和关节，还能通过腰椎活动锻炼腰部肌肉、关节、韧带等，对脊柱病变及下肢活动皆有良好作用。

练习"背后七颠百病消"的动作要求脚跟上提后作轻微的震动，可活动脊柱，减轻或预防脊柱疾患。

伴有颈椎、腰椎、全身关节不适的亚健康人群可以选择练习以上动作。

4. 练习易筋经改善亚健康状态　易筋经主要锻炼、改善连接关节之筋及脏腑周围筋膜。易筋经讲究在呼吸的配合下用意念引导肌肉紧张、用力（即用暗力）。从运动生理学上分析，这种练法实际上是一种由意念和呼吸配合的肌肉静力性力量练习。练习时，有关肌肉、肌腱、筋膜等组织张力逐渐增加，牵拉肌肉和关节周围的韧带及体内筋膜，使之得到锻炼。所以，练习易筋经可以改善关节僵硬、关节疼痛、腰酸腿痛、肢体沉重等症状。

（1）练习易筋经可提升肢体、肩背关节的功能，改善亚健康状态　易筋经具有伸筋拔骨的作用。

"摘星换斗"通过阳掌转阴掌（掌心向下）的动作导引，目视掌心、意存腰间命门，可增强颈、肩、腰等部位的活动功能。

"倒拽九牛尾"通过腰的扭动可带动肩胛活动，协调四肢上下活动，改善软组织血液循环，提高四肢肌肉力量及活动功能。

亚健康人群中存在四肢、肩背关节疼痛症状者，可以选择练习易筋经。

（2）练习易筋经可改善心肺功能，调整亚健康状态　很多亚健康者具有胸闷气短、疲乏无力、自汗畏风、易于感冒等心肺气虚的表现，而练习易筋经可改善心肺功能，具有改善亚健康状态的作用。

"倒拽九牛尾"可刺激背部夹脊、肺俞、心俞等穴，达到疏通夹脊和调练心肺之作用。

"出爪亮翅"通过伸臂推掌、屈臂收掌、展肩扩胸的动作导引，可反复启闭云门、中府等穴，促进自然之清气与人体之真气在胸中交汇融合，达到改善呼吸功能及全身气血运行的目的。

（3）练习易筋经可调补肝肾，改善亚健康状态　亚健康人群伴有胸胁满闷、月经不调、食欲不振、头胀头痛、眩晕耳鸣、腰膝酸软、疲乏无力等肝气郁结、肝肾阴虚症状者，可以选择练习易筋经，因为易筋经具有调补肝肾的作用。

"九鬼拔马刀"通过身体的扭曲、伸展等运动使全身真气开、合、启、闭，脾胃得到按摩，肾得以强健。

"三盘落地"通过下肢的屈伸活动，配合口吐"嗨"音，使体内真气在胸腹间相应地降、升，可助心肾相交、水火既济，起到强腰固肾的作用。

"青龙探爪"通过转身、左右探爪及身体前屈使两胁交替松紧开合，达到疏肝理气，调畅情志的功效。

（4）练习易筋经可疏肝利胆，防治亚健康状态　练习易筋经的主要目的是有意识地锻炼连接全身各主要关节的筋肉及脏腑三焦的筋膜。肝所主之筋膜构成三焦，一旦肝的疏泄功能发生改变，则易出现情绪低落、抑郁寡欢、急躁易怒、心中懊恼、焦虑紧张、睡眠不佳、记忆力减退、兴趣及精力下降、不思饮食、腹痛、腹泻等表现。练习易筋经可以充分舒展体内脏腑周围的筋膜，舒缓三焦，使闭塞的通道得以畅通，并且可以使连接关节的筋肉在一张一弛之间得以放松。通过治疗肝所主之筋，恢复肝之所用，肝气疏泄的功能恢复常态，肝气郁结的症状即可随之得以消除。因此，通过易筋经的练习，可以疏肝理气，改善由肝气郁滞引起的心理及躯体的亚健康状态，使临床症状得到有效的缓解。练习易筋经还可以调节肝藏血的功能，改善肝血不濡之症，如两目干涩、颈肩僵硬、心慌阵作、体倦乏力等。

【思考题】

1. 试述武术运动对心理健康的作用。

2. 简述传统保健体育对循环系统的影响。

3. 简述高血压病、肥胖症和糖尿病的传统运动治疗方法。

第四章   传统保健体育的教与学

第一节   传统保健体育在高校中的开展

传统保健体育是我国的文化瑰宝，是保障人类健康的重要手段。传统保健体育注重整体全面的健身思想，追求人体与周围环境、人的精神与形体功能的和谐统一，以达到健身养生的目的。推广传统保健体育可有力地推动群众性体育事业的发展，增强人民的体质。另外，随着传统保健体育理论研究的不断深入，其本质和功效也将进一步被阐明，这对丰富中医学理论和促进生命科学的发展都将产生深远的影响。因此，在我国高等中医药院校开设传统保健体育课程意义重大。

一、传统保健体育在高校中开展的意义和作用

（一）有利于继承和弘扬民族传统文化，振奋民族精神

传统保健体育是中华民族灿烂文化的一部分，它与中国传统文化有着千丝万缕的联系，具有中华民族独特的思维方式、行为方式、审美观、心理模式、人生观、宇宙观等。中国传统保健体育的思想理论和方法在数千年的流传中，经历了历史的选择，一些优秀的思想理论和健身养生实践被一代又一代地沿袭下来。特有的东方文化已经日益被世界各国人民所认同和喜爱。当代大学生应该继承和弘扬传统保健体育中的精华，为人类的健康服务。

（二）有利于强身健体，增进身心健康

传统保健体育以"形神统一"为主要特点，在"形神兼备""内外兼修"方面追求完美的统一，既重筋骨的锻炼，又强调心、神、意、气的结合。传统保健体育重视对人的精神、情感的调节，对现代人的心理健康具有特殊的作用。

（三）有利于涵养道德，有利于育人

自古以来我国人民就把涵养道德作为参加传统保健体育锻炼成败的关键。"习武先习德""未曾习武先学礼""崇尚武德"等至理名言体现了传统保健体育对自身品德的培养和锻炼，有利于育人。

（四）有利于自我锻炼，有利于终身体育

依靠自己的亲身体验和体会，领悟传统保健体育意蕴之深、技巧之妙、意境之美。传统保健体育内容丰富、形式多样，对场地、器材条件要求不高，有利于不同年龄人群在不同气候、不同生活环境下进行自我锻炼。传统保健体育锻炼者可通过自身的锻炼顺应自然、达到"天人合一"的境界。传统保健体育一朝学会、坚持锻炼可终身受益，因此，具有终身体育的实用价值。

二、传统保健体育在高校中开展的具体情况

近年来，随着国家中医特色预防保健体系的加快构建，作为"治未病"的重要手段，传统保健体育受到了社会各界日益广泛的关注和欢迎。传统保健体育是中医学的重要组成部分，作为强身健体、防病治病、陶冶情操的积极有效的健身办法，在全国中医药院校中普遍受到学生的喜爱。开展传统保健体育运动是中医药院校教育独具的特色，对推进素质教育，扩大高等中医药院校的影响起到了积极的作用。

自1982年6月，国家卫生部（现国家卫生和计划生育委员会）、教育部、国家体育运动委员会（现国家体育总局）联合发出"关于在高等中医药院校体育课中增加传统保健体育内容的通知"以来，经过30多年的改革实践，全国中医药院校的体育教育工作逐步形成了鲜明的传统保健体育文化特色。在本科教学的课程设置上，全国中医药院校已将二十四式简化太极拳作为必修课，其中部分高等院校还开设了传统保健体育选修课或武术选修课等。

第二节　传统保健体育的教学特点与方法

传统保健体育具有锻炼要求内外合一、形神兼备，既讲究形体规范，又要求精神传意。传统保健体育教育不受年龄、性别、时间、气候、场地、器材等条件限制，易学易练，侧重对生命的整体调节和对大脑的潜能开发，采用外动内静、动中求静、先动后静、静中求动、静极生动等动静结合的锻炼方法，体现了科学体育本质的规律和法则。

传统保健体育教学方法是教学中为完成教学任务所采用的途径和手段。教学方法选用正确与否，直接影响教学任务的完成和教学质量的提高。教学方法作为一种方法体系既包括教师的方法，也包括学生的方法，并使二者达到和谐统一。教，为学而教；学，在教之下学。教与学构成了教学方法体系中的两个侧面。教师的教影响学生的学，而学生的学制约着教师的教。双边性是教学方法的特点之一。传统保健体育教学方法有一个基本点，那就是任何教学方法都应力求并有助于激发学生的学习兴趣和练功热情，调动其自觉钻研的主动性和不懈练功的积极性，有助于知识的掌握、练功效率的提高及健康水平的增进。

一、传统保健体育的教学特点

（一）教学功能多

1. 传统保健体育教学具有既能养生、保健，又能防病、治病的多功能性　传统保健体育教学区别于一般意义上的大学体育教学。传统保健体育教学可以使大学生学会调养精神和形体，以增强体质，提高自身防病能力，保持健康。传统保健体育教学的意义还在于"治未病"，通过"调身""调息""调心"，培补元气，更好地激发与调理脏腑进行正常高效的生理活动、平衡阴阳。通过传统保健体育教学还能够使学生学会调和气血，以意领气，用气推动血液集中于病灶，改善病灶部位的血液供应，营养局部，使气血通畅。另外，脏腑失调是人体患病的病理基础，传统保健体育教学中"调心"，就是调心神，心境安宁气和，使脏腑处于协调状态，有助于人体的康复，从而达到身心健康。

NOTE

2. 具有终身体育的教学价值　传统保健体育教学，在指导大学生了解丰富的课程内容的同时，可以引导学生依靠自己的亲身体验和体会，领悟其内在规律及意蕴，满足人的一生中不同阶段、不同环境下的健身需求，有利于培养学生养成较好的健身习惯和爱好，坚持锻炼可终身受益。因此，在高等院校中开展传统保健体育课程具有终身体育的教学价值。

（二）教学要素独特

1. 强调整体观，以内主外　传统保健体育教学强调整体观，以内主外。"天地一体""五脏一体""天人相应"等理论认为，宇宙是一个整体，人体五脏也是一个整体。人生活在宇宙中，与天地相应，人的生命活动，其生理变化和自然界的整个运动是联系在一起的。自然界的运动变化常直接影响着人体，而人体受自然界的影响也必然相应地产生生理或病理上的反应。因此，人们必须善于掌握自然界的变化规律。只有这样，才能较好地进行守神、调息的锻炼，达到强身健体、益寿延年的目的。在教学过程中，应教育学生每一个动作都有其健身价值，如八段锦中的"五劳七伤往后瞧"一势就具有活络颈椎、松弛颈肌、改善脑部供血供氧、强腰健肾、调理脾胃的功效，所以此势有防治五劳七伤之用。

2. 内外合一、形神兼备　传统保健体育教学区别于一般体育项目的直观表象教学。其要求内外合一、形神兼备。所谓"内"，是指心、意、气等内在的情志活动和气息运动；所谓"外"，指的是手、眼、身、步等外在的形体活动。练静功时，一般采用坐、卧、站等安静的姿态，结合意念的集中与各种呼吸方法进行锻炼，姿势、呼吸、意念三者不可分割；动功由肢体运动、呼吸锻炼、意念运用三个部分组成。肢体运动表现于外，但要求达到"动中有静"，即注意力集中，情绪稳定，并根据动作变化配以适当的呼吸方法，达到形、意、气的统一。传统保健体育虽然内容丰富，形式多样，但其教学方法均不离其根本特点，并十分注重内外合一、形神兼备的教学要素，对内能理脏腑、通经络、调精神，对外能利关节、强筋骨，增气力，起到强身提神的目的。

（三）适应性强

传统保健体育教学受外界因素的限制较少。传统保健体育的教学形式、内容丰富多样，有着不同的动作结构、技术要求、运动风格和运动量标准，适宜不同年龄、性别、体质的人群在不同季节、地域的健身需求，教师可以根据现实条件进行选择，采用针对性教学，做到因材施教。同时，它对环境要求较低，教学时可以根据场地的大小改变授课内容和方式，有利于体育课在场地小、学生多的条件下开展正常教学。

二、传统保健体育的教学方法

（一）传授基本功、基本技法、要领

基本功是发展传统保健体育基本素质的有效方法，一般说来，传统保健体育对力量、柔韧性、协调性、关节的灵活性、平衡力等身体素质有着较高的要求，因此，在传统保健体育教学中，压腿、压肩、抢臂、踢腿、活腰等属于入门必修。另外，由于有些项目套路的动作幅度较大，为了避免损伤，教学前应做一些有针对性的准备活动。

基本技法包括步型、手型、手法、身型、立式等，目的是使学生形成良好的适应传统保健体育教学的习惯。不同的项目有着不同的技术要求，如长拳强调立式收腹、立腰、挺胸，而太极拳则要求取中正安舒的身体姿势。

另外，传统保健体育教学的三大要素就是"调身""调息""调心"。通过坐、卧、站三式，使身体端正，达到"外练筋骨皮"的目的；通过调整呼吸的方式、速度、节奏、强弱等，增强心血管、消化、内分泌等系统的功能，达到"内练一口气"的目的；通过调整意念、感觉、情绪等，做到注意力集中，排除杂念，放松身心。在教学中，教师应将这些要领详细、准确地讲解给学生，并应强调身型和身体运动，同时强调呼吸和意识的配合，达到内外合一、形神兼备的目的。

（二）动作教学

传统保健体育每一个套路均由数个到数十个动作组成，因此可以采用分解、分动、分节、变速实施等方法进行教学。

1. 分解施教　分解施教就是在教授套路之前把套路中有规律性且经常出现的步法、手法抽取出来，作为所传授套路的基本动作技术进行专门教学的一种方法。其目的在于使学生对所学套路的基本手法和步法有一个初步的认识和体会。如太极拳中基本步法有前移后坐、倒退步、侧行步等，基本手法有分鬃、云手等。教师可以根据动作的不同特点和需要，采用行进间领做示范、原地示范、正面或镜面示范、侧面或背面示范等方法进行教学。

2. 分动施教　分动施教就是按套路动作先后顺序一个一个进行讲解示范。

（1）了解动作　不管是简单动作还是复杂动作，教师应首先对所教的动作采用常速进行完整的示范，让学生对动作的概貌和精、气、神有个初步的了解。

（2）明确技术要领和方向路线　教师需讲解所教动作关键技术、动作要领及在套路中所处的方向和方位，使学生明其意、知其向。在讲解的过程中要简明扼要、突出要点。如揽雀尾，由掤、捋、挤、按四种上肢手法和原地前移后坐的下肢步法组成，教师可采用前移——掤、后坐——捋、前移——挤、后坐——按、前移——按的教学步骤，通过领做示范带领学生反复练习，加深学生对该动作内涵、方法、要求的认识。

（3）要求姿势、步型准确和工整　在学生学会和掌握动作方向路线的基础上，需对姿势、步型做进一步的要求。不仅要求静止的身体姿势和步型做到准确、工整，而且要求运动过程中的手眼身步要准确、工整。在教学过程中，可暂不求连贯完整，只在分解动作的过程中保证动作准确、工整即可。

（4）动作技术或保健价值　讲解动作技术关键，使学生明确动作技术含义，较准确地理解和掌握动作。对于有特殊保健或治病价值的技术动作，需结合其医疗价值进行讲解，以使学生明确健身、保健功效。

（5）动作贯穿完整　教师应采用常速进行完整示范并领做。正常的演练速度可体现动作式正招圆、劲力顺达，使学生在掌握动作的连贯性和完整性的同时，初步体会完整动作应有的上下相随、内外合一、形神兼备的要求。

3. 分节施教　分节施教也就是组合教学，即把连接在一起的几个简单动作、相似的动作、不宜断势的动作、顺势可接的动作、节奏性强的衔接动作划分为一小节进行教学。

4. 变速施教　变速施教，也就是改变动作在原有套路中的风格特点和动作速度进行教学，其目的是使教授动作更详细、清晰、完整。有的套路风格强调动作速度快，教师在常速完整示范后，应采取减缓速度示范法，使学生能够明晰动作细节。相反，一些套路强调的是轻缓、舒展，在讲解示范这些套路的技术动作时，可以先采用加速的方式完整示范，待学生清楚所学动作的技术关键及动作路线后，再采用正确的速度进行反复领做，让学生体会并练出所学内容应该具备的风格和特点。这样既有利于学生对所学动作形成整体观念，又提高了教学效率。

5. 分组施教　将接受能力、动作基础、身体素质等接近的学生组成一组，有针对性地因人施教。此方式也有利于开展互助式教学。

6. 纠错施教　预防与纠正错误法是在套路或功法动作技能教学过程中形成的针对学生在掌握套路或功法时易产生错误的原因所采取的有效措施，以及防止出现和及时纠正学生错误动作的方法。预防与纠正错误是有机联系的，对于某个错误动作的预防措施，也可能是这一错误动作的纠正手段。预防具有超前性，即能预见套路学习过程中学生可能出现的错误，准确找出可能的原因，主动地、积极地采取有效的手段"防患于未然"；而纠正具有鲜明的针对性，既能及时准确地发现学生的动作错误，又能正确分析产生动作错误的原因，采取有效的手段，尽快纠正。纠错的常见方法有慢解领做法、语言提控法、保护帮助法、素质补缺法、讲示攻防法、对比求异法等。

7. 巩固施教　学生初步学会动作之后，技术不可能即刻达到运用自如的程度，这就需要教师组织学生进行反复练习，逐步形成正确的动力定型和技能自动化。教师组织练习的次数、时间要根据教学内容的难易、学生掌握的程度，以及每次课的总时间来决定。教师应要求学生在进行练习时明确具体要求和做法。通常采用的组织练习法有集体练习法、分组练习法、双人练习法和单人练习法。

（三）风格演练

需在提高动作和套路熟练程度的基础上，强调传统保健体育的节奏、意气神法。

1. 节奏处理

（1）分析套路运动中各种对比变化的因素，如动与静、快与慢、开与合等，把握此起彼伏的整体节奏。

（2）利用顿挫性动作作为转折手段，引发高潮节奏。

（3）着力追求传统保健体育运动节奏的精髓：外顺内合，内外合一。

2. 意气神法

（1）**意念**　意念是传统保健体育教学中的关键内容，在意念的驱使下，人体内的气血按一定的规则有序地运行，可达到"内练精气神"的目的。教授初学者时，意念需着重强调；练习一段时间后，意念可逐渐淡化；习练纯熟后，意念要渐至感觉不到的程度，但要与动作、呼吸紧密配合。意念教学常用于调整身心、以意导气、意守某一部位。

（2）**气息（调息）**　气息的调整是教学中的重要内容，是通过调整呼吸的方式、速度、节奏、强弱等，选择和掌握适合每个人身体情况的呼吸方法，尽可能多地摄取和利用新鲜氧气，排出机体代谢的废气，以培真气、提高脏腑各器官的功能。另外，在套路演练过程中，身体需要的氧气离不开呼吸运动，所以，呼吸调整的恰当与否，还直接影响着动作质量，如果过度憋气或呼吸与动作配合不协调，还会影响调身。调息的方法主要有自然呼吸法、腹式呼吸法、停闭呼吸法、鼻腔喷气法、三吸一呼和三呼一吸法、大呼大吸法。另外，长拳讲究"形断意连，势断气连"，在套路的起、立、击、伏中应掌握"提、托、聚、沉"四种呼吸方法与形体运动的自然配合。

（3）**劲力**　传统保健体育对动作的劲力要求均为顺达，所以在教学过程中，应让学生明确力的起点、传递路线、终点，以及蓄劲和发力等，如冲拳，为了体现"一寸长一寸强"，则要求掌握"拧腰、顺肩"。

（4）**神韵**　有的拳种讲究神韵，练习时需注意"动迅静定""动以练形，静以养神"。

第三节　传统保健体育学习方法与锻炼方法

传统保健体育十分重视生命的整体调节、调养和身心平衡。传统保健体育锻炼通过"调身""调息""调心"的活动，以克服身心紧张，增强心脉功能，从思想、意念入境着手，由生理方面去影响心理，又从心理方面去作用于生理方面，使身心内外协调平衡，不断提高。

学习传统保健体育，一般会经过一个由生到熟、由简到繁、由熟到巧的逐步提高过程。在学习过程中，只有通过教师示范、讲解动作，再加上自身实践、反复练习，才能纠正错误，掌握、提高、巩固所学的技术。传统保健体育功法或套路的图片和文字是我国传统保健体育得以流传和发展的重要载体。正确地了解和掌握传统保健体育动作图解，有助于自学各种功法和套路，而且能加深理解动作技术。另外，要根据教学具体任务，有针对性地选择一种或几种练习方法，以达到最佳的学习效果。

一、传统保健体育的学习方法

体育运动技能的学习过程大多需三个阶段，即初步掌握技术阶段（泛化阶段）、提高完善技术阶段（分化阶段）和巩固熟练技术阶段（自动化阶段）。这三个阶段集中体现了运动技能形成的基本规律。遵循这个规律，运用科学有效的学习方法有助于尽快掌握体育运动要点、缩短泛化过程、加强精细分化，迅速实现动作自动化。

（一）　图示法

记载传统保健体育的功法或套路的图片和文字是我国传统保健体育得以流传和发展的重要方式。学习这些图片和文字亦是学生学习传统保健体育的主要途径，正确地理解和掌握传统保健体育动作图解，有助于自学各种功法和套路，且能加深对技术动作的理解。

1. 传统保健体育动作图解的识别　图片用来描述动作姿势、方向和路线；文字用来说明动作过程、方法和要领。图片和文字两者结合，称为图解。

2. 对传统保健体育动作图解的认识

（1）**图片结构**　图片中包括人物姿势的运动方向和路线变化，描绘了每套功法或套路的开始姿势、动作过程中的分解姿势及结束姿势。①运动方向：图解中的运动方向是以图中人的躯干姿势为准，并且随着躯干姿势所处的位置的变化而变化。图中人的身前为前，身后为后，左侧为左，右侧为右，此外还有左前、左后、右前、右后之分。如各种套路开始的预备势，前后左右的方向以图中人躯干姿势为准。转体时，则以转后的身前为前，身后为后，依此类推。有些套路动作较多，身体的变化也大，但始终以躯干姿势来确定方向，不受头部和视线的影响。②动作路线：动作路线用来指明动作变化的过程。它根据每个动作的运动形式采用直线、曲线、弧线、圆线、螺旋线等。图中虚线或实线表示左、右，即"左虚右实"。

（2）**文字结构**　主要用于叙述动作的顺序和要点，掌握文字的叙述规律可以快速理解动

NOTE

作。①动作顺序说明：一般情况下，叙述动作时先介绍身体，再介绍下肢或上肢，最后介绍头部和视线变化。许多动作在改变下肢动作的同时也改变上肢动作，故常用"同时"；有些连续动作需要分解成几个图解，为表示动作的连贯性、完整性，故常用"上动不停"；在节奏上两个动作连接要紧凑，中间不应有太长的停顿，故常用"紧接上动"。②术语说明：为了简练，文章说明中常用术语来表示动作，譬如步法中有上步、退步、插步、盖步、击步等；步型中有马步、弓步、仆步等；腿法中有正踢、弹踢、侧踹等；还有各种平衡、跳跃动作等。③要点说明：是指对该动作的主要要领、方法及应该特别注意之处加以提示。

（3）看图学练的方法　①理解术语：在看图学习术语前，先对文字说明中的术语进行理解，明了其概念、要求。②边看边做：首先要看身体各个部位的分解动作和运动路线图，然后详细阅读文字说明，按顺序进行动作练习，在不断重复演练的过程中逐渐熟悉和掌握动作。③由少至多、由浅入深：先学习分解动作，然后连成组合练习，逐步扩展到分段和整套演练；每当一组动作练得较熟后，要根据要点、要求反复地进行练习、体会，以便娴熟地掌握动作；当下一组动作也按以上要求掌握后，应将前、后动作连贯复习，熟练巩固。切忌囫囵吞枣、急于求成，只有边学边巩固，才能收到良好的效果。④互相帮助：有的动作看图解进行单独学习较为困难，可采用二三人一组相互配合的方法进行练习。以三人配合学习为例，可一人阅读，一人练习动作，一人根据文字及图片进行检查，掌握动作后，互教互学，再强化记忆，纠正错误，逐步熟练动作。

（二）　直观形象法

直观形象法是根据学生形象思维占优势的特点及体育学科本身的属性所采用的直观形象的学习方法，是学好各项体育技能的前提。学生在练习体育动作之前，应认真观察教师、同学准确的示范动作，观看有关技术动作图解、模型、幻灯、投影、录像等，使其对动作建立正确的认识，并形成完整的技术概念。同时积极思考，找出动作的重点、难点和关键点，以及容易出现的问题，为身体练习打下基础，这是学习体育运动技术非常重要且必不可少的环节。如太极拳、导引养生功的初学阶段就可以用直观形象法对教师或录像的整个动作进行观摩学习，以加深动作在大脑中的印象。

（三）　想练结合法

想练结合法是指学生做动作之前，利用几秒钟时间思考动作要领、再现动作的表象，即"过电影"，然后再开始进行动作练习的方法。从生理学角度讲，想象练习虽然没有进行实际操作，但同样可以使这一运动技能的暂时联系得到强化，可以促进运动技能的形成和巩固。当学生做完动作后，还要认真反思完成技术动作的情况，进行自我反馈，也就是要经过"想-练-想"这样的过程。实践证明，想练结合法在武术、保健功等项目的学习中效果尤其显著。

（四）　口诀记忆法

口诀记忆法是指把比较复杂的体育动作要领简化后编成有趣的顺口溜来增强记忆的一种方法。如将左右揽雀尾编成简短的四个字"掤、捋、挤、按"；将转身搬拦捶的动作概括为"上步搬、进步拦、迈步捶"9个字；将太极拳结合调息及动作概括为"心静体松、圆活连贯、虚实分明、呼吸自然"等。这样既生动形象、通俗易懂，同时又便于记忆。

（五）　观察对比法

观察对比法易被学生所忽视。通过正确动作与错误动作的对比，学生可从中领悟动作规律，供练习时借鉴。这是一个"去伪存真，去粗取精"的认识过程，能减少练习的盲目性、少走弯路，尽快形成正确动作的动力定型。

（六） 循序渐进法

循序渐进既是体育教学的基本原则，也是学生学习的重要方法。对于技术动作比较复杂的项目，多采用此练习法。如太极拳云手动作的学习，首先应学脚步动作，第二步再学两手上下、右手换掌及划弧，第三步学习手脚配合，第四步学习两臂随腰转动，最后再做完整技术的练习。这样由浅入深，由易到难，循序渐进，逐步提高，能收到良好效果。

除了以上谈到的学习方法外，还有自我心理暗示法、条件作业法等。总之在传统保健体育运动技能的学习中，要根据课程的具体任务，有针对性地选择一种或几种练习方法，以达到最佳学习效果。

二、传统保健体育的学习步骤

学习传统保健体育，一般要经过一个由生到熟、由简到繁、由熟到巧的逐步提高过程，学习步骤可分为三个阶段：

1. 第一阶段　技术规范阶段。大学生在学习传统保健体育内容之初就应打好基础，力求技术动作规范，掌握好基本功，明确动作方向和路线，做到姿势正确，动作舒展，轻缓柔和。技术规范阶段要在"端正、稳定、轻匀"等方面狠下功夫。"端正"就是要保持上体自然正直，腰中正，两胯自然放松，其他部位按照要求做到位，不可贪多求快，潦草从事；"稳定"就是保持下肢的稳定，应加强下肢支撑力量，注重步型、步法的练习，加强单练桩步，根据情况可多进行各种腿法和腰部的柔韧性练习，以利于增强腿部力量，不可用拙力僵劲，而要"运动如抽丝"；"轻匀"就是动作要轻缓柔和，用力要轻、要匀，动作的起落转换不可忽快忽慢、忽轻忽重。

2. 第二阶段　技术规律阶段。主要在第一阶段的基础上，学习完整动作，并过渡到组合动作的练习，着重掌握动作的变化规律，充分体现传统保健体育内外合一、形神兼备的特点，力求做到"连贯、协调、圆活"。"连贯"就是各个姿势动作前后衔接紧密，一气呵成，如行云流水一般，不可有松懈间断；"协调"就是全身各部位的运动要保持一致，此起彼落，配合密切，上下相随完整一气；"圆活"就是要以腰带动四肢进行活动，不断体会转腰旋臂、松肩垂肢、屈肘松胯等要领。

3. 第三阶段　技术熟练阶段。在第一、第二阶段学习的基础上，形体动作达到比较熟练后，应注意劲力的运用和意念、呼吸与动作的自然结合，做到动作轻灵沉着，周身完整统一。通过反复练习达到内外兼修、协调完整、刚柔相济、虚实分明的境界。学习传统保健体育的各个阶段是相互联系、密切结合、承上启下、不可分割的。

三、传统保健体育的练习方法

练习是掌握动作、提高技术水平的有效方法。学习过程中，在教师示范、讲解动作后，学生应积极实践、反复练习，只有这样，才能纠正错误动作，掌握、提高、巩固所学的知识与技术。

练习方法是指根据完成体育教学任务的需要，通过身体活动有意识地反复做某种动作的方法。主要包括：完整练习法、分解练习法、重复练习法、其他练习法等。

（一）完整练习法

完整练习法是指从动作开始到结束，不分部分和段落，完整、连续地进行练习的方法。完整练习法的优点是练习中能保持动作结构的完整性，利于形成整体观念及建立动作间的联系；但缺点是不易于较快地掌握动作技术中较难的环节和要素。完整练习法一般是在教授学生较容易掌握的动作、不宜分解教学的动作（如太极拳中的起势及左、右野马分鬃）、对动作分解教学后又连接起来练习时所采用。采用完整练习法时，为了降低学生掌握动作的难度，可根据情况应用以下方法。

（1）在学习较复杂、困难的动作时，可先突出重点。如先掌握动作技术的基础或某些主要环节，然后再逐步掌握动作技术的细节部分；或先注意掌握动作的方向、路线等要素，然后再掌握动作幅度、节奏、速度等要素。应根据动作的特点和学生掌握动作的情况决定学习的重点。

（2）简化动作练习的某些要求。

（3）根据动作的需要，选用辅助练习或诱导性练习。

（二）分解练习法

分解练习法是把完整的动作合理地分成几段或几部分，逐段或按部分进行练习的方法。分解练习法的优点是动作分解后技术难度相对降低，利于掌握，也利于突出重点、难点，可对动作难度大的部分加强练习，从而使教学进程加快，提升学生学习的信心；其缺点在于有可能形成动作分解的习惯，不利于掌握动作的完整性和顺应性。分解练习法适宜在学习较复杂而又可分解、用完整法不易掌握的动作、动作的某部分需要较细致地练习时采用。采用分解练习法时，为使学生能较快地掌握完整动作，应注意以下几点。

（1）划分动作段落或部分时，应注意其相互间的联系，使分开的段落或部分易于连接，不破坏动作的结构。

（2）使学生明确所划分的段落或部分在完整动作中的位置和相互联系。在分解练习时，应为连接成完整动作做好必要的准备。

（3）分解练习法要与完整练习法结合运用。分解法的主要作用在于降低学生学习中的困难，最终达到完整掌握动作的目的。所以，分解动作的练习时间不宜过长，只要基本掌握即可与其他段落或部分连接起来完整地练习。否则，有可能形成分解动作的动力定型，而不利于动作的掌握和连接。在完整练习中，也可根据需要对某些动作进行分解再练习，以利完整动作的正确掌握。

（三）重复练习法

重复练习法是指根据动作的要求，在相对固定的条件下反复进行练习的方法。固定的条件包括动作结构、运动负荷的表面数据、场地器材等。重复练习法有利于教师观察、帮助改进动作技术，有利于学生在反复练习中掌握和巩固动作技术、培养意志品质。重复练习法的特点是练习条件固定和反复进行练习。

（四）其他练习法

1. 集体练习　可由教师指挥带练，学生跟随教师练习。当学生已基本掌握动作方向、路线时，可在教师口令指挥下集体练习。通过多次重复练习，增加学生的运动量，并提高演练水平。

2. 分组练习　当学生初步掌握动作后，根据教师的要求进行分组，由组长带领本组学生在指定的场地进行练习。要求学生既要独立思考、反复体会动作，又要互相观摩，分析与纠正错误动作，互相取长补短。

3. 个人练习　当学生比较熟练地掌握动作后，可采用个人重复练习，使学生独立体会动作，加深对动作的理解，提高对动作的熟练程度。此法有利于学生自觉锻炼，以提高健身效果。

【思考题】

1. 简述传统保健体育在高校开展的意义和作用。
2. 说说如何学习传统保健体育。
3. 简述传统保健体育的练习方法。

NOTE

技能篇

第五章　传统保健体育基本功

第一节　武术基本功

一、武术基本功概述

　　武术基本功是初学者的入门功夫，更是武术教学的基础和关键。通过基本功和基本动作的练习，可使身体各部位得到比较全面的训练，并能较快地发展武术运动的专项身体素质，为学习拳术和器械套路、提高运动技术水平打下良好的基础。然而，中国武术内容丰富，拳种流派众多，各门各派基本功的练习方法不尽相同。本教材仅以长拳类的基本功练习方法为主，将武术基本功分为肩功、腰功、腿功、手形、手法、步形、步法等。

（一）武术基本功的概念

　　武术基本功是指练习武术必须具备的身体活动能力、技术技巧能力及心理素质等基础。训练基本功可通过一系列专门的综合性练习方法和手段以提升人体内、外各部位功能。这些方法和手段突出了武术运动的专项要求，具有鲜明的内外兼修的运动特点。

（二）武术基本功的特点与作用

　　基本功的动作简单易学。练习基本功主要功能是牵拉肢体，增加肌肉弹性，增大关节活动幅度，提高韧带的收缩能力，使肌肉、韧带的等张收缩和等长收缩都得到增强，为下一步的训练打下基础。主要采用的训练方法是压（身体振动）、耗（保持最大限度的牵拉静止状态）、控（保持一定的姿势，控制不动）和踢（快速位移）的方法。

　　基本功练习必须持之以恒。腿功训练方法包括：①压腿：是一种牵拉肌肉、筋腱、韧带，提高腿部肌肉、筋腱、韧带弹性和柔韧性的主动训练方法。②耗腿：是把关节、韧带拉伸到极限较长时间保持不动，提高肌肉、筋腱、韧带活动范围和伸张能力的训练方法。③控腿：是把腿部保持一个常人难以完成的姿势不动，提高平衡能力的训练方法。④踢腿：则是提高腿部肌肉、筋腱、韧带收缩能力的一种训练方法。这些练习必须持之以恒，只有这样，才能达到练习的目的。

　　练习基本功是练习套路的基础，是武术训练的必由之路。经常进行基本功动作练习，可使身体各关节、韧带的柔韧性和灵活性得到较全面的训练，肌肉的控制能力和必要的弹性得到提高，较快地发展武术运动的专项身体素质，可以在生理、心理方面为进一步学习武术套路和太极养生打下坚实的基础。另外，基本功的练习还可对提高动作质量和防止、减少练习中的伤害事故起到重要作用。

NOTE

二、动作说明

（一）肩臂练习

肩臂练习主要是增进肩关节的柔韧性和灵活性，加大肩关节的活动范围，发展臂部力量，提高上肢运动的敏捷、松长、环转等能力。

1. 压肩   练习者面对肋木或一定高度的物体两脚开立。两手抓握或按压肋木，手臂伸直，上体前俯并做下振动作（图5-1-1）；背对肋木，两臂内旋后伸，手心向上抓握肋木，然后屈膝向下，向前拉压；也可以由同伴做搬压练习。

动作要点：挺胸，塌腰，直臂、压点集中在肩部，力量适中。

2. 绕环

（1）单臂环绕   右（左）臂向前、向上、向后、向下、向前连续立圆环绕（图5-1-2~图5-1-4）。

图 5-1-1

图 5-1-2

图 5-1-3

图 5-1-4

动作要点：臂要直，肩要松，环绕要立圆如轮转。

（2）双臂顺向环绕　左、右两臂依次向前、向上、向后、向下、向前环绕（图5-1-5~图5-1-7）。

图5-1-5　　　　　　　　　图5-1-6　　　　　　　　　图5-1-7

动作要点：臂要直，肩要松，抡臂时上臂贴耳朵，下臂贴裤腿，要成立圆。

3. 俯卧撑　两腿并拢伸直，两手与肩同宽，手指朝前直臂撑地成俯卧；身体随两臂屈肘向下、向上运动（图5-1-8、图5-1-9）。

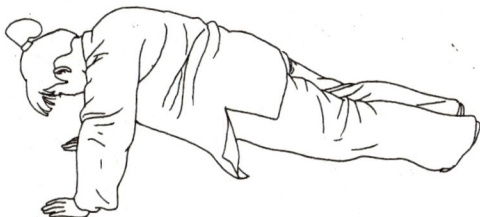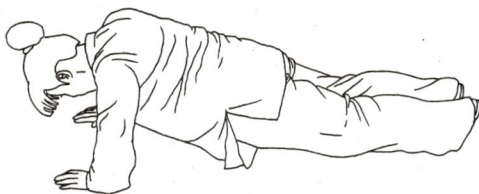

图5-1-8　　　　　　　　　　　　　　图5-1-9

动作要点：两腿应伸直，向下运动时上体贴近地面。

（二）腰部练习

腰部练习主要是增强脊椎和腰部各肌肉群的力量与柔韧性。腰是贯通上、下肢的枢纽，又是集中反映武术身法技巧的关键。

1. 俯腰　两手手指交叉，掌心触地（图5-1-10），上体前俯，两手抱住脚踝处，逐渐使胸部贴近腿部（图5-1-11）。

动作要点：两腿伸直，上体前、后屈伸要富有弹性。

2. 涮腰　两脚开立宽于肩，以髋关节为轴，上体向前俯，然后向右、向后、向左、向前翻转环绕，两臂随腰摆动。左右交替进行（图5-1-12~图5-1-15）。

动作要点：松腰活体，尽量增大上体环绕幅度，速度由慢到快。

图 5-1-10   图 5-1-11

图 5-1-12   图 5-1-13

图 5-1-14   图 5-1-15

（三）腿部练习

长拳对腿部的柔韧、灵活、力量等素质的动作要求较高。主要练习方法有压腿、搬腿、劈腿、踢腿等。

1. 压腿

（1）正压腿　面对肋木或有一定高度的物体，并步站立，左脚提起，脚跟放在肋木上，脚尖勾紧，两手按在膝上；上体前屈，向前、向下做压伸动作（图5-1-16）。

动作要点：先耗腿，再压腿，两手抱紧脚尖，挺胸立腰，头部向脚尖方向伸出，逐渐由额、鼻过渡到下颌触及脚尖。练习时一定要循序渐进，由轻到重。左、右腿反复练习。

图5-1-16

（2）侧压腿　身体侧向肋木，右脚跟搁在肋木上，上体侧压。左、右腿交替练习（图5-1-17、图5-1-18）。

图5-1-17

图5-1-18

动作要点：同正压腿。

（3）仆步压腿　左（右）腿屈膝全蹲，右（左）腿伸直平铺成仆步（图5-1-19、图5-1-20）。

动作要点：全蹲，膝关节外展，右（左）腿伸直贴地，充分展髋。

图5-1-19

图5-1-20

2. 搬腿

（1）正搬腿   右腿伸直站立，左腿屈膝提起，右手抱住左脚外侧，然后将左脚向上方搬起，挺膝，脚勾紧，左手自然下垂；也可由同伴帮助向上搬起左腿（图5-1-21）。

动作要点：由轻到重，循序渐进。

（2）侧搬腿   右腿提起，右手经小腿内侧托住脚跟，然后将右脚向右侧上方搬起，也可由同伴帮助向侧上方搬起（图5-1-22）。

动作要点：支撑腿挺直，挺胸、收腹、开髋。

3. 劈腿

（1）竖劈腿   两腿前、后成直线，前脚勾脚尖，后脚跟着地，后脚背或内侧着地（图5-1-23、图5-1-24）。

图 5-1-21

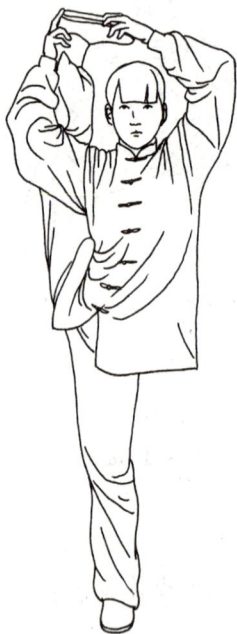

图 5-1-22

图 5-1-23

图 5-1-24

动作要点：髋关节放松，两腿要直，上体要正。

（2）横劈腿 两腿左右分开成直线，脚内侧或脚跟着地，两脚勾脚尖（图 5-1-25）。

图 5-1-25

动作要点：两腿伸直与地面平行，上体要正。

4. 踢腿

（1）正踢腿 左手扶肋木，右手叉腰或侧平举，身体侧左站立，一腿支撑，另一腿向前额上方踢起，左、右腿交替练习（图 5-1-26）。

动作要点：踢腿时要做到"三直一勾"，即上体直，摆动腿直，支撑腿直；摆动腿脚尖要勾紧。

（2）侧踢腿 面对肋木，双手扶住肋木。一腿支撑，另一腿由体侧向耳上方踢起（图5-1-27）。

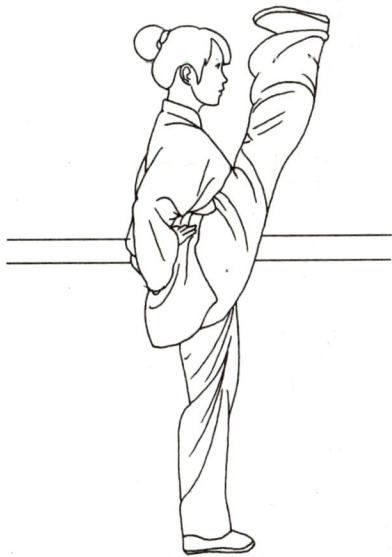

图 5-1-26

图 5-1-27

动作要点：上体、支撑腿、摆动腿均要挺直，摆动腿脚尖勾紧。

（3）里合腿 支撑腿自然伸直，全脚着地，另一腿由体侧踢起，向异侧做扇面摆动落下（图 5-1-28）。

动作要点：做到"三直一勾"。摆动腿的幅度要大，速度要快。

（4）外摆腿 动作与里合腿同，惟腿摆方向相反（图 5-1-29）。

NOTE

图 5-1-28   图 5-1-29

动作要点：同里合腿。

（5）弹腿　两腿并立，一腿屈膝提起，当大腿接近水平时，小腿迅速弹踢，力达脚尖（图 5-1-30、图 5-1-31）。

图 5-1-30   图 5-1-31

动作要点：小腿弹击要快速，膝部要挺直，脚面要绷紧。

（6）蹬腿　动作与弹腿相同，惟脚尖勾起，力达脚跟（图 5-1-32）。

动作要点：同弹腿，惟绷脚尖与勾脚尖不同。

（7）侧踹　一腿伸直支撑，另一腿屈膝提起，脚尖勾紧，脚跟用力向侧上方踹出（图 5-1-33、图 5-1-34）。

图 5-1-32

图 5-1-33

图 5-1-34

动作要点：膝部挺直，脚尖勾紧，踹出的一瞬间展髋。

（四）手形、手法练习

1. 手形

（1）拳　四指并拢握紧，拇指扣在食指和中指的第 2 指关节上（图 5-1-35）。

动作要点：拳要握紧，拳面要平。

（2）掌　四指并拢伸直，拇指弯曲扣于虎口处（图 5-1-36）。

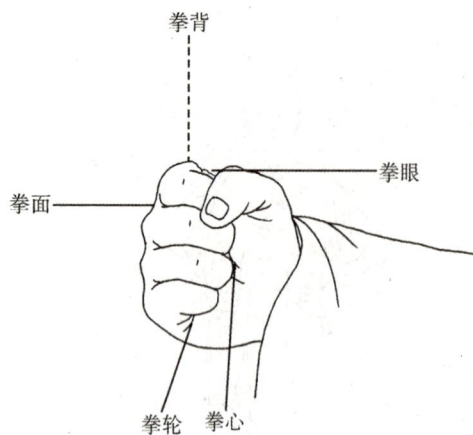

图 5-1-35

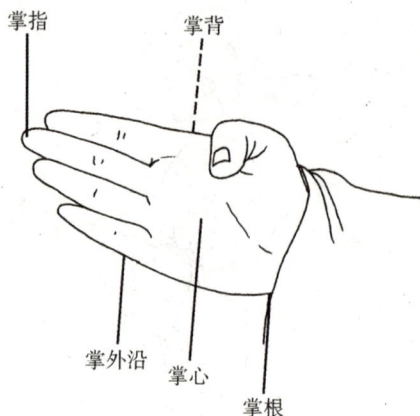

图 5-1-36

动作要点：掌心要外撑。

（3）**勾**　五指第 1 指关节撮拢、屈腕（图 5-1-37）。

动作要点：五指撮紧，尽量勾腕。

2. 手法

（1）**冲拳**　两拳收于腰间，右（左）拳由屈到伸，迅速向前冲出，高于肩平，拳眼朝上为立拳，拳背朝上为俯拳（图 5-1-38）。

动作要点：冲拳一瞬间要拧腰、送肩、急旋臂。两臂一冲一拉形成合力。

（2）**架拳**　右拳向左经体前向头上方架起，拳轮朝上，臂成弧形（图 5-1-39）。

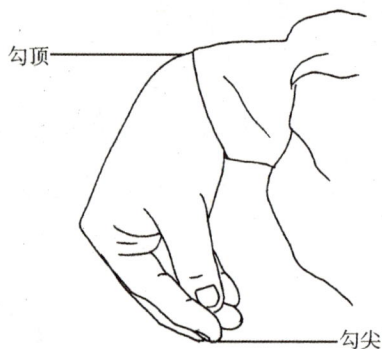

图 5-1-37

图 5-1-38

图 5-1-39

动作要点：松肩、屈肘、旋臂，力达前臂外侧。

（3）**劈拳**　右拳向左、向上经头前向右下快速劈击，臂伸直与肩同高（图 5-1-40）。

动作要点：肩要松、拳要握紧，力达拳轮。

（4）推掌　两掌收抱于腰间，右（左）掌由屈到伸，向前猛力推击，高与肩平，成侧立掌，同时左（右）肘向后拉紧（图5-1-41）。

<table>
<tr><td>图 5-1-40</td><td>图 5-1-41</td></tr>
</table>

动作要点：拧腰、送肩、沉腕、侧立掌，快速有力，力达掌外沿。

（5）亮掌　右拳变掌，经体侧向右、向上划弧，至头部右前上方时，抖腕亮掌。臂微屈，掌心向上（图5-1-42）。

动作要点：手臂外旋时，上体可同时稍向左转，拧腰送肩。

（6）格肘　右臂弯曲，从右腰间向左斜上方横格，前臂外旋。力达小臂外沿（图5-1-43、图5-1-44）。

<table>
<tr><td>图 5-1-42</td><td>图 5-1-43</td><td>图 5-1-44</td></tr>
</table>

动作要点：手臂外旋时，上体可同时稍向左转，拧腰送肩。

（五）步形练习

1. 弓步　前脚微内扣，全脚掌着地，屈膝使大腿接近水平；后腿提膝伸直，脚跟后蹬，脚尖内扣，挺胸立腰（图 5-1-45）。

动作要点：前腿弓平，后腿蹬直。

2. 马步　两脚左右开立为脚长的 3~3.5 倍，脚尖正对前方，屈膝使大腿接近水平（图 5-1-46）。

图 5-1-45　　　　　　　　　　　　　　图 5-1-46

动作要点：顶平、肩平、腿平；挺腰、立腰、裹膝、扣足。

3. 仆步　一腿全蹲，全脚掌着地，膝和脚尖向外展；另一腿伸直，全脚掌着地，脚尖内扣（图 5-1-47）。

动作要点：挺胸、立腰、开髋、全蹲。

4. 虚步　后腿屈膝半蹲，大腿接近水平，脚尖外展；前腿微屈，脚面绷直，以脚尖虚点地面（图 5-1-48）。

动作要点：挺胸、立腰，两脚虚实分明。

5. 歇步　两腿交叉屈膝全蹲，前脚全脚掌着地，脚尖外展；后脚跟离地，臀部坐于小腿上（图 5-1-49）。

图 5-1-47　　　　　　　　图 5-1-48　　　　　　　　图 5-1-49

动作要点：两腿交叉叠紧，挺胸立腰。

（六）平衡练习

1. 提膝平衡 右腿伸直支撑，左腿屈膝提起（过腰），脚面绷直，并垂扣于右腿前侧。两手握拳放于腰间（图5-1-50、图5-1-51）。

图 5-1-50   图 5-1-51

动作要点：挺胸、塌腰、收腹；平衡要站稳，提膝过腰、脚内扣。

2. 扣腿平衡 右腿屈膝全蹲，左腿屈膝勾脚贴于右膝窝处，脚背朝里。左臂上举十头上架掌，右手向侧立拳冲出（图5-1-52）。

动作要点：挺胸、塌腰、扣腿、平稳。

3. 燕式平衡 两掌向两侧直臂分开平举，上体前俯，左腿屈膝提起向后上蹬伸，左脚面绷平（图5-1-53）。

图 5-1-52   图 5-1-53

动作要点：挺胸、抬头、弓腰、两腿伸直，静止。

NOTE

（七） 跳跃练习

跳跃练习是提高弹跳能力的重要手段，对于提高腿部力量具有很好的效果，是基本功动作练习的重要组成部分。我们常见的最基本的跳跃动作有：腾空飞脚、旋风脚、腾空摆莲等。

1. 腾空飞脚 双脚并步站立成预备式，右脚上步，同时左脚向前、向上摆踢，右脚蹬地跃起，身体腾空，两臂由下向前、头上摆起，右手背迎击左手掌（击响）。身体在空中右腿向前上方弹踢，脚面绷直，右手迎击右脚面；左腿屈膝，左腿收控于胸前，脚面绷直，脚尖向下。左手在击响的同时摆至左侧45°方向变勾手，勾尖向下，略高于肩。上体微前倾，双目平视前方（图5-1-54~图5-1-56）。

图 5-1-54

图 5-1-55

图 5-1-56

　　动作要点： 右脚在空中踢摆时，脚的高度不能低于水平（脚过腰），左脚在击响瞬间，屈膝收控于右腿侧。右脚在腾空踢摆最高点完成击响动作。拍击动作连贯完整。身体在空中正直、上体微前倾，不可坐臀。

　　2. 旋风脚

　　（1）高虚步亮掌　成预备式（图5-1-57）右臂向前上方划弧摆掌，同时左臂屈肘，左掌收于腰间，上体微左转，目随右掌（图5-1-58）。右掌经体前向左、向下、向右向头顶上方抖腕亮掌，掌心向前，掌指向左；同时左掌从右臂内穿出，经胸前向上，向左摆至左侧，掌指向上，高于肩平。左脚在右臂抖腕亮掌的同时收于体前，脚尖虚点，头左转，眼睛随手掌抖腕亮相看左前方（图5-1-59）。

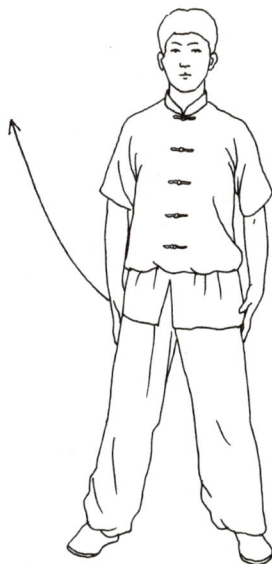

图5-1-57

图5-1-58

图5-1-59

　　（2）旋风脚　左脚向左上步，同时左手向前、向上摆起，右手伸直向后、向下摆动（图5-1-60）。右脚随即上步，脚尖内扣，蹬地踏跳。左臂向下摆动并屈肘收至胸前，同时左臂向上、向前抡摆，上体向左旋转前俯（图5-1-61）。重心右移，右腿屈膝蹬地起跳，左腿提起向左上方摆动。身体旋转一周，右腿作里合腿，左手迎击右脚掌，左腿自然下垂（图5-1-62、图5-1-63）。

图 5-1-60

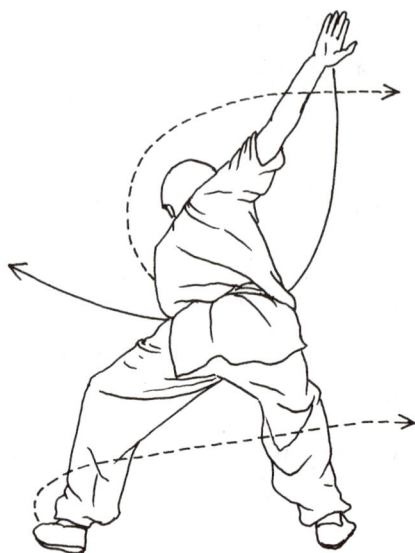

图 5-1-61

图 5-1-62

图 5-1-63

动作要点： 右腿做里合腿时，腿贴近身体；膝关节伸直，由外向里成扇形运动。击响点靠近头的位置，左腿自然舒展。熟练掌握动作腾空高度时，左腿可屈膝收控于身体左侧。抡臂、踏跳、转体、合腿等环节要协调一致。身体旋转不小于270°。

3. 腾空摆莲

（1）高虚步亮掌　右脚后撤一步，同时右臂向前、向上挑掌，左臂后摆至体后（图5-1-64、图5-1-65）。重心后移，左脚回收，前脚尖点地，成高虚步。同时右臂向上、向后、向下、向前绕环一周于身体前挑掌，指尖朝上，掌根与肩同高。左臂向前、向上、向后绕环抡摆至身后与肩齐平的高度，掌指上挑。挺胸、直腰，目视前方（图 5-1-66、图 5-1-67）。

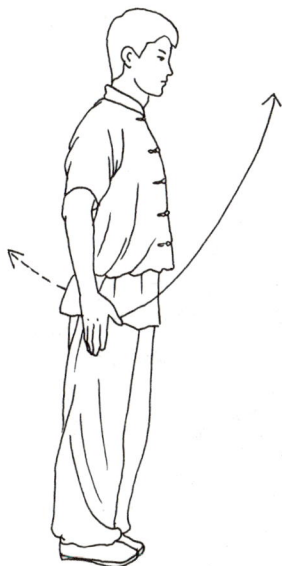

图 5-1-64

图 5-1-65

图 5-1-66

图 5-1-67

（2）弧形步上挑　左脚向前进半步，右脚随之向前进一大步，脚尖外展，屈膝略蹲（图 5-1-68）。上右步的同时，右掌划弧回收至腰间，左臂由后经上摆至头前上方（图 5-1-69）。右腿蹬伸上跳，左脚屈膝提起收扣于身前，身体腾空。右臂在跳起的同时，经左臂内侧向上划弧形斜上举，左臂顺势摆向身后，眼随左掌转视左侧，右肩前倾（图 5-1-70）。右脚落地，左脚随之在身前落步，右脚再上一步，脚尖外展；身体右转右臂下落，左臂前摆（图 5-1-71、图 5-1-72）。

　　（3）腾空摆莲　右脚蹬地跳起，同时左脚向右上方里合踢摆，两手于头上击响，上体向右旋转，身体腾空（图 5-1-73）。右腿外摆，先左后右地拍击右脚面，左腿屈膝收控于右侧，上体微前倾，眼随手动（图 5-1-74）。在空中击响时，左腿可伸直分开摆动，控于体侧（图 5-1-75）。

图 5-1-68

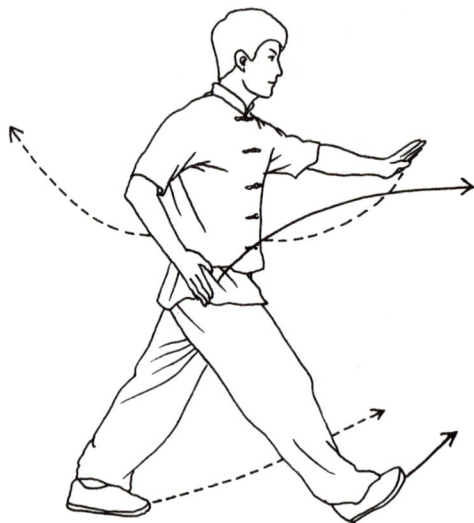

图 5-1-69

图 5-1-70

图 5-1-71

图 5-1-72

图 5-1-73

图 5-1-74

图 5-1-75

　　动作要点：在完成动作过程中，要注意起跳、拧腰、转体。里合左腿与外摆右腿等动作应协调、到位。

（八）跌仆滚翻练习

　　1. 鱼跃抢背　抢左脚上前、右脚在后、两脚前后站立；右脚从后向上摆起，左脚蹬地跳起，团身向前滚翻，两腿屈膝（图 5-1-76~图 5-1-78）。

NOTE

图 5-1-76

图 5-1-77

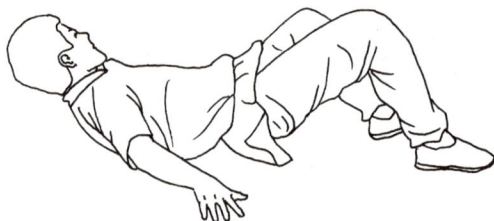

图 5-1-78

动作要点：肩、背、腰要依次着地，滚翻要圆、翻滚速度要快，站立要迅速。

2. **鲤鱼打挺**　平躺仰卧、屈膝使两腿上摆，两手扶按两膝；两腿用力下打，挺腹，快速起身（图 5-1-79、图 5-1-80）。

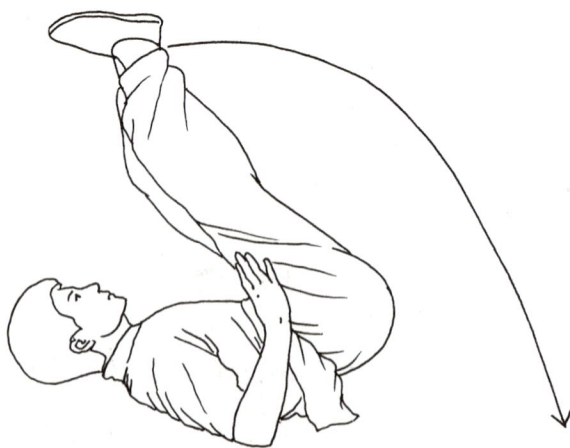

图 5-1-79

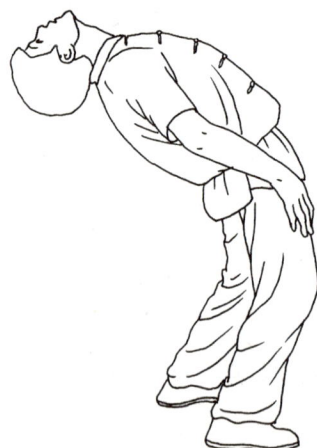

图 5-1-80

动作要点：身体必须成半圆环形，两脚分开不超过肩宽，打腿摆振快速有力。

3. **乌龙绞柱**　侧卧，左腿略屈贴地，右腿伸直；绞柱时，右腿由后向前贴身平扫，身体随之翻仰，两腿上举相绞（图 5-1-81~图 5-1-84）。

图 5-1-81

图 5-1-82

图 5-1-83

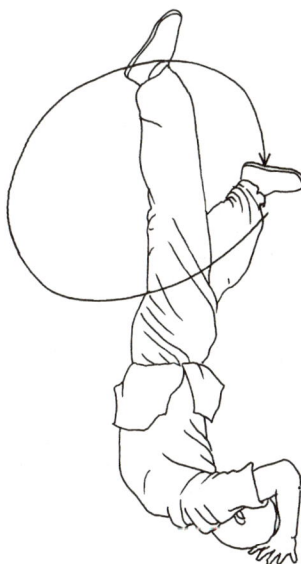

图 5-1-84

动作要点： 肩颈部位着地，腰、背在两腿上绞的同时应用力上顶。

4. 侧空翻 左脚蹬地。右腿从后向上摆起，身体前屈，在空中做向左侧翻动作。右脚先落地，左脚随之落地（图 5-1-85~图 5-1-87）。

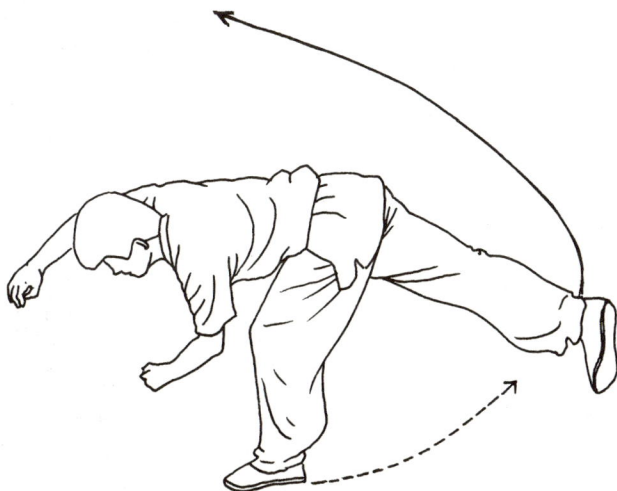

图 5-1-85

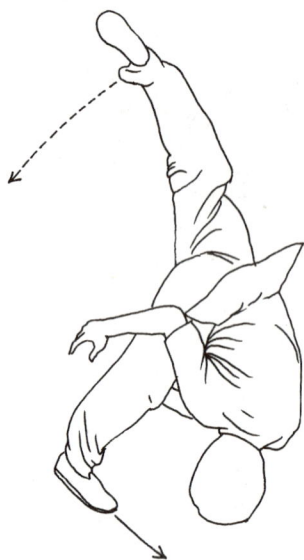

图 5-1-86　　　　　　　　　　　　　图 5-1-87

动作要点：翻转要快，两腿伸直。

5. 旋子　开步站立，身体右转，左脚离地，左臂前举，右臂后下举；同时左脚踏地，身体平俯向左甩腰摆动，同时两臂伸直随身向左摆动；左脚立即蹬地，身体悬空，两腿随身体向左平旋；下落时右脚先落地，左脚随即落地（图 5-1-88~图 5-1-90）。

动作要点：抬头、挺胸，身体成水平旋转，两腿高于水平。

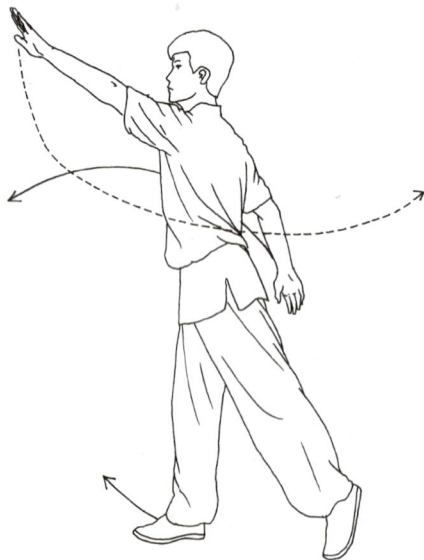

图 5-1-88　　　　　　　　　　　　　图 5-1-89

图 5-1-90

第二节　导引养生基本功

一、导引养生基本功概述

导引养生基本功是在各种养生功法的基础之上提取、演化逐渐形成的，通过基本动作的习练，可使身体的肢体运动和呼吸系统协调有序地配合，达到调神、理气、正形的效果。导引养生基本功需身体放松、动作缓慢，配合呼吸和意识，以达到内外相合、机体平和、养气修身的效果。练习导引养生基本功可为练习者日后学习各种功法和提高技术水平打下良好的基础。

二、动作说明

（一）手型

1. 拳　四指并拢卷曲，指尖握于掌心，拇指自然卷曲，贴于食指与中指中节成拳状，即半握拳（图 5-2-1）。

2. 掌　功法掌型与太极拳掌型相似，五指自然张开、无名指领劲、掌心应虚（图 5-2-2）。

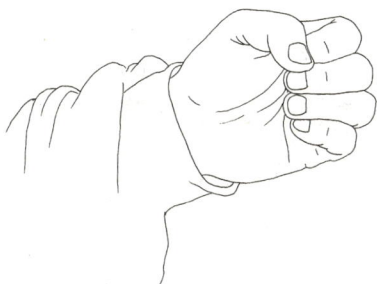

图 5-2-1　　　　　　　　　　　　　　图 5-2-2

NOTE

3. 勾手   五指指节自然捏拢，屈腕放松（图5-2-3）。

4. 握固   旋腕手心向上，拇指、小指、无名指、中指、食指依次慢慢卷曲握拳，大拇指置于手心（图5-2-4）。

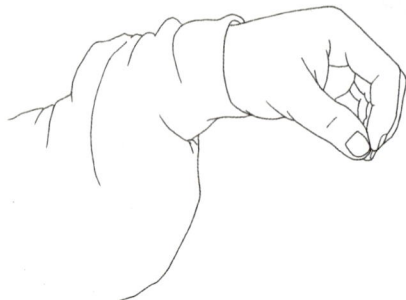 

图 5-2-3   图 5-2-4

（二）步型

1. 弓步（高弓步）   左脚向前跨出一步，屈膝半蹲，右腿蹬直，右脚向外，脚掌着地，成弓步（图5-2-5、图5-2-6）。右弓步（图5-2-7）与左弓步同。

动作要点： 前腿弓，后腿蹬直，挺胸、塌腰、沉髋、两脚连成一线。

2. 马步（高马步）   两脚左右开立，与肩同宽，屈膝微下蹲，成骑马状（图5-2-8）。

动作要点： 挺胸、塌腰、脚尖内扣，膝关节外撑。

   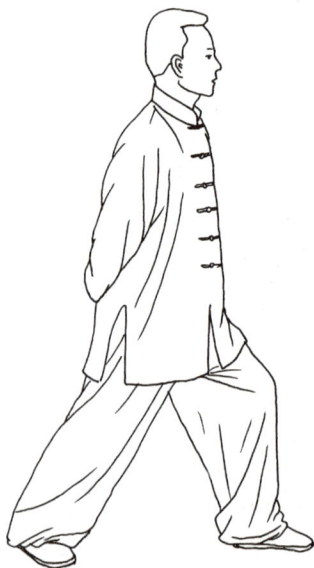

图 5-2-5   图 5-2-6

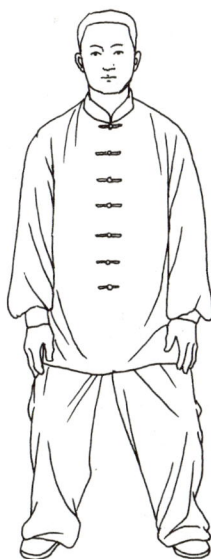

图 5-2-7   图 5-2-8

（三）身法

1. 左右转腰 两脚开立，稍宽于肩，身体向左、右缓慢转动，上身保持正直（图 5-2-9、图 5-2-10）。

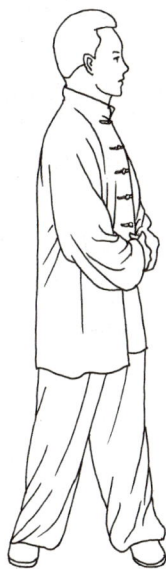

图 5-2-9   图 5-2-10

动作要点：松腰活体，加大腰腹部拧转幅度。

2. 涮腰 两脚站立与肩同宽，以髋关节为轴，上体向前俯，然后向左、向前、向右、向后翻转环绕，前后左右方向交替进行（图 5-2-11~图 5-2-14）。

动作要点：松腰活动，上体大幅度环绕，速度宜缓慢。

NOTE

图 5-2-11

图 5-2-12

图 5-2-13

图 5-2-14

（四）推掌

1. 单推掌　左手拳心上提至胸前，平推掌时缓慢、柔和，变掌向前推出，指尖向上、掌心向前（图 5-2-15~图 5-2-17）。右推掌与左推掌动作要求一致，惟方向相反。

动作要点：推掌速度要慢，沉肩垂肘、坐腕舒掌。

2. 双推掌　两手拳心上提至胸前，平推掌时缓慢、柔和，变掌向前推手，指尖向上、掌心向前（图 5-2-18~图 5-2-20）。

图 5-2-15

图 5-2-16

图 5-2-17

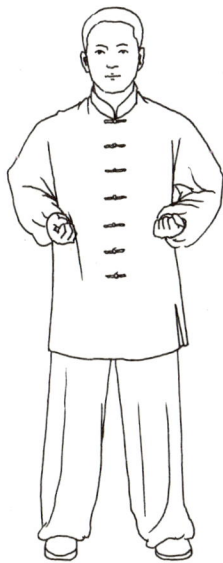

图 5-2-18

图 5-2-19

图 5-2-20

动作要点：推掌速度要慢，沉肩垂肘、含胸拔背、坐腕舒掌。

（五）托掌、按掌

1. 前托掌、按掌　两手心向上平托，两手略宽于肩，指尖向前。反手向下按掌，手心向下，下按至腹前，指尖向前，反复交替练习（图 5-2-21～图 5-2-24）。

图 5-2-21   图 5-2-22

图 5-2-23   图 5-2-24

动作要点：上托与下按发力应均匀。

2. **侧托掌、按掌** 两手心向两侧平托，两手上托与肩同高，指尖向外侧。反手向下按掌，手心向下，下按至腹前，指尖向外侧，反复交替练习（图 5-2-25、图 5-2-26）。

图 5-2-25　　　　　　　　　　　　图 5-2-26

动作要点： 上托与下按发力应均匀。

（六）开合手

开合手　两手心相对，指尖向上，向左右分开（如抱气球，球中之气外向膨胀），两虎口与两肩相对。然后两手心相对慢慢里合，合至两手相距约20cm（图5-2-27~图5-2-29）。

图 5-2-27　　　　　　　图 5-2-28　　　　　　　图 5-2-29

动作要点： 全身放松，不可勉强用力。

（七）缠丝

1. 单手缠丝　两腿开立，右手叉腰，左手上提（上掤）与肩平，同时左手划弧下沉。左手不停经小腹前上提至右肩前，左手继续外开至左肩上方（图5-2-30~图5-2-33）。

NOTE

图 5-2-30   图 5-2-31

图 5-2-32   图 5-2-33

动作要点：外形走弧线，内劲走螺旋；以身领手，以腰为轴，缠绕圆转。

2. 双手缠丝   与单手缠丝动作要求相同，左右手一前一后交替练习（图 5-2-34～图 5-2-37）。

图 5-2-34

图 5-2-35

图 5-2-36

图 5-2-37

动作要点： 缠绕连随，刚柔相济，快慢相间，以身领手，以意导气。

（八）浑元桩

浑元桩　两脚自然开立，屈膝下蹲，两臂弧形环抱，手心向里，指尖相对，沉肘松肩，圆裆松髋，脚趾抓地（图 5-2-38、图 5-2-39）。

图 5-2-38   图 5-2-39

动作要点： 立身中正，气沉丹田，思想清静，意念集中。

（九）打坐（禅坐）

打坐（禅坐）   双腿自然盘坐、交叉盘紧，身体略前倾，小腿自然交叉盘成"8"字形；两手心向下放于同侧大腿上（图 5-2-40、图 5-2-41）。

图 5-2-40   图 5-2-41

动作要点： 打坐姿势要端正自然，舌抵上腭，下颌内敛，呼吸自然，挺胸收腹，肩与胯上下垂直一线。保持呼吸细、匀而深，细而不粗，听不到呼吸的声音，匀而不喘，如涓涓流水，不可心猿意马。

【思考题】

1. 武术基本功有哪些基本手形和步形？

2. 简述导引养生功法基本功的动作要点。

3. 说说传统保健体育基本功的练习方法。

第六章　武　术

第一节　武术概述

武术是以中华文化为理论基础，以技击方法为基本内容，以套路、格斗、功法为主要运动形式的传统体育项目。它是经历了漫长的历史发展过程而形成的内容丰富、社会价值较高、文化色彩浓厚的我国特有的体育文化形态，与我国传统文化的诸多方面有着密切的联系，是我国传统文化的重要组成部分。

一、武术的形成与历代发展概况

在远古时期，人们处于生产力水平低下，自然环境恶劣的生存状态下，为了生存，人们不得不与兽斗，在此过程中，人们逐渐掌握了徒手和使用木棒、石头等器具击打野兽的方法。经过长期的经验积累，人类在劈、砍、击、刺等动作方法上积累了丰富的经验，为武术的产生奠定了基础。随着生产力水平的提高、私有制的萌发，氏族与部落之间开始出现有组织的较大规模的战争，于是人与兽斗的工具和技能开始转变为人与人搏杀格斗的工具和技能，促进了器械的制造及技击技术的产生和发展，为武术的产生创造了必要的条件。

武术在历代均有所发展。在明清时期，火器在军中出现并逐渐占有优势，使得武术与军事武艺分离开来，并在民间"开花结果"，从而迎来了武术的集大成发展时期，其表现为武术拳种流派的形成、武术内功的形成、武术套路的形成、内家拳的出现、对武德有明确要求等特点。武术在近代也得到了新的发展，开创了武术运动的新局面，使之开始朝着科学化、规范化的方向发展。各种武术组织和社团纷纷建立。1910 年在上海成立的精武体育会是当时影响最大、传播最广、维持时间最长的武术组织；1928 年在南京成立了中央国术馆，开展了有组织的武术推广及对武术的整理和研究。新中国成立后，武术作为民族传统体育的一部分，受到党和国家的重视。国家体育总局武术运动管理中心、中国武术协会、中国武术研究院作为武术运动的管理机构，为武术运动的健康发展提供了组织上的有力保障。

二、武术的分类

中国武术历史悠久、内容丰富、拳种繁多，对武术内容进行科学分类，有利于全面系统地认识武术。武术按拳理技法可分为"内家"和"外家"；按地理空间可分为"南派"和"北派"；按山川地域可分为"少林派""武当派""峨眉派"；按拳术表现风格可分为"长拳类"和"短打类"；按江河流域可分为"长江流域派""黄河流域派""珠江流域派"；按主导功能可分为"体育武术""实用武术""演艺武术";按运动形式可分为套路运动、格斗运动、功法运动。其中,套路运动又可分为以下四种类型:

1. 拳术　包括长拳、南拳、形意拳、八卦掌、太极拳、八极拳,通臂拳、劈挂拳、戳脚、翻子拳、象形拳、地躺拳等百余种拳术。

2. 器械　包括短器械,如刀、剑等;长器械,如棍、枪等;双器械,如双刀、双剑等;软器械,如九节鞭、三节棍等。

3. 对练　包括徒手对练、器械对练和徒手与器械对练,如对拳、对擒拿、单刀对枪、空手夺刀等。

4. 集体项目　各种六人或六人以上的徒手或持器械的集体演练,如集体基本功、集体剑、集体鞭等。

三、武术的特点

1. 动作具有攻防技击含义　动作具有攻防技击性是武术的本质特性。武术拳种不同、风格各异,但都是以踢、打、摔、拿、击、刺、劈等攻防动作构成套路的主要内容。

2. 内外合一、形神兼备　中国武术既讲究动作的规范,又要求具有精气神传意、内外合一的整体运动观。所谓"内"是指人的精神、意识和气息的运行;所谓"外"是指人体手眼身步的形体活动。

3. 内容丰富,具有广泛的适应性　武术的内容和练习形式丰富多样,不同类别的武术项目的练功方法、动作结构、技术要求、运动风格和运动负荷不尽相同,适合不同年龄、性格、职业、体质的人群练习,人们可以根据自己的条件和兴趣爱好加以选择。

四、武术的作用

1. 壮内强外、增进健康　武术注重内外兼修,对身体有着多方面的改善作用,经常练习能收到壮内强外的健身效果。

2. 提高防身自卫能力　套路运动以技击动作为主要内容,通过练习,既可以增强体质,也可以掌握攻防格斗。练习者通过格斗运动练习,可很快掌握格斗的技法和规律。

3. 培养道德情操　"未曾习武先习德",武术练习历来重视武德教育。尚武和崇德是武术修炼过程中的两个重要内容,培养习武者尊师重道、讲礼守信、宽以待人、严于律己等良好的心理素质,有利于塑造练习者高尚的道德情操。

4. 丰富文化生活　武术套路运动的节奏美,踢、打、摔、拿、跌巧妙结合的方法美,内外合一、形神兼备的和谐美引人入胜。搏斗对抗中双方激烈的争夺、精湛的攻防技巧、敢打敢拼的斗志,都可以给人一种美的享受和精神上的激励。

5. 增进交流　武术讲究"以武会友",通过习武的共同爱好,切磋技艺、交流思想、促进交往、增进友谊。随着武术在世界各地的广泛传播,国外武术爱好者可通过练习武术认识和了解中国文化。

第二节 二十四式太极拳

一、太极拳概述

太极拳是中国武术的一个重要流派，流行于各地，深受人们的喜爱。太极拳是根据我国古代阴阳哲学的原理而命名的拳术。所有动作的开合、起落、进退、刚柔、蓄发、顺逆、虚实、曲直等，无不和谐地体现出阴阳对立与统一的辩证规律。

太极拳在长期的流行过程中形成了陈氏、杨氏、吴氏、孙氏、武氏等技术流派。新中国成立后，又编创了二十四式简化太极拳、三十二式简化太极剑等。20世纪初到20世纪80年代末，为了适应武术的国际交流与竞赛，又编创了陈、杨、吴、孙、武式太极拳和太极剑等竞赛套路。各式太极拳尽管在运动风格上有所不同，但体松心静、柔和缓慢、连绵不绝、圆活自然、协调完整的要求是基本一致的。

（一）体松心静

太极拳是一种"静中寓动、动中求静"的修炼术。与其他竭尽全力去追求高度、速度、远度的竞技运动截然不同。练习太极拳，首先要使身体充分放松，头部、肩部、胸部、腰部、上肢、下肢均要充分放松，尤其是肩、髋、肘等几个大关节。身体放松了，才能在运动中保持自然舒展，柔和顺畅，才能做到"心静"。在演练太极拳时，尽管运动不息，但也要做到心里宁静从容。正如《太极拳论》中形容的"一羽不能加，蝇虫不能落"的境界。

（二）柔和缓慢

太极拳的动作柔和缓慢，以柔劲为主，以意识引导动作，用意不用力。动作柔和的好处是用力小，肌肉不至过于紧张。缓慢的好处是能使呼吸深长，增加吸氧量，并且气沉丹田，意、气、劲三者合一。这样动作才能自然舒展，感觉灵敏，步法稳健，气血调和。太极拳在运动时不出拙力，呼吸深沉自然，动作轻柔缓慢，形神合一，虽动犹静。

（三）连绵不绝

在练习太极拳的过程中，动作不能忽快忽慢、停顿或断续，要动作连贯、势势相承、动动相连、前后贯穿、绵绵不断，形成有节律的连续运动。

（四）圆活自然

太极拳的动作走向多为弧形，这是因为弧形动作转换灵活、不滞不涩、易于转化、顺乎力学原理，也符合人体各关节自然弯曲的状态，因此，有人称太极拳为"圆的运动"。

（五）协调完整

太极拳是一种需要身心高度协调配合的运动，无论是整个套路，还是单个动作姿势，都必须做到上下相随、协调完整、内外合一，将身体外形的动作和内在意识完整地统一起来。

在单个动作上，腰部一动，上、下肢均动，眼睛亦随之转动。太极拳动作要求以腰为轴，由腰部带动上、下肢运动，全身上下、左右相互呼应。做到"一动无所不动，一静无所不静"。

二、动作说明

（一）起势

1. 身体自然直立，两脚开立，与肩同宽，脚尖向前；两臂自然下垂，两手放在大腿外侧；眼向前平视（图6-2-1）。

动作要点：头项挺直，下颌微向后收，不要故意挺胸或收腹，左脚向左跨出一步，与肩同宽，精神要集中（图6-2-2）。

2. 两臂慢慢向前平举，两手高与肩平，与肩同宽，手心向下（图6-2-3）。

3. 上体保持挺直，两腿屈膝下蹲；同时两掌轻轻下按，两肘下垂与两膝相对；双目平视前方（图6-2-4）。

图 6-2-1

图 6-2-2

图 6-2-3

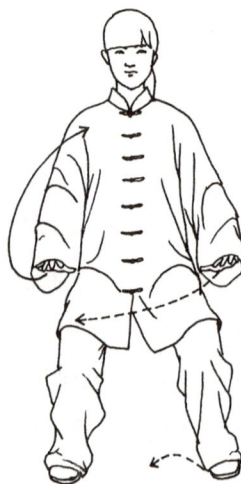

图 6-2-4

动作要点：两肩下沉，两肘松垂，手指自然微曲。屈膝松腰，臀部不可凸出，身体重心落于两腿中间。两臂下落和身体下蹲的动作要协调一致。

（二） 左右野马分鬃

1. 上体微向左转，身体重心移至右腿上；同时右臂收在胸前平屈，手心向下，左手经体前向右下划弧至右手下，手心向上，两手心相对成抱球状；左脚随即收到右脚内侧，脚尖点地；眼看右手（图6-2-5）。

2. 上体微向左转，左脚向左前方迈出，右脚跟后蹬，右腿自然伸直，成左弓步；同时上体继续向左转，左右手随转体慢慢分别向左上、右下分开，左手高与眼平（手心斜向上），肘微屈；右手落在右胯旁，肘也微屈，手心向下，指尖向前；目视左手前方（图6-2-6、图6-2-7）。

3. 身体重心移至左腿，脚尖微向外撇（45°～60°），随后脚掌慢慢踏实，左腿慢慢前弓，身体左转，身体重心再移至左腿；同时左手翻转向下，左臂收在胸前平屈，右手向左上划弧至左手下，两手心相对成抱球状；右脚随即收到左脚内侧，脚尖点地；目视右手前方（图6-2-8）。

图6-2-5

图6-2-6

图6-2-7

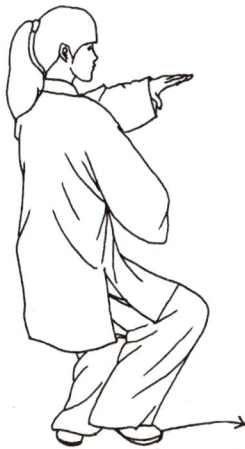

图6-2-8

4. 右腿向右前方迈出，左腿自然伸直，成右弓步；同时上体右转，左右手随转体分别慢慢向左下、右上分开，右手高与眼平（手心斜向上），肘微屈；左手落在左胯旁，肘也微屈，手心向下，指尖向前；眼看右手（图6-2-9、图6-2-10）。

5. 同1~4解，惟动作左右相反（图6-2-5~图6-2-10）。

图6-2-9   图6-2-10

动作要点：上体不可前俯后仰，胸部必须宽松舒展。两臂分开时要保持弧形。身体转动时要以腰为轴。弓步动作与分手的速度要均匀一致。做弓步时，迈出的脚先是脚跟着地，然后脚掌慢慢踏实，脚尖向前，膝关节不得超过脚尖；后腿自然伸直；前后脚夹角45°~60°，必要时后脚跟可以后蹬调整。野马分鬃式弓步前后脚的脚跟要分在中轴线两侧，之间的横向距离（即以动作进行的中线为纵轴，其两侧肢体的垂直距离为横向距离）应该保持在10~30cm。

（三）白鹤亮翅

1. 右脚跟进半步，上体微向左转，左手翻掌向下，左臂平屈胸前，右手向左上划弧，手心转向上，与左手成抱球状；目视左手（图6-2-11）。

2. 身体重心移至右腿，上体先向右转，面向右前方，眼看右手；然后左脚稍向前移，脚尖点地，成左虚步，同时上体再微向左转，面向前方，两手随转体慢慢向右上、左下分开，右手上提停于右额前，手心向内，左手落于左胯前，手心向下，指尖向前；双眼平视前方（图6-2-12、图6-2-13）。

图6-2-11   图6-2-12   图6-2-13

动作要点：完成姿势胸部不要挺出，两臂均保持半圆形，左膝要微屈。身体重心后移和右手上提、左手下按要协调一致。

（四）左右搂膝拗步

1. 右手从体前下落，右下向后上方划至右肩外侧，手与耳同高，手心斜向上；左手由左下向上、向右划弧至右胸前，手心斜向下；同时上体先微向左再向右转；左脚收至右脚内侧，脚尖着地，目视右手（图6-2-14～图6-2-16）。

2. 身体左转，左脚向前（偏左）迈出成弓步；同时右手屈回由耳侧向前推出，高与鼻尖平，左手向下由左膝前搂过落于左胯旁，指尖向前；目视前方（图6-2-17、图6-2-18）。

3. 左脚尖翘微向外撇，随后脚掌慢慢踏实，身体左转，身体重心移至左腿，右脚收到左脚内侧，脚尖着地；同时左手向外翻掌由左后向上划弧至左肩外侧，肘微屈，手与耳同高，手心斜向上；右手随转体向上、向下划弧落于左胸前，手心斜向下；目视左手（图6-2-19～图6-2-21）。

4. 同2解，惟动作左右相反（图6-2-16～图6-2-18）。

5. 同3解，惟动作左右相反（图6-2-19～图6-2-21）。

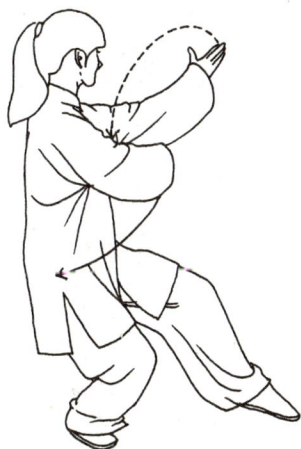

图 6-2-14

图 6-2-15

图 6-2-16

图 6-2-17

图 6-2-18

图 6-2-19

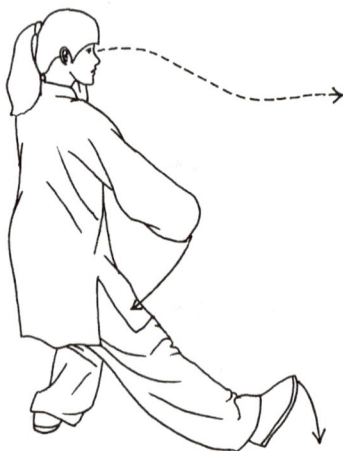

图 6-2-20

图 6-2-21

动作要点：前手推出时，身体不可前俯后仰，要松腰、松胯。推掌时要垂肘，坐腕舒掌，同时需与松腰、弓腿上下协调一致。搂膝拗步成弓步时，两脚跟的横向距离应保持 30cm 左右。

（五）手挥琵琶

右脚跟进半步，上体后坐，身体重心转至右腿上，上体半面向右转，左脚略提起稍向前移，成左虚步，脚跟着地，脚尖翘起，膝部微屈；同时左手由左下向上挑举，高与鼻尖平，掌心向右，臂微屈；右手收回放在左肘里侧，掌心向左；目视前方（图 6-2-22～图 6-2-24）。

动作要点：身体要平稳自然，沉肩垂肘，胸部放松。左手上起时不要直向上挑，要由上向前，微带弧形。右脚跟进时，脚掌先着地，再全脚踏实。身体重心后移和左手上起、右手落要协调一致。

图 6-2-22

图 6-2-23

图 6-2-24

（六）左右倒卷肱

1. 上体右转，右手翻掌（手心向上）经腹前由下向后上方划弧平举，臂微屈，左手随即翻掌向上；视线随着向右转体先向右看，再转向前方看左手（图 6-2-25）。

2. 右臂屈肘折向前，右手由耳侧向前推出，手心向前，左臂屈肘回收，手心向上，撤至左肋外侧；同时左腿轻轻提起向后（偏左）退一步，脚掌先着地，然后全脚慢慢踏实，身体重心移到左腿上，成右虚步，右脚随转体以脚掌为轴扭正；目视前方（图 6-2-26、图 6-2-27）。

3. 上体微向左转，同时左手随转体向后上方划弧平举，手心向上，右手随即翻掌，掌心向上；眼随转体先向左看，再转向前方看右手（图 6-2-28）。

4. 同 2 解，惟动作左右相反（图 6-2-29、图 6-2-30）。

5. 同 1 解（图 6-2-25）。

6. 同 2 解（图 6-2-26、图 6-2-27）。

7. 同 3 解（图 6-2-28）。

8. 同 2 解，惟动作左右相反（图 6-2-29、图 6-2-30）。

NOTE

图 6-2-25

图 6-2-26

图 6-2-27

图 6-2-28

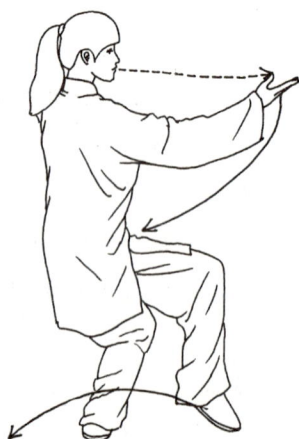

图 6-2-29

图 6-2-30

动作要点：前推的手略弯曲，后撤宜慢不可直向回抽，随转体走弧线。前推时，需转腰松胯，两手的速度要一致，避免僵硬。退步时，脚掌先着地，再慢慢全脚踏实，同时，前脚随转体以脚掌为轴扭正。退左脚略向左后斜、退右脚略向右后斜，避免使两脚落在一条直线上。后退时，眼神随转体动作先向左或右看，然后再转看前手。最后退右脚时，脚尖外撇的角度略大些，便于接做左揽雀尾的动作。

（七）左揽雀尾

1. 身体继续向右转，左手自然下落逐渐翻掌经腹前划弧至左肋前，手心向上；右臂屈肘，右手心转向下，收至右胸前，两手相对成抱球状；同时身体重心落在右腿上，左脚收到右脚内侧，脚尖点地；眼看右手（图6-2-31）。

2. 上体微向左转，左脚向左前方迈出，上体继续向左转，右腿自然蹬直，左腿屈膝，成左弓步；同时左臂向左前方掤出（即左臂平屈成弓形，用前臂外侧和手背向前方推出），高与肩平，手心向内；右手向右下落于右胯旁，手心向下，指尖向前；目视前方（图6-2-32）。

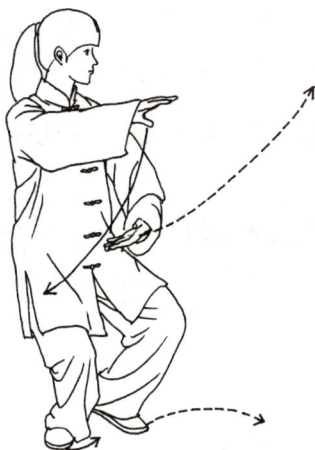

图 6-2-31

图 6-2-32

动作要点：掤出时，两臂前后均保持弧形。分手、松腰、弓腿三者应协调一致。揽雀尾弓步时，两脚跟横向距离约30cm。

3. 身体微向左转，左手随即前伸翻掌向下，右手翻掌向上，经腹前向上，向前伸至左前臂下方；然后两手下捋，即上体向右转，两手经腹前向右后上方划弧，直至右手手心向上，高与肩齐，左臂平屈于胸前，手心向后；同时身体重心移至右腿；眼看右手（图6-2-33～图6-2-35）。

图 6-2-33

图 6-2-34

图 6-2-35

动作要点： 下捋时，上体不可前倾，臀部不要凸出。两臂下捋需随腰旋转，仍走弧线。左脚全掌着地。

4. 上体微向左转，右臂屈肘折回，右手附于左手腕里侧（相距约 5cm），上体继续向左转，双手同时向前慢慢挤出，左手心向后，右手心向前，左前臂保持半圆；同时身体重心逐渐前移变成弓步；目视前方（图 6-2-36、图 6-2-37）。

图 6-2-36

图 6-2-37

动作要点： 向前挤时，上体正直。挤的动作要与松腰、弓腿相一致。

5. 左手翻掌，手心向下，右手经左腕上方向前、向右伸出，高与左手齐，手心向下，两手左右分开，宽与肩同；然后右腿屈膝，上体慢慢后坐，身体重心移至右腿上，左脚尖翘起；同时两手屈肘回收至腹前，手心均向前下方；眼向前平看（图 6-2-38、图 6-2-39）。

6. 上式不停，身体重心慢慢前移，同时两手向前、向上按出，掌心向前；左腿前弓成左弓步；目视前方（图 6-2-40）。

动作要点： 向前按时，两手需走曲线，腕部高与肩平，两肘微屈。

图 6-2-38

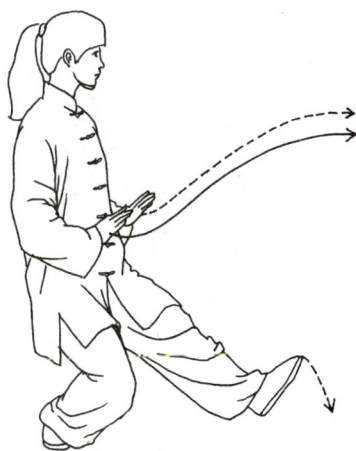

图 6-2-39

图 6-2-40

（八）右揽雀尾

1. 上体后坐并向右转，身体重心移至右腿，左脚尖里扣；右手向右平行划弧至左肋前，手心向上；左臂平屈胸前，左手掌心向下与右手成抱球状；同时身体重心再移至左腿上，右脚收至左脚内侧，脚尖点地；目视左手（图 6-2-41~图 6-2-43）。

图 6-2-41

图 6-2-42　　　　　　　　　　　　图 6-2-43

2. 做右式，同左揽雀尾 2~6 解，惟动作左右相反（图 6-2-32~图 6-2-40）。

3. 同右揽雀尾，惟动作左右相反（图 6-2-41~图 6-2-43）。

（九）　单鞭

1. 上体后坐，身体重心逐渐移至左腿上，右脚尖里扣；同时上体左转，两手（左高右低）向左弧形运转，直至左臂平举，伸于身体左侧，手心向左，右手经腹前运至左肋前，手心向后上方；目视左手（图 6-2-44）。

2. 身体重心再逐渐移至右腿上，上体右转，左脚向右脚靠拢，脚尖点地；同时右手向右上方划弧（手心由里转向外），至右侧方时变勾手，臂与肩平；左手向下经腹前向下划弧停于右肩前，手心向里；目视左手（图 6-2-45、图 6-2-46）。

3. 上体微向左转，左脚向左前侧方迈出，右脚跟后蹬，成左弓步；在身体重心向左腿的同时，左掌随上体继续左转而慢慢翻转向前推出，手心向前，手指与眼齐平，臂微屈；目视前方（图 6-2-47）。

图 6-2-44　　　　　　　　　　　　图 6-2-45

图 6-2-46

图 6-2-47

动作要点：上体保持正直，松腰。完成式时，右肘稍下垂，左肘与左膝上下相对，两肩下沉。左手向外翻掌前推时，要随转体边翻边推出，不要翻掌太快或最后突然翻掌。全部过渡动作上下应协调一致。如面向南起势，单鞭的方向（左脚尖）应向东偏北（大约15°）。

（十）云手

1. 身体重心移至右腿上，身体渐向右转，左脚尖里扣；左手经腹前向右上划弧至右肩前，手心斜向后，同时右手变掌，手心向右前；目视左手（图6-2-48）。

2. 上体慢慢左转，身体重心随之逐渐左移；左手由面前向左侧运转，手心渐渐转向左方；右手由右下经腹前向左上划弧至左肩膀前，手心斜向后；同时右脚靠近左脚，成小开立步（两脚距离10~20cm）；目视前方（图6-2-49、图6-2-50）。

3. 上体再向右转，同时左手经腹前向右划弧至右肩前，手心斜面向后；右手右侧运转，手心翻转向右；随之左腿向左横跨一步；目视右手（图6-2-51）。

4. 同2解（图6-2-49、图6-2-50）。

5. 同3解（图6-2-51）。

6. 同2解（图6-2-49、图6-2-50）。

图 6-2-48

图 6-2-49

图 6-2-50   图 6-2-51

动作要点： 身体转动要以腰脊为轴，松腰、松胯，不可忽高忽低。两臂随腰的转动而运转，要自然圆活，速度要缓慢均匀。下肢移动时，身体重心要稳定，两脚掌先着地再踏实，脚尖向前。眼的视线随左右手而移动。第三次云手的最后右脚跟步时，脚尖应微向内扣，以便接单鞭动作。

（十一）单鞭

1. 上体向右转，右手随之向右运转，至右侧方时变成勾手；左手经腹前向右上划弧至右肩前，手心向内；身体重心落在右腿上，左脚尖点地；目视右手（图 6-2-52）。

2. 上体微向左转，左脚向左前侧方迈出，右脚跟后蹬，成左弓步；在身体重心移向左腿的同时，上体继续左转，左掌慢慢翻转向前推出，成单鞭式（图 6-2-53）。

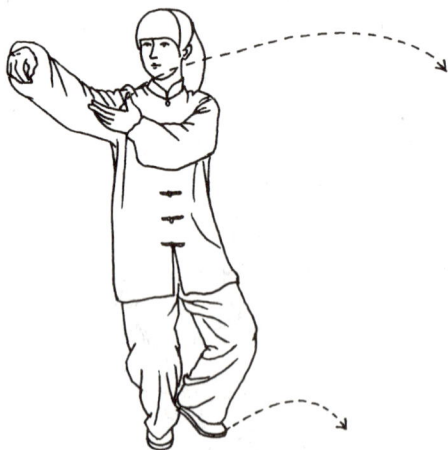 

图 6-2-52   图 6-2-53

（十二）高探马

1. 右脚跟进半步，身体重心逐渐后移至右腿；右手变掌，两手心翻转向上，两肘微屈；同时身体微向右转，左脚跟渐渐离地；眼看左前方（图 6-2-54）。

2. 上体微向左转，面向前方；右掌经右耳旁向前推出，手心向前，手指与眼同高；左手收至左侧腰前，手心向上；同时左脚微向前移，脚尖点地，成左虚步；目视前方（图 6-2-55）。

图 6-2-54　　　　　　　　　　　　图 6-2-55

动作要点：上体自然正直，双肩下沉，右肘微下垂。跟步移换重心时，身体不可起伏。

（十三）右蹬脚

1. 左手手心向上，前伸至右腕背面，两手相互交叉，随即向两侧分开并向下划弧，手心斜向下；同时左脚提起向左前侧方进步（脚尖略外撇）；身体重心前移，右腿自然蹬直，成左弓步；目视前方（图 6-2-56~图 6-2-58）。

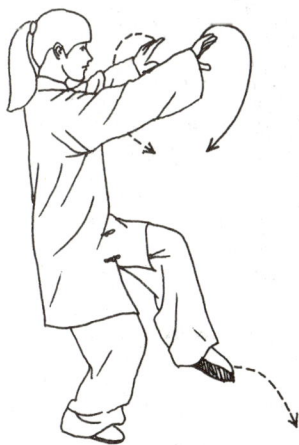

图 6-2-56　　　　　　　　图 6-2-57　　　　　　　　图 6-2-58

2. 两手由外圈向里圈划弧，两手交叉合抱于胸前，右手在外，手心均向后；同时右脚向左脚靠拢，脚尖点地；双目平视右前方（图 6-2-59）。

3. 两臂左右划弧分开平举，肘部微屈，手心均向外；同时右腿屈膝提起，右脚向右前方慢慢蹬出；眼看右手（图 6-2-60、图 6-2-61）。

图 6-2-59

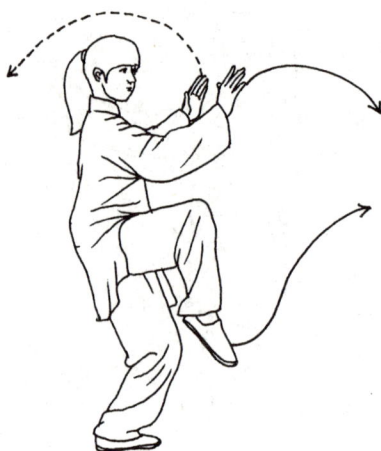

图 6-2-60

图 6-2-61

动作要点：身体要稳定，不可前俯后仰。两手分开时，腕部与肩齐平。蹬脚时，左腿微屈，右脚尖回勾，劲使在脚跟。分手和蹬脚须协调一致。右臂和右腿上下相对。如面向南起势，蹬脚方向应为正东偏南（约 30°）。

（十四）双峰贯耳

1. 右腿收回，屈膝平举，左手由后向上、向前下落至体前，两手心均翻转向上，两手同时向下划弧分落于右膝两侧；目视前方（图 6-2-62）。

2. 右脚向右前方落下，身体重心渐渐前移，成右弓步，面向右前方；同时两手下落，慢慢变拳，分别从两侧向上、向前划弧至面部前方，成钳形状，两拳相对，高与耳齐，拳眼斜向下（两拳中间距离 10~20cm）；目视右拳（图 6-2-63、图 6-2-64）。

图 6-2-62

图 6-2-63

图 6-2-64

　　动作要点：完成式时，头颈正直，松腰、松胯，两拳松握，沉肩垂肘，两臂均保持弧形。双峰贯耳式的弓步和身体方向与右蹬脚方向相同。弓步的两脚跟横向距离同揽雀尾式。

（十五） 转身左蹬脚

　　1. 左腿屈膝后坐，身体重心移至左腿，上体左转，右脚尖里扣；同时两拳变掌，由上向左右划弧分开平举，手心向前；眼先看左手，再看右手（图 6-2-65、图 6-2-66）。

　　2. 身体重心再移至右腿，左脚收到右脚内侧，脚尖点地；同时两手由外圈向里圈划弧合抱于胸前，左手在外，手心均向后，目视前方（图 6-2-67）。

　　3. 两臂左右划弧分开平举，肘部微屈，手心均向外；同时左腿屈膝提起，左脚向左前方慢慢蹬出；目视左手（图 6-2-68）。

图 6-2-65

图 6-2-66

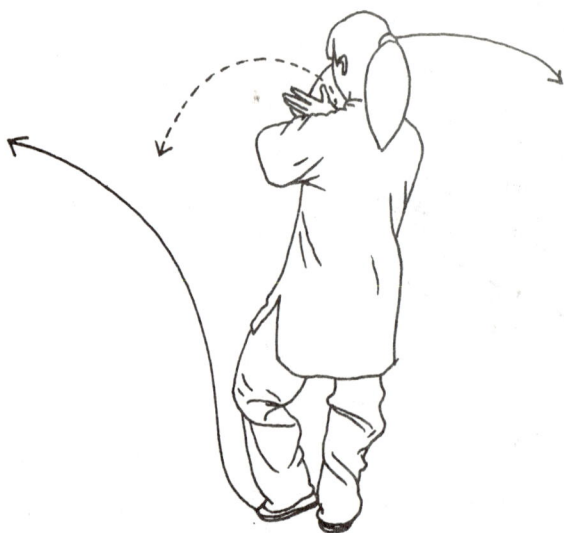

图 6-2-67

图 6-2-68

动作要点：与右蹬脚式相同，惟左右相反。左蹬脚方向与右蹬脚方向相反。

（十六）左下势独立

1. 左腿收回提膝，上体右转；右掌变成勾手，左掌向上、向右划弧下落，落于右肩前，掌心斜向后；目视右手（图6-2-69）。

2. 右腿慢慢屈膝下蹲，左腿由里向左侧（偏后）伸出，成左仆步；左掌下落（掌心向外）向左下顺左腿内侧向前穿出；目视左手（图6-2-70、图6-2-71）。

3. 身体重心前移，左脚跟为轴，脚尖尽量向外撇，左脚前弓，右腿后蹬，右脚尖里扣，上体微向

图 6-2-69

NOTE

左转并向前起身；同时左臂继续向前伸出（立掌），掌心向右，右勾手下落，勾尖向上；眼看左手（图6-2-72）。

4. 右腿慢慢提起，成左独立势；同时右手变掌，并由后下方顺右腿外侧向前弧行摆出，屈臂立于右腿上方，肘与膝相对，手心向左；左手立于左胯旁，手心向下，指尖向前；目视前方（图6-2-73）。

图 6-2-70

图 6-2-71

图 6-2-72

图 6-2-73

动作要点： 上体要正直，独立的腿要微屈，右腿提起时脚尖自然下垂。

（十七） 右下势独立

1. 右脚下落于左脚前，脚掌着地；然后左脚前掌为轴，脚跟转动，身体随之左转；同时左手向后平举变成勾手，右掌随着转体向左侧划弧，立于左肩前，掌心斜向后，眼看左手（图6-2-74、图6-2-75）。

2. 做右式，同左下势独立2解~4解，惟动作左右相反（图6-2-76~图6-2-79）。

图 6-2-74

图 6-2-75

图 6-2-76

图 6-2-77

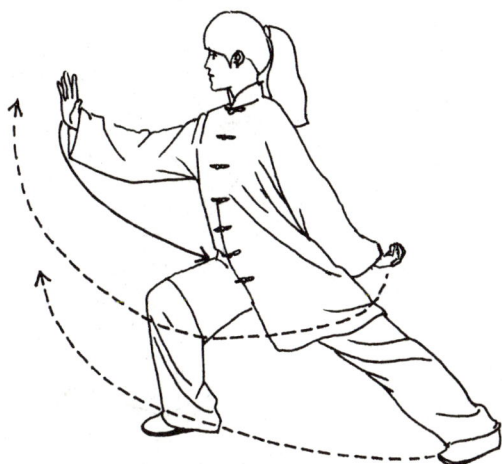

图 6-2-78　　　　　　　　　　　图 6-2-79

动作要点：右脚尖触地后必须稍微提起，然后再向下仆腿，其他均与左下势独立相同，只是动作左右相反。

（十八）左右穿梭

1. 身体微向左转，左脚向前落地，脚尖外撇，右脚跟离地，两腿屈膝成半坐盘式；同时两手在左胸前成抱球状（左上右下）；然后右脚收到左脚的内侧，脚尖点地；目视左前臂（图6-2-80、图6-2-81）。

2. 身体右转，右脚向右前方迈出，屈膝弓腿，成右弓步；同时右手由面前向上举并翻掌停在右额前，手心斜向上；左手先向左下再经体前向前推出，高与鼻尖平，手心向前；目视左手（图6-2-82、图6-2-83）。

3. 身体重心略向后移，右脚尖稍向外撇，随即身体重心再移至右腿，左脚跟进，停于右脚内侧，脚尖点地；同时两手在右胸前成抱球状（右上左下）；眼看右前臂（图6-2-84）。

4. 同2解，惟动作左右相反（图6-2-85、图6-2-86）。

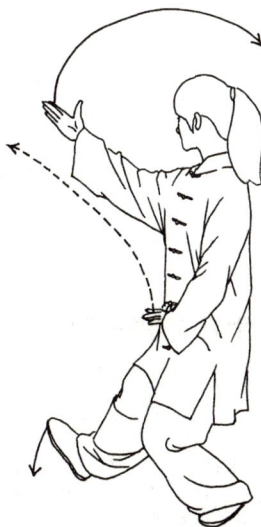

图 6-2-80　　　　　　　　图 6-2-81　　　　　　　　图 6-2-82

NOTE

图 6-2-83

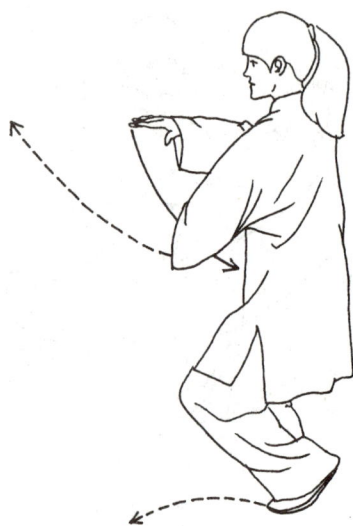

图 6-2-84

图 6-2-85

图 6-2-86

动作要点：完成姿势面向斜前方（如面向南起势，左右穿梭方向分别为正西偏北和正西偏南，均约30°）。手推出后，上体不可前俯。手向上举时，防止引肩上耸。一手上举一手前推要与弓腿松腰上下协调一致。做弓步时，两脚跟的距离同搂膝拗步式，保持在30cm左右。

（十九）海底针

右脚向前跟进半步，身体重心移至右腿，左脚稍向前移，脚尖点地，成左虚步；同时身体稍向右转，右手下落经体前向后、向上提抽至肩上耳旁，再随身体左转，由右耳旁斜向前下方插出，掌心向左，指尖斜向下；与此同时，左手向前、向下划弧落于左胯旁，手心向下，指尖向前；眼看前下方（图6-2-87、图6-2-88）。

图 6-2-87   图 6-2-88

动作要点：身体要先向右转，再向左转。完成姿势，面向正西。上体不可太前倾。避免低头和臀部外凸。左腿要微屈。

（二十）闪通臂

上体稍向右转，左脚向前迈出，屈膝弓腿成左弓步；同时右手由体前上提，屈臂上举，停于右额前上方，掌心翻转斜向上，拇指朝下；左手上起经胸前向前推出，高与鼻尖平，手心向前；目视左手前方（图 6-2-89、图 6-2-90）。

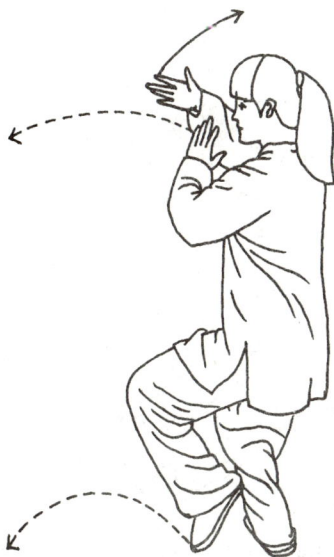

图 6-2-89   图 6-2-90

动作要点：完成姿势上体自然正直，松腰、松胯；左臂不要完全伸直，背部肌肉要伸展开。推掌、举掌和弓腿动作要协调一致。弓步时，两脚跟横向距离同揽雀尾式（不超过10cm）。

（二十一）转身搬拦捶

1. 上体后坐，身体重心移至右腿上，左脚尖里扣，身体向后转，然后身体重心再移至左

NOTE

腿上；与此同时，右手随着转体向右、向下（变拳）经腹前划弧至左肋旁，拳心向下；左掌上举于头前，掌心斜向上；目视前方（图6-2-91、图6-2-92）。

 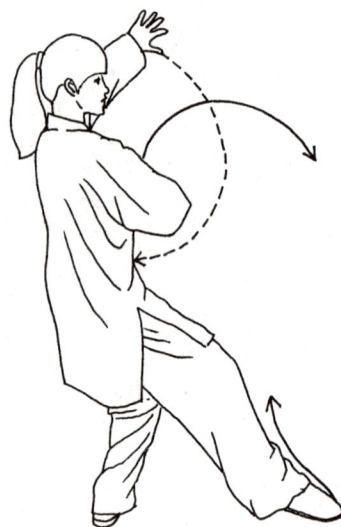

图6-2-91   图6-2-92

2. 右拳经胸前向前翻转撇出，拳心向上；左手落于胯旁，掌心向下，指尖向前；同时右脚收回后（不要停顿或脚尖点地）即向前迈出，脚尖外撇；眼看右拳前方（图6-2-93、图6-2-94）。

 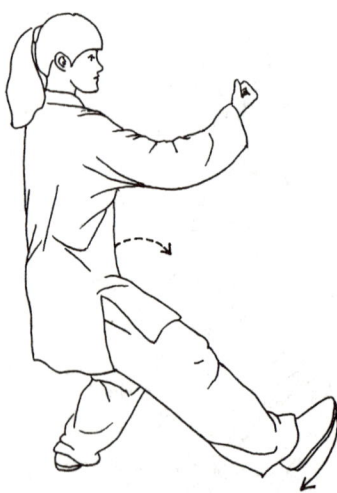

图6-2-93   图6-2-94

3. 身体重心移至右腿上，左脚向前迈一步；左手上起经左侧向前上划弧拦出，掌心向前下方；同时右拳向右划弧收到右腰旁，拳心向上；眼看左手（图6-2-95、图6-2-96、图6-2-97）。

4. 左腿前弓成左弓步，同时右拳向前打出，拳眼向上，高与胸平，左手附于右前臂里侧；眼看右拳（图6-2-98）。

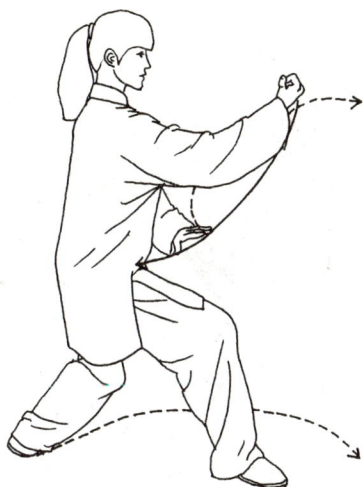

图 6-2-95

图 6-2-96

图 6-2-97

图 6-2-98

动作要点: 右拳不宜握得太紧; 右拳回收时, 前臂要慢慢内旋划弧, 然后再外旋停于右腰旁, 拳心向上。向前打拳时, 右肩随拳略向前引伸, 沉肩垂肘, 右臂要微屈。弓步时, 两脚横向距离同揽雀尾式。

(二十二)　如封似闭

1. 左手由右腕下向前伸出, 右拳变掌, 两手手心逐渐翻转向上并慢慢分开回收; 同时身体后坐, 左脚尖翘起, 身体重心移至右腿; 目视前方 (图 6-2-99、图 6-2-100)。

2. 两手在胸前翻掌, 向下经腹前再向上、向前推出, 腕部与肩平, 手心向前; 同时左腿前弓成左弓步; 目视前方 (图 6-2-101、图6-2-102)。

图 6-2-99

图 6-2-100

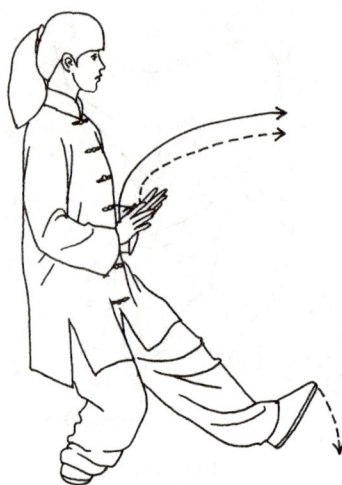

图 6-2-101

图 6-2-102

　　动作要点：身体后坐时，避免后仰，臀部不可凸出。两臂随身体回收时，肩、肘部略向外打开，不可直向抽回。两手推出宽度不要超过双肩。

（二十三）十字手

　　1. 屈膝后坐，身体重心移向右腿，左脚尖里扣，向右转体；右手随着转体动作向右平摆划弧，与左手成两臂侧平举，掌心向前，肘部微屈；同时右脚尖随着转体稍向外撇，成右侧弓步；眼看右手（图 6-2-103、图 6-2-104）。

　　2. 身体重心慢慢移至左腿，右脚尖内扣，随即向左收回，两脚距离与肩同宽，两腿逐渐蹬直，成开立步；同时两手向下经腹前向上划弧交叉合抱于胸前，两臂撑圆，腕高与肩平，右手在外，成十字手，手心均向后；目视前方（图 6-2-105、图 6-2-106）。

图 6-2-103

图 6-2-104

图 6-2-105

图 6-2-106

动作要点：两手分开与合抱时，上体不要前俯。站起后，身体自然正直，头微向上顶，下颏稍向后收。两臂环抱时需圆满舒适，沉肩垂肘。

（二十四） 收势

两手向外翻掌，手心向下，两臂慢慢下落，停于身体两侧左脚慢慢收至右脚成并步；目视前方（图 6-2-107、图6-2-108、图6-2-109）。

NOTE

图 6-2-107　　　　　　　　图 6-2-108　　　　　　　　图 6-2-109

动作要点：两手左右分开下落时，要注意全身放松，同时气也徐徐下沉（呼气略加长）；呼吸平稳后，左脚收至右脚成并步。

第三节　武术拳操

一、武术拳操概述

武术拳操是以技击动作为素材，以身体练习为基本手段，遵循武术和体操的创编规律组成的各种单个动作、组合和套路的练习形式。武术拳操选取简单实用的武术技法，并着重突出武术的技击性，有较强的实用价值，可满足大学生对武术锻炼的需求。武术拳操融合了长拳、南拳、太极拳的基本动作，借取了形意拳、查拳、少林拳等传统拳法，着重选择舒展、优美、易学易练的武术动作，具有套路简单易学、重视攻防格斗、强调发声助威、适于集体演练等特点。武术拳操对人的力量、耐力、速度、灵敏、柔韧等各种身体素质的发展都有良好的影响，而且武术是中国典型的传统文化形式，学生在练习武术拳操时，既可了解中国武术的基本技法，也可以感受中国优秀传统文化的魅力，增强民族认同感。

二、动作说明

预备姿势：身体直立，两脚并拢，两臂自然下垂，两掌轻贴在大腿外侧；精神集中，目视前方（图 6-3-1）。

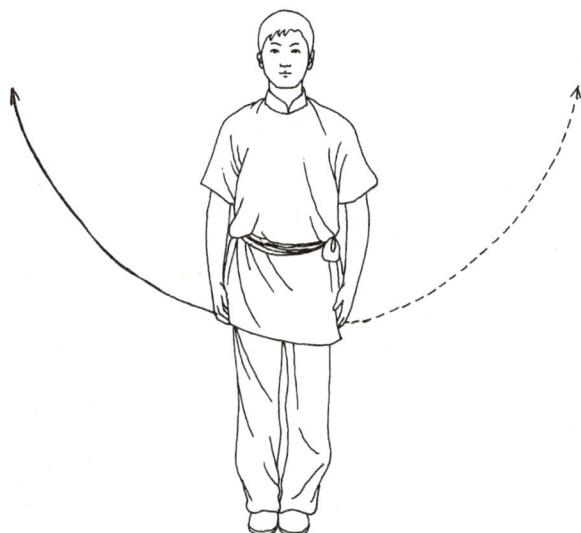

图 6-3-1

动作要点：头要端正，下颌微收，挺胸、塌腰、收腹。

（一）起势

两手侧举，掌心向上，目视右手。举至头顶上方，两臂屈肘，两掌沿体前内合下按，掌心向下，目视前方（图 6-3-2、图 6-3-3）。

图 6-3-2

图 6-3-3

动作要点：两掌上举时吸气，下按时呼气。

（二）并步砸拳

1. 右膝上提成提膝独立，同时左手外摆至体侧，掌心向前；右手握拳经腰间上举，拳心向左。目视前方（图 6-3-4）。

2. 右脚下落，震脚并步。同时左掌收至体前，掌心向上；右拳内旋向下，砸击左掌，拳心向上。目视前方（图 6-3-5）。

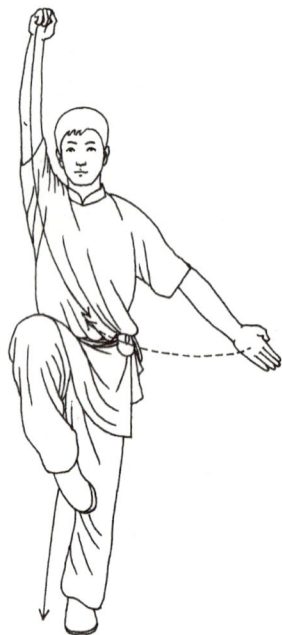

图 6-3-4   图 6-3-5

动作要点： 并步砸拳时，力达拳背。砸拳与并步同时完成。

（三）马步冲拳

1. 右脚向右横跨一步成马步。同时两手抱拳收至腰间，随即左拳向前冲出，发"哈"声。目视前方（图 6-3-6）。

2. 左拳回收至腰间，同时右拳向前冲出；随即左拳、右拳再快速各冲拳一次，每次冲拳均发"哈"声。目视前方（图 6-3-7）。

3. 身体直起，右腿向前弹踢，同时左拳向前冲出（图 6-3-8）；右脚落地成马步，同时右拳向前冲出，每次冲拳均发"哈"声（图 6-3-7）。目视前方。

图 6-3-6   图 6-3-7   图 6-3-8

动作要点：成马步时，两脚平行，脚尖正对前方，屈膝使大腿接近水平。冲拳均为立拳，每冲一拳发"哈"声。冲拳时，应快速有力，力达拳面。弹踢时，力达脚尖。

（四） 跪步冲拳

马步冲左拳后，随即上体左转90°变成左跪步。同时左拳变掌收至右腋前；右拳向前冲出，拳眼向上。目视右拳（图6-3-9、图6-3-10）。

图 6-3-9	图 6-3-10

动作要点：左跪步冲拳时，身体重心微前倾，右膝点地，挺胸立腰，拳与肩同高，冲拳为立拳。冲拳时，发"哈"声。

（五） 右单拍脚

重心上起，右腿伸直向前直摆踢起，脚面绷直，高与肩平。同时左掌变拳收至腰侧；右拳变掌向下拍击右脚面（图6-3-11）。

图 6-3-11

动作要点：拍脚要稳准而响亮。

（六）右弓步冲拳

1. 右脚落地成马步。左拳不动；右掌变拳压肘。目视右拳（图 6-3-12）。

2. 上体稍右转，右腿屈膝半蹲，左腿挺膝伸直，成右弓步。同时右拳经体前向上架于头顶上方，拳心斜向上；左拳自腰侧向前冲出，拳心向下。目视前方（图 6-3-13）。

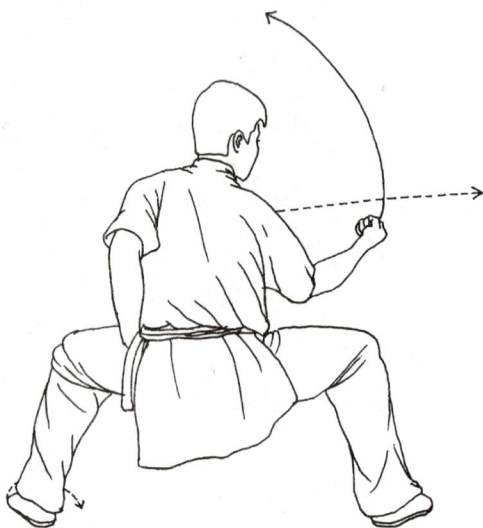

图 6-3-12

图 6-3-13

动作要点：马步转右弓步要迅速，冲拳为平拳。

（七）并步抄拳

上体左转 90°，右脚向左脚并步，两腿屈膝半蹲。同时左拳变掌下按于右前臂；右拳经右侧向下、向前抄拳，拳面向上。目视前方（图 6-3-14）。

动作要点：并步时，右脚震脚，并步与抄拳同时完成。

（八）马步架打

两脚蹬地跳起，向右转体 180°，落地成马步。同时右拳外旋上架于头上，拳心斜向上；左掌变拳经腰间向左侧冲拳，拳心向下。目视左拳（图 6-3-15）。

动作要点：向右转体 180° 成马步要迅速，马步架打时，发"哈"声，冲拳为平拳。

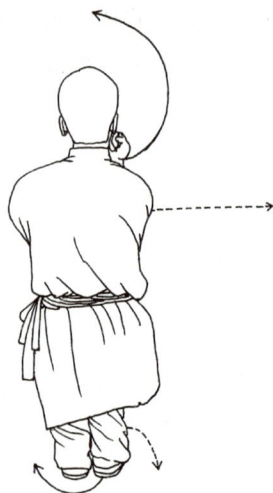

图 6-3-14

（九）左单拍脚

上体右转 90°，左腿伸直向前直摆踢起，脚面绷直，高与肩平。同时右拳收至腰侧；左拳变掌向下经体侧向前、向下拍击左脚面（图 6-3-16）。

图 6-3-15

图 6-3-16

动作要点：拍脚要稳准而响亮。

（十）　左弓步冲拳

1. 左脚落地成马步。右拳不动；左掌变拳压肘。目视左拳（图6-3-17）。

2. 上体稍向左转，左腿屈膝半蹲，右腿挺膝伸直，成左弓步。同时左拳经体前向上架于头上方，拳心斜向上；右拳自腰侧向前方冲出，拳心向下。目视前方（图6-3-18）。

图 6-3-17

图 6-3-18

动作要点：马步转左弓步要迅速，冲拳为平拳。

（十一）　并步抄拳

上体右转90°，左脚向右脚并步，两腿屈膝半蹲。同时右拳变掌下按于左前臂；左拳经左侧向下、向前抄拳，拳面向上。目视前方（图6-3-19）。

动作要点：并步时，左脚震脚，并步与抄拳同时完成。

（十二） 马步架打

两脚蹬地跳起，向左转体180°，落地成马步。同时左拳外旋上架于头上，拳心斜向上；右掌变拳经腰间向右方冲拳，拳心向下。目视右拳（图6-3-20）。

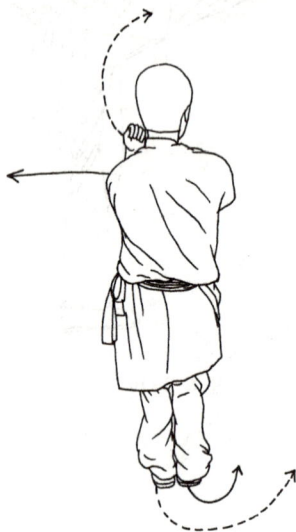

图 6-3-19   图 6-3-20

动作要点：转体180°成马步，动作应迅速，架打时，发"哈"声，冲拳为平拳。

（十三） 左弓步切掌

重心左移，左腿屈膝前弓，右腿挺膝伸直，成左弓步。同时右拳收至腰间；左拳变掌落至胸前，随即向左侧用力切出，指尖斜向右，掌心斜向下，掌外侧向前。目视左手（图6-3-21）。

图 6-3-21

动作要点：切掌时，力达掌根外侧。

（十四） 并步左搬拳

上体稍左转，重心上移，左脚后撤向右脚并步，身体直立。同时右掌由后、向上、向前按掌收至左腋下，掌心向下；左掌变拳向下划弧经胸前向上、向前搬拳，与胸同高，拳心斜向上。目视左拳（图6-3-22）。

动作要点：搬拳时，左拳由右臂内侧向外翻出，力达拳背。

（十五） 进步右崩拳

右脚向前进一步，左脚随即向前跟半步，重心偏左腿。同时左拳收于腰间，拳心向上；右掌变拳经左臂上方向前崩出，拳眼向上。目视右拳（图6-3-23）。

动作要点：进步、崩拳同时完成。崩拳时，力达拳面。

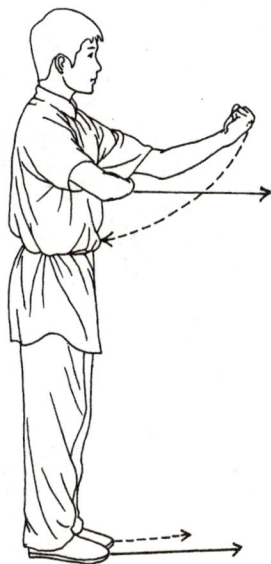

图 6-3-22

（十六） 勾踢抄拳

重心移至右脚，右膝微屈，左脚擦地向前勾踢。同时右拳变掌收按于左前臂；左拳向上勾出，拳心向内。目视左拳（图6-3-24）。

图 6-3-23

图 6-3-24

动作要点：勾踢时，脚尖上翘，勾踢与抄拳同时完成。

（十七） 马步左盘肘

左脚向前落地，上体右转90°，脚尖内扣成马步。同时右掌向前、向右平捋，抱拳收至腰侧；左拳内旋，经腰间，向前平摆盘肘，肘尖向前，高与肩平，拳心向下。目视前方（图6-3-25、图6-3-26）。

图 6-3-25

图 6-3-26

动作要点：盘肘时，快速有力，力达肘尖。

（十八）右弓步切掌

重心右移，右腿屈膝半蹲，左腿挺膝伸直，成右弓步。同时左拳收至腰间；右拳变掌向右侧用力切出，指尖斜向左，掌心斜向下，掌外侧向前。目视右手（图 6-3-27）。

动作要点：切掌时，力达掌根外侧。

（十九）并步右搬拳

上体稍右转，重心上移，右脚后撤向左脚并步，身体直立。同时左拳变掌由后、向上、向前按掌收至右腋下，掌心向下；右掌变拳向下划弧经胸前向上、向前翻拳，与胸同高，拳心斜向上。目视右拳（图 6-3-28）。

图 6-3-27

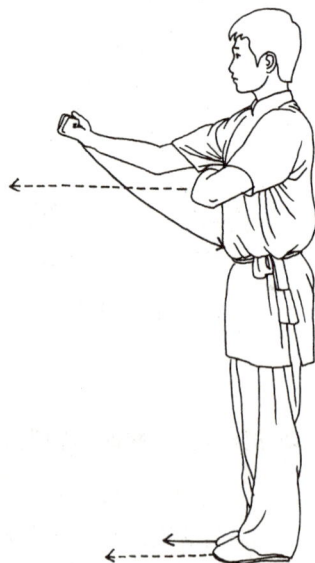

图 6-3-28

动作要点：搬拳时，右拳由左臂内侧向外翻出，力达拳背。

（二十） 进步左崩拳

左脚向前进一步，右脚随即向前跟半步，重心偏右腿。同时右拳收于腰间，拳心向上；左掌变拳经右臂上方向前崩出，拳眼向上。目视左拳（图6-3-29）。

动作要点：进步、崩拳同时完成。崩拳时，力达拳面。

（二十一） 勾踢抄拳

重心移至左脚，左膝微屈，右脚擦地向前勾踢。同时左拳变掌收按于右前臂；右拳向上勾出，拳心向内。目视右拳（图6-3-30）。

图6-3-29　　　　　　　　　　图6-3-30

动作要点：勾踢时，脚尖上翘，勾踢与抄拳同时完成。

（二十二） 马步右盘肘

右脚向前落地，上体左转90°，脚尖内扣成马步。同时左掌向前、向左平捋，抱拳收至腰侧；右拳内旋，经腰间向前平摆盘肘，肘尖向前，高与肩平，拳心向下。目视前方（图6-3-31、图6-3-32）。

图6-3-31　　　　　　　　　　图6-3-32

NOTE

动作要点：盘肘时，快速有力，力达肘尖。

（二十三） 左弓步插掌

上体左转 90°，左脚尖外撇向前，右腿蹬直成左弓步。同时左拳变掌收于右腋下，掌心向下；右拳变掌经左掌背向前插出，掌心向上。目视右掌（图 6-3-33）。

动作要点：插掌时，快速有力，力达指尖。

（二十四） 右盖步冲拳

右脚蹬地向左腿前盖步，脚尖外撇，左脚跟抬起。同时右手握拳收至右肩前，拳心向内；左掌变拳向前冲出，拳眼向上。目视左拳（图 6-3-34）。

图 6-3-33　　　　　　　　　　　　图 6-3-34

动作要点：冲拳时，肘尖高与肩平；盖步时，落步沉实、稳固。

（二十五） 马步按掌

左脚向前迈步，脚尖内扣成马步。同时两拳变掌经胸前下按至腹前，两指尖相对，掌心向下。目视前方（图 6-3-35）。

图 6-3-35

动作要点：成马步时，两脚平行。两掌按于两腿内侧，按掌时，劲力下沉，同时发"嘿"声。

（二十六）　右弓步插掌

上体右转90°，右脚尖外撇向前，左腿蹬直成右弓步。同时右掌收于左腋下，掌心向下；左拳变掌经右掌背向前插出，掌心向上。目视左掌（图6-3-36）。

图 6-3-36

动作要点：插掌时，快速有力，力达指尖。

（二十七）　左盖步冲拳

左脚蹬地向右腿前盖步，脚尖外撇，右脚跟抬起。同时左手握拳收至左肩前，拳心向内；右掌变拳向前冲出拳眼向上。目视右拳（图6-3-37）。

动作要点：冲拳时，肘尖高于肩平；盖步时，沉实、稳固。

（二十八）　马步按掌

右脚向前迈步，脚尖内扣成马步。同时两拳变掌经胸前下按至腹前，两指尖相对，掌心向下。目视前方（图6-3-38）。

图 6-3-37

图 6-3-38

动作要点：成马步时，两脚平行。两掌按于两腿内侧，按掌时劲力下沉，同时发"嘿"声。

NOTE

（二十九）　震脚栽拳

两臂外旋向外、向上打开。随即右脚向左脚并步，屈膝震脚。同时左掌收至右肩前；右拳向下栽拳，拳眼向内。目视前方（图6-3-39、图6-3-40）。

动作要点：栽拳与震脚同时完成，栽拳时，右臂内旋向下栽出。

（三十）　马步劈拳

右脚向右横跨一步成马步。同时左掌变拳，两臂交叉于体前，上提至头上向两侧抡劈拳，拳眼向上。目视右拳（图6-3-41）。

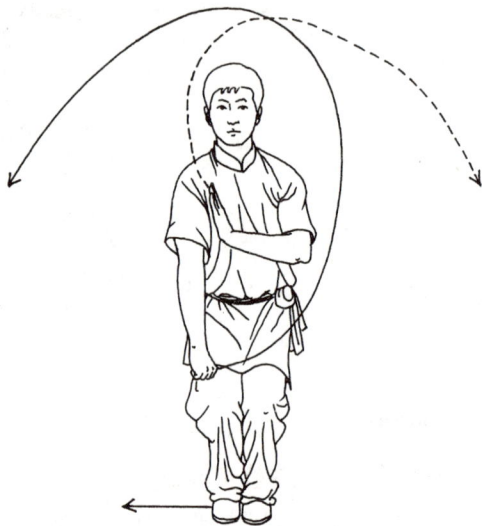

图 6-3-39　　　　　　　　　　　　　　　　图 6-3-40

图 6-3-41

动作要点：劈拳时，劲力下沉，同时发"嘿"声。

（三十一）　弓步贯拳

上体不动，两拳收至腰间。随即右腿蹬地成左弓步。同时两臂向后、向前划弧，右拳向左侧贯击，左掌迎击右拳背。目视两手（图6-3-42、图6-3-43）。

图 6-3-42

图 6-3-43

动作要点： 贯拳时，拳向斜上方弧形横击，拳眼斜向下，力达拳面。

（三十二） 虚步格挡

1. 二人习练。二人右脚向前截腿，脚尖外撇。同时右拳抓握外旋收至腰间，拳心向上；左掌收于右手腕。目视前方（习练者甲图 6-3-44、习练者乙图 6-3-45）。

2. 习练者甲：右脚向后落步，重心后坐，成左虚步。同时左掌变拳收至腰间；右臂向前格挡，拳心向内。目视对方（图 6-3-46）。

习练者乙：右脚向左前方内扣落地，随即上体左转 180°，重心后坐，左脚向前虚点地，成左虚步。同时左掌变拳收至腰间；右臂向前格挡，拳心向内。目视对方（图 6-3-47）。

图 6-3-44　　　　　　　　　　　　　图 6-3-45

图 6-3-46

图 6-3-47

动作要点： 截腿时，发"哈"声。乙斜前方上步，使甲乙二人的站位不在同一直线上。

（三十三）腾空飞脚

1. 右脚向前上步，左拳变掌向前摆起，右拳变掌向后摆起，随即右脚蹬地跳起，左腿屈膝向前上摆，同时右掌向下、向前摆起；左掌先上摆而后下降拍击右掌背（图 6-3-48、图 6-3-49）。

2. 右腿继续上摆，脚面绷直。右手拍击右脚面；左掌由体前向左上举。目视前方（图 6-3-50、图 6-3-51）。

图 6-3-48

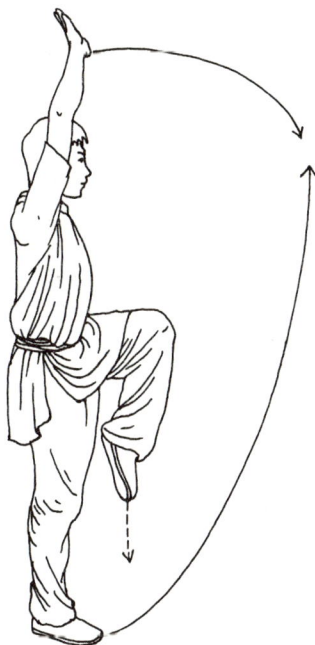

图 6-3-49

图 6-3-50

图 6-3-51

NOTE

动作要点：蹬地踏跳要向上，不要向前冲，左膝尽量上提。击响要在腾空时完成，右臂伸直成水平。此动作为两人从对方左侧对穿，交换位置。甲乙二人动作相同。

（三十四） 弓步架打

1. 左右脚依次落地，成右弓步。同时右掌变拳收至腰间，拳心向上；左掌由后向前撩击（图 6-3-52、图 6-3-53）。

图 6-3-52

图 6-3-53

2. 弓步不动。同时左掌内旋上架于头上，掌心向上；右拳由腰间向前冲出，拳眼向上。目视右拳（习练者甲图 6-3-54、习练者乙图 6-3-55）。

图 6-3-54

图 6-3-55

动作要点：左掌架掌与右拳前冲一致。冲拳架打时，发"哈"声。甲乙二人动作相同。

（三十五）俯蹲拍地

甲：上体右转 180°，右脚向左脚并步提踵。同时右拳变掌在头上以掌背迎击左手掌。随即上体前屈，屈膝全蹲，两手拍地。目视前下方（图 6-3-56、图 6-3-57）。

乙：左脚向右脚并步提踵。同时右拳变掌在头上以掌背迎击左手掌。随即上体前屈，屈膝全蹲，两手拍地（图 6-3-56、图 6-3-57）。

NOTE

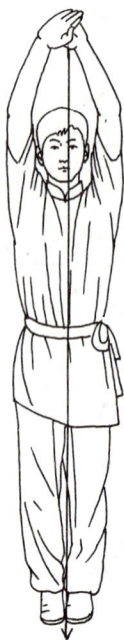

图 6-3-56   图 6-3-57

动作要点：两手在头上击响时，手臂伸直，提踵，充分拉开肢体。

（三十六）马步挪打

身体上跳直立，同时左手收至右肩侧，右手收至右腰侧。目视右侧。随即落地成马步，左右手同时向身体左侧挪打，左手摆掌，掌心向内，右手立掌掌心向外，形成左手在上，右手在下向外挪打的姿势。目视左侧（图 6-3-58、图 6-3-59）。

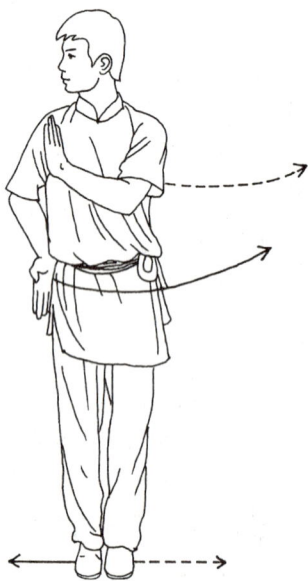

图 6-3-58   图 6-3-59

动作要点：挪打时，两手臂成弧形，不要伸直，发"哈"声。甲乙二人动作相同。

（三十七） 侧踹腿

左脚向右脚并步。同时左手立于右肩前；右手向左斜下砍掌。目视左侧（图6-3-60）。

右腿伸直支撑，左腿屈膝提起，左脚内扣，脚跟用力向左侧踹出，上体向右侧微倾。同时两手握拳，左拳向前冲出，右臂向后顶肘。目视左脚（图6-3-61）。

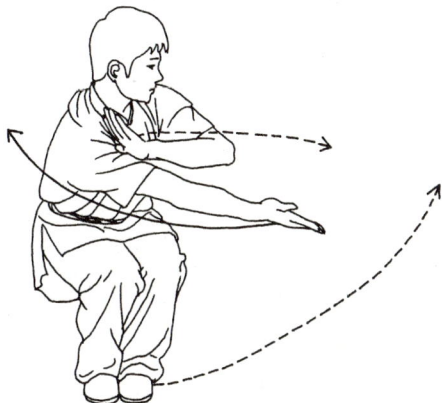 

图 6-3-60   图 6-3-61

动作要点：挺膝、开髋、猛踹、力达脚跟。甲乙二人动作相同。

（三十八） 搂手推掌

左脚向前落步成左弓步。同时左拳搂手抱拳收至腰间；右拳变掌经腰间向前推出。目视前方（图6-3-62）。

图 6-3-62

动作要点：勾手搂挂幅度要大，推掌快速有力。甲乙二人动作相同。

（三十九） 弹踢推掌

重心移至左腿，右腿屈膝提起，脚面绷直，向前弹出伸直，高于腰平。同时右掌收至腰间；左掌向前推出（习练者甲图6-3-63、习练者乙图6-3-64）。

图 6-3-63

图 6-3-64

动作要点：弹踢时，脚面绷直，力达脚尖。

（四十） 虚步推掌

1. 甲：右脚向左前方内扣落步，上体左转180°。同时右掌向前推出，左掌外旋收于腰间，掌心向前（图6-3-65）。

乙：右脚向后落步。同时右掌向前推出，左掌外旋收于腰间，掌心向前（图6-3-66）。

2. 甲：重心移至右腿成左虚步。同时右掌收至左肘内侧，掌心斜向前；左掌向前推出，掌心斜向前。目视对方（图6-3-67）。

乙：（同甲）重心移至右腿成左虚步。同时右掌收至左肘内侧，掌心斜向前；左掌向前推出，掌心斜向前。目视对方（图6-3-68）。

动作要点：推掌时，快速有力，力达掌根。甲斜前方上步，使甲乙二人的站位不在同一直线上。

图 6-3-65

图 6-3-66

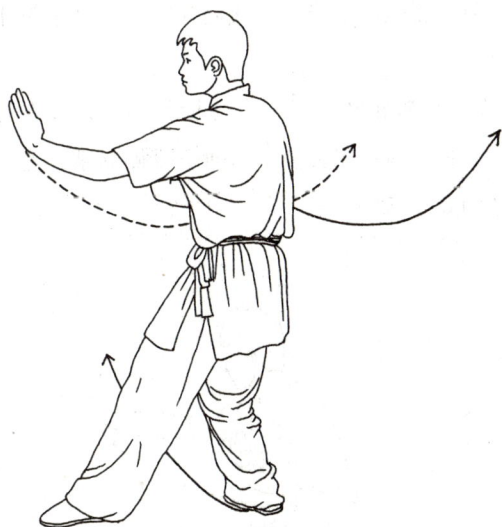

图 6-3-67

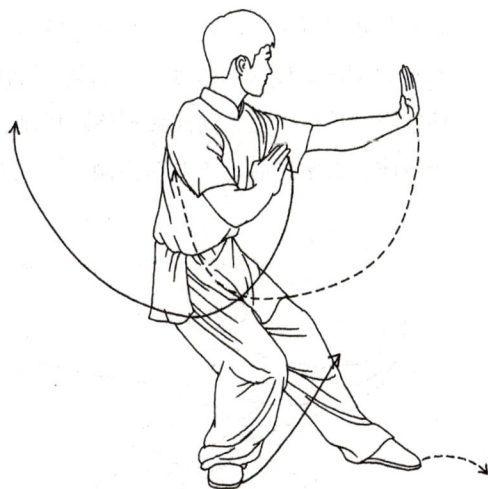

图 6-3-68

（四十一）　弓步搭手

1. 甲：右腿伸直立起，左腿屈膝提起。随即左脚向前落步，右脚离地向前跃进，左脚蹬地跳起。同时两掌从前向下、由右侧向后直臂弧形绕环摆动，左臂内旋，右臂外旋。眼随手动（图 6-3-69）。

乙：（同甲）右腿伸直立起，左腿屈膝提起。随即左脚向前落步，右脚离地向前跃进，左脚蹬地跳起。同时两掌从前向下、由右侧向后直臂弧形绕环摆动，左臂内旋，右臂外旋。眼随手动（图 6-3-70）。

NOTE

图 6-3-69   图 6-3-70

2. 甲：右脚先落地，左脚随之向前落地，左腿屈膝半蹲，右腿挺膝伸直，成左弓步。两掌同时从后向上、向前弧形绕环摆动，至前方时，两掌屈腕使掌指向上成侧立掌，左掌平举于胸前，右掌屈肘置于左肘内侧。目视左掌（图6-3-71）。

乙：（同甲）右脚先落地，左脚随之向前落地，左腿屈膝半蹲，右腿挺膝伸直，成左弓步。两掌同时从后向上、向前弧形绕环摆动，至前方时，两掌屈腕使掌指向上成侧立掌，左掌平举于胸前，右掌屈肘附于左肘内侧。目视左掌（图6-3-71）。

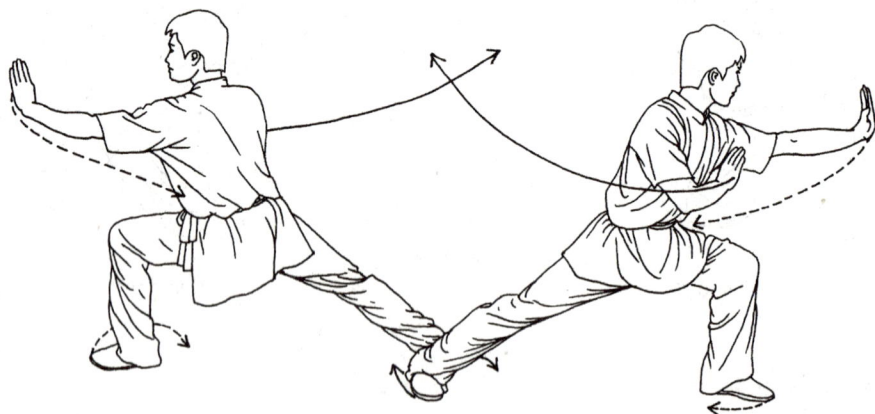

图 6-3-71

3. 甲：上体右转，重心移至右腿成右弓步。左手内旋下按于体前，指尖向前、掌心向下；右臂向右、向上格架于肩前，与乙手臂相搭，掌心向内。目视对手（图6-3-72）。

乙：（同甲）上体右转，重心移至右腿成右弓步。左手内旋下按于体前，指尖向前、掌心向下；右臂向右、向上格架于肩前，与甲手臂相搭，掌心向内。目视对手（图6-3-72）。

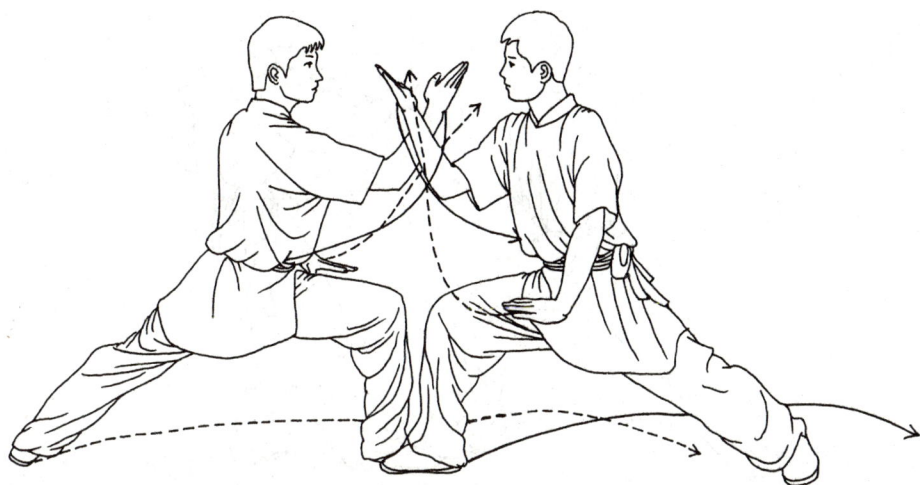

图 6-3-72

动作要点: 跃步与摆掌协调一致,搭手时,发"哈"声。此动作为两人从对方左侧对穿,交换位置,回到各自原来方位。

(四十二) 对练组合

1. 甲进步冲拳,乙撤步格挡。甲右手下压乙右手,随即左脚前进一步,连续左右冲拳各一次。同时乙右脚后撤一步,重心在后,成左虚步。连续左右格挡各一次,化解甲的进攻(图 6-3-73、图 6-3-74)。

图 6-3-73

图 6-3-74

动作要点：甲冲拳时，手臂要伸直，甲冲拳乙格挡时，发"哈"声。

2. 乙上步弹踢，甲撤步拍乙脚。乙右腿屈膝提起，随即弹踢甲腹部，两手握拳抱于腰间，目视对手。同时甲左脚后撤一步，两拳变掌向下拍击甲右脚面。目视对手（图 6-3-75）。

图 6-3-75

动作要点：乙弹踢时，要挺膝、立腰、力达脚尖，左腿要支撑稳固，使身体保持平衡。甲撤步与拍击要连贯。

3. 乙摆拳鞭打，甲俯身格挡。乙右脚向前落地，上体微左转，右拳由右向左向甲头部摆拳，收至胸前，随即上体微右转，右拳由左向右鞭打，再一次与甲搭手，左拳仍抱于腰间，目视对手。同时甲向前俯身低头，避让对方摆拳，随即右掌向前格挡乙右前臂，左掌变拳，拳心向上收于腰间。目视对手（图 6-3-76、图 6-3-77）。

图 6-3-76

图 6-3-77

动作要点：乙摆拳后鞭打动作要连贯，甲俯身时机要掌握准确。乙鞭打甲格挡时，发声"哈"。

4. 甲上步抢劈，乙撤步架挡。甲左脚向前上一步，成左弓步，左拳由后向上、向前抢劈乙头部，拳眼向上，右掌握拳，拳心向上收于腰间，目视对方。同时乙右脚后撤一步成马步，左拳上架甲左前臂，拳眼向下，右拳收至腰间。目视对方（图6-3-78）。

动作要点：甲上步与抢劈，乙撤步架挡要协调一致。甲抢劈乙架挡时，发"哈"声。

5. 乙右脚上一步，成右弓步。左手外翻架开甲左手臂，收至腰间，右手向前冲拳；随即左拳前冲，右拳收至腰间；右拳抄击，左拳收至腰间。同时甲左脚后撤一步，右前臂格挡来拳，左拳收至腰间；左前臂格挡来拳，右拳收至腰间；随即上体左转，左腿屈蹲，右腿挺膝伸直，成左弓步，右前臂下压乙抄拳，拳心向上。目视手臂（图6-3-79~图6-3-81）。

图 6-3-78

图 6-3-79

图 6-3-80

图 6-3-81

动作要点： 乙勾拳甲压肘时，发"哈"声。

（四十三） 弓步抄拳

甲：左脚震脚，上体右转，右脚提膝向后撤步，成左弓步。同时右手抡臂向前抄拳；左拳变掌屈肘下按于右前臂。目视右侧（图6-3-82）。

乙：上体左转，右脚收至左脚旁震脚，随即左脚向左横跨一步，成左弓步。同时右拳由后向下、向前抄拳；左拳变掌向前摆出，随即屈肘下按于右前臂。目视右侧（图6-3-82）。

动作要点： 抄拳时甲乙二人需动作协调一致。此后，甲乙二人动作均相同。

（四十四） 弓步亮掌

上体右转，重心右移，右腿屈膝半蹲，左腿挺膝伸直，成右弓步。同时，右拳变掌向右上摆举亮掌，掌心斜向上，右臂屈肘成弧形；左掌变勾手向左侧平举，勾尖向下。目视前方（图6-3-83）。

图 6-3-82

图 6-3-83

动作要点：成右弓步时，右腿充分蹬直，脚跟不可离地。

（四十五）　勾踢下捋

左脚向左斜前上半步。同时左手握拳收至腰间，右掌变拳于体前压肘，发"哈"声。随即右脚擦地向前、向上勾踢，两拳变掌向身体右侧下捋，发"哈"声。目视斜前方（图6-3-84、图6-3-85）。

图 6-3-84

图 6-3-85

动作要点：压肘时，拳心向上，力在前臂；勾踢时，脚尖向上，力达脚跟。

（四十六）　骑龙步双推掌

右脚向右斜前方骑跨一步成马步。同时左手收至腰间，掌心向上，右手收于左肩前，掌心向上，发"哈"声。随即上体右转，左脚蹬地，右腿屈膝半蹲，左腿屈膝下跪（不得触地），左前脚掌着地。同时两掌向右斜前方推出，左掌向前插掌，掌心向上；右掌向右侧外撑，掌心向外，发"哈"声。目视斜前方（图6-3-86、图6-3-87）。

图 6-3-86

图 6-3-87

动作要点：两掌推出时，以腰带动两掌向前推出。

（四十七）　马步上冲拳

1. 上体右转，右脚向右后撤一步成偏马步，重心偏右脚。同时两手手腕体前相搭，舞花后，右手握拳收于腰间，左掌立于右肩侧。目视右侧（图6-3-88、图6-3-89）。

2. 上体左转，同时左掌向斜前方推出，右拳向上冲出，发"哈"声（图6-3-90）。

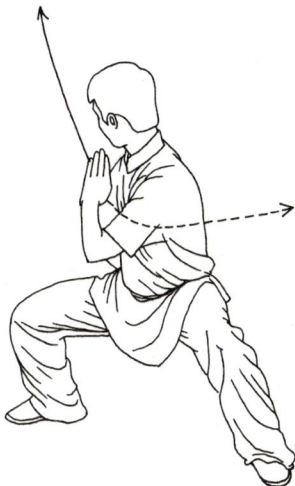

图 6-3-88　　　　　　　　　　图 6-3-89　　　　　　　　　　图 6-3-90

动作要点：右上冲拳，右臂贴耳，拳心方向与身体左转方向一致。

（四十八）　收势

左脚撤步回收，与右脚并步。双手掌收于腹前，手心向上，目视前方。随即双手侧举，掌心向上，目视右手。举至头顶上方，两臂屈肘，两掌沿体前内合下按，掌心向下，还原成预备姿势，目视前方（图6-3-91~图6-3-94）。

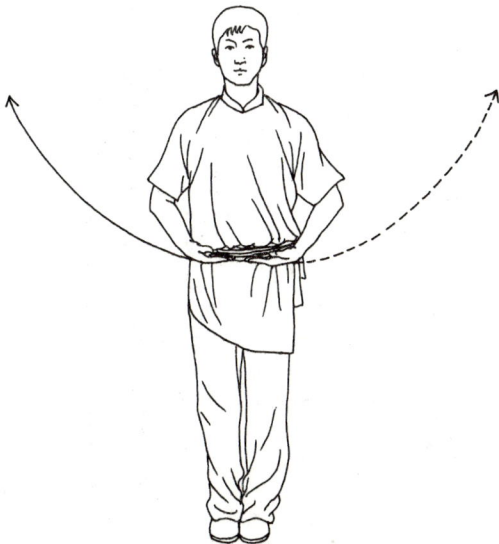

图 6-3-91　　　　　　　　　　　　　　图 6-3-92

NOTE

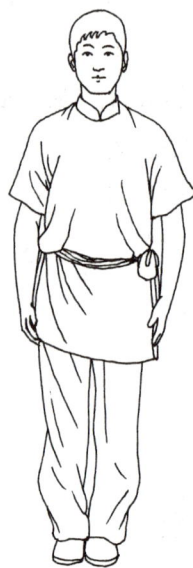

图 6-3-93　　　　　　　　　　图 6-3-94

动作要点：两臂上提时吸气，下按时呼气。

第四节　功夫扇

一、功夫扇概述

　　功夫扇是一种风格独特的武术健身项目，它集太极拳基本功、扇法基本功、武术技击基本功和舞台艺术于一体，不仅动作优美流畅，造型典雅大方，而且富有浓郁的现代气息。经常练习，可以陶冶情操，提高艺术审美力，娱乐身心，强身健体，获得武术健身乐趣。

　　功夫扇刚柔相济、缠绕折叠、松活弹抖、扇势多变、造型优美，极具健身性、观赏性及艺术性。创编过程中严格遵循太极原理的要求，适合大学生学练和养生健身的需要，亦符合竞赛的规范化要求。

二、动作说明

　　预备姿势：两脚并拢，身体正直，自然站立，右手握住扇根，扇首朝下，手心向内，目视前方（图6-4-1）。

　　动作要点：周身放松，呼吸自然。

（一）大鹏展翅

　　右脚向右迈出半步，随即左脚向右后插步。同时右手

图 6-4-1

持扇向右、向上举至头顶开扇；左手贴在后腰部，掌心向后。目视左侧（图6-4-2、图6-4-3）。

图 6-4-2　　　　　　　　　　图 6-4-3

动作要点：摆头与开扇一致，手臂伸直，头要上顶，身体挺拔。

（二）矫然立鹤

左脚向左迈出半步，随即右脚向左脚并步。右手持扇下落至侧平举合扇，手心向上。目视右侧（图6-4-4）。

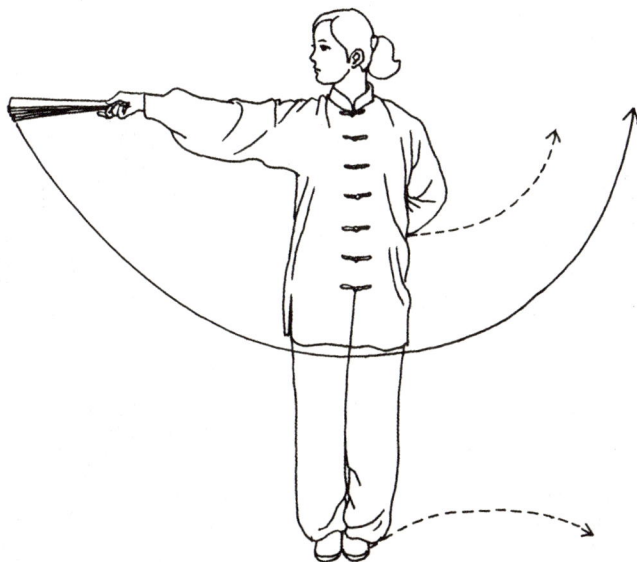

图 6-4-4

动作要点：右手臂与扇成一条直线。

（三）霸王扬旗

左脚向左上步，重心前移成左弓步。右手持扇向下摆至体前开扇，扇沿朝上；左手摆掌合至右前臂内侧。目视右侧（图6-4-5）。

图 6-4-5

动作要点：上步和开扇一致。

（四）孔雀开屏

1. 重心上起。右手持扇向下、向上摆至头顶云扇后合扇，随即下落至体前；左手体侧打开再合于右手腕。目视前方（图6-4-6~图6-4-8）。

2. 左脚向右脚并步。右手持扇向下、向上摆至头顶开扇，扇沿朝左；左掌变拳收于腰间。目视左侧（图6-4-9）。

图 6-4-6

图 6-4-7

图 6-4-8　　　　　　　　　　　　　　　　图 6-4-9

动作要点：云扇合扇后并步，摆头和开扇一致。

（五）　上步打虎

1. 接上动，右手持扇合扇。

2. 左脚上步成半跪步。右手持扇下开扇，高与肩平，扇沿朝下；左拳变掌合于右手腕。目视右侧（图 6-4-10）。

图 6-4-10

动作要点：步型为半跪步，右手臂伸直成水平。

（六）挥鞭策马

右腿蹬直成弓步。右手持扇向上合扇，再向下弧形摆至体前，手心朝上；左手随身体自然摆至右手肘弯，手心朝下。目视前方（图6-4-11）。

图6-4-11

动作要点：右手臂伸直立圆环绕一圈。

（七）揽扎衣

上体微左转再右转成马步。右手持扇以肘关节为轴内旋向右侧开扇，随即借力合扇，手心朝外；左掌收至腹前，掌心朝上。目视右扇（图6-4-12、图6-4-13）。

图6-4-12

图6-4-13

动作要点：右手随身体微向左转再向右转，体现出太极拳理之"欲左先右，欲上先下"。开扇与合扇要连贯，利用手腕抖动发力。

（八）　雏燕凌空

1. 上体左转，重心左移成左弓步。右手持扇上架于头顶；左手经右侧，向上、向左弧形摆成侧平举，手心向左。目视左侧（图6-4-14）。

2. 左脚向右脚并步。右手持扇经体前向下反穿至侧平举开扇；左掌收至右肩。目视右侧（图6-4-15、图6-4-16）。

图 6-4-14

图 6-4-15

图 6-4-16

动作要点： 右手反穿时右肩稍下压，动作要协调。

（九）　悬崖勒马 （左）

1. 接上动，右手持扇合扇。

2. 上体左转，左脚向左迈出半步，随即右脚向左上步成右虚步。同时右手持扇摆至体前，手臂自然伸直，手心朝上；左手向前、向左弧形摆至左侧，手臂撑圆，掌心朝外。目视前方（图 6-4-17）。

图 6-4-17

动作要点：左手臂撑圆，动作要饱满。

（十）悬崖勒马（右）

上体右转，右脚向前一小步，随即左脚向前一步成左虚步。同时右手持扇内旋摆至右侧，手臂撑圆，手心朝外；左手外旋摆至体前，手臂自然伸直，掌心朝上。目视前方（图 6-4-18）。

图 6-4-18

动作要点：右手臂撑圆，动作要饱满。

（十一） 怀中抱月

上体微左转，左脚向前一步，左脚尖外展45°，重心移至左腿，右脚跟提起。同时右手平摆至体前开扇，扇沿朝内；左手内旋摆至左侧，手臂撑圆，掌心朝外。目视前方（图6-4-19）。

图 6-4-19

动作要点： 左手臂撑圆，扇面紧贴手臂。

（十二） 螳螂捕蝉

重心后坐成左虚步，左脚跟点地。同时右手持扇转手心朝上，扇沿朝上；左手合于右手腕。目视前方（图6-4-20）。

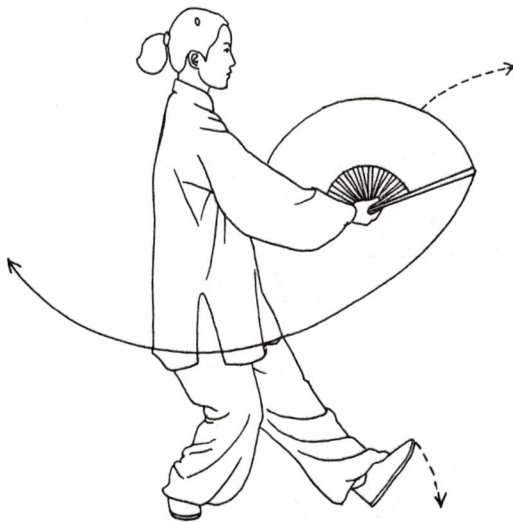

图 6-4-20

动作要点： 身体中正，两手合于腹前。

（十三）苏秦背剑

1. 上体微右转，重心移至左腿。右手持扇向后摆，扇沿朝下；左手上穿，掌心斜朝上，指尖朝前。目视右后方（图6-4-21）。

图 6-4-21

2. 右脚向前盖步成右弓步，脚尖微外撇，左腿伸直，脚跟提起；同时右臂外旋转扇沿朝上，随即向前、向上、向下摆至体后，扇沿朝上；左手收至右胸前，随即伸直上穿，掌心朝上，指尖朝前。目视右手（图6-4-22、图6-4-23）。

图 6-4-22

图 6-4-23

动作要点：右手持扇立圆环绕，左手与右手动作协调配合。

（十四）　霸王扬旗

左脚向前上成左弓步，右手合扇向前、向后、向下摆至体前开扇，扇沿朝上；左手弧形回收至右肩再合于右前臂内侧。目视右侧（图 6-4-24）。

动作要点：右手持扇立圆环绕，左手动作与右手动作相配合，上步和开扇一致。

（十五）　彩蝶飞舞

上体右转，右脚向左后插步。同时右手持扇向上摆至头顶云扇后下落至体前；左手左侧打开再合于右手腕。目视前方（图 6-4-25）。

图 6-4-24

图 6-4-25

动作要点：右手云扇要连贯。

（十六）　古树盘根

1. 接上动，右手持扇合扇。

2. 右脚向左前盖步。左手伸直下摆，掌心朝下；右手持扇上摆至头右侧。目视前方（图 6-4-26）。

图 6-4-26

3. 以两脚尖为轴，上体左转成左歇步。右手持扇随转体向下、向上摆至头右侧，再向前下方插扇，手心朝上；左手随转体向上、向左、向下摆至身体左侧，经腰间向后穿出，手臂伸直，手心朝上。目视前下方（图 6-4-27、图 6-4-28）。

图 6-4-27

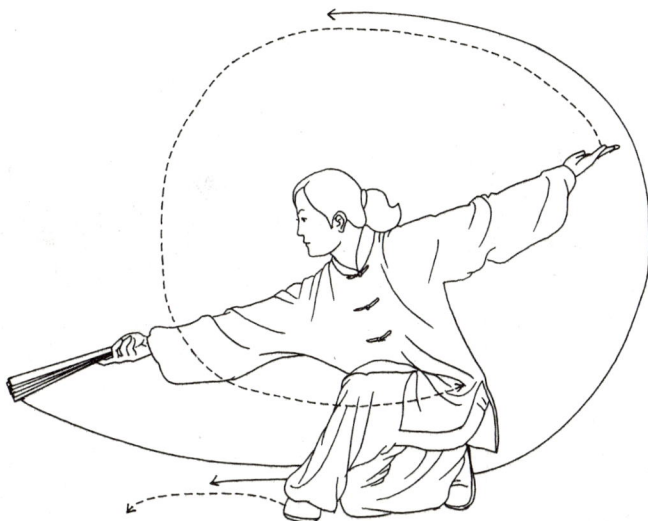

图 6-4-28

动作要点： 右手持扇从耳侧向下穿出，两臂成一条直线。

（十七）　白鹤亮翅

右脚向前半步，随即左脚向前一步成左虚步。同时右手持扇向后、向上开扇，扇沿朝前；左手向上、向前、向下摆至左髋前，掌心朝下，指尖朝前。目视前方（图 6-4-29）。

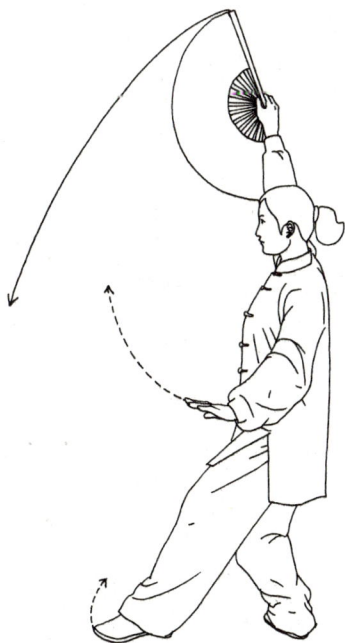

图 6-4-29

动作要点： 右手臂伸直向上，左膝微屈。

（十八）　推窗望月

1. 左脚微抬起，脚后跟点地。右手持扇下落至体前，掌心朝上，扇沿朝前；左手合于右手腕。目视前方（图 6-4-30）。

2. 上体微右转后左转，重心移至左腿，右脚屈膝抬起。右手持扇随转体内旋向右前方推扇，手心朝前，扇沿朝左；左手随转体摆至扇下方。目视左侧（图6-4-31）。

图6-4-30   图6-4-31

动作要点：右腿抬起时，上体向左拧转45°。

（十九）风摆荷叶

1. 右脚向前落步成右虚步，脚后跟点地。右手手心翻向下，扇沿朝前；左手手心翻转向上。目视前方（图6-4-32）。

图6-4-32

2. 上体左转180°，右脚内扣，左脚后撤一步成右虚步，脚后跟点地。右手向下随转体摆至体前，手臂伸直，手心朝上，扇沿朝前；左手下捋摆至左侧，高与肩平，手臂撑圆，掌心朝外。目视前方（图6-4-33）。

图 6-4-33

动作要点：左手臂撑圆，右手持扇成水平。

（二十） 黄蜂入洞

1. 右脚后撤一步成左弓步。左手合于右手腕。目视前方（图 6-4-34）。

2. 重心后移，上体右转 180°成右虚步。两手随转体向右平摆（图 6-4-35）。

图 6-4-34

图 6-4-35

3. 右脚提起上步成右弓步。右手翻扇转掌心朝下，再向前插扇，高于肩平，扇沿朝前（图 6-4-36、图 6-4-37）。

图 6-4-36

图 6-4-37

动作要点：扣脚时，重心先右移再左移，转身与收扇动作协调一致。

（二十一）　乌龙摆尾

1. 左臂外旋转掌心朝上。目视右手（图 6-4-38）。

2. 重心后移。右手持扇捋至腹前，扇沿朝下；左手向下捋至身体左侧。目视左前方（图 6-4-39）。

3. 左脚向右后插步成交叉步。右手合扇向上、向右摆至侧平举，手心朝上；左手上摆至头上，掌心朝上。目视右侧（图 6-4-40）。

图 6-4-38

图 6-4-39

图 6-4-40

动作要点：捋时要重心后移，手脚协调一致。

（二十二）顺弯肘

1. 两腿不动。右手持扇向上、向左屈肘于胸前，扇首朝上，手心朝内；左手左侧下落至侧平举，掌心朝左。目视左侧（图 6-4-41）。

2. 右脚向右跨出一步成马步。右手持扇向右击肘，力达肘尖；左手内收紧贴右手拳面。目视右侧（图 6-4-42）。

NOTE

图 6-4-41

图 6-4-42

动作要点：马步顶肘时要快速有力，力达肘尖。

（二十三） 猛虎捕食

右脚震脚，左脚抬起，两手收于腰间。左脚向前落步成左弓步，两手向前推出。目视前方（图 6-4-43、图 6-4-44）。

图 6-4-43

图 6-4-44

动作要点：震脚的同时，两手快速收至腰间，迅速推出。

（二十四） 排山倒海

1. 以左脚为轴，上体右转 180°成马步。右手向上、向下划弧收于右腹前；左手向上、向左、向下划弧收于右肩前。目视右侧（图 6-4-45、图 6-4-46）。

2. 马步下蹲，左掌向左推出。目视左侧（图 6-4-47）。

图 6-4-45

图 6-4-46

图 6-4-47

动作要点： 右手持扇贴于腹前，推掌与摆头同时完成。

（二十五）金瓶倒水

上体左转，左腿屈膝上提。左手收于右肘内侧；右手持扇向上、向前摆至前平举开扇，扇沿向下。目视前方（图6-4-48）。

动作要点： 提膝时，膝关节应过腰，右手臂伸直成水平。

NOTE

图 6-4-48

（二十六） 鱼跃龙门

1. 右手腕翻腕合扇（图 6-4-49）。

2. 两手向左后方下摆。目视左下方（图 6-4-50）。

3. 左脚向前落步，右腿向前跃出（双脚离地），左腿屈膝向后提起，随即右脚落地。右手持扇向前、向上、向后开扇，扇与肩平扇沿朝下；左手向前、向上划弧上摆至头顶，掌心朝上。目视后方（图 6-4-51）。

4. 左脚向前上步，随即右脚向左脚跟并步，两膝微屈。右手持扇向体前挑扇，高与肩平，扇沿朝下；左手落至右手腕。目视前方（图 6-4-52）。

5. 左腿屈膝上提。右手屈肘拉扇，扇沿朝前；左手向前推掌，掌心朝前。目视前方（图 6-4-53）。

图 6-4-49

图 6-4-50

图 6-4-51

图 6-4-52

图 6-4-53

动作要点： 空中跳起时开扇，落步后动作要缓慢柔和。

（二十七） 凤凰点头

1. 左脚向前落步，脚跟着地。左手收至右肩前，右手向前送扇。掌心朝外，目视前方（图 6-4-54）。

2. 左脚外撇落地，右脚向前上步成右虚步。右手左侧划圆向前合扇，掌心朝上；左手下落摆至左侧，手臂撑圆，掌心朝外。目视前方（图 6-4-55）。

图 6-4-54

图 6-4-55

动作要点： 左手臂撑圆，手略高于肩。

（二十八）　坐马观花

1. 上体右转，右脚外摆成交叉步。两手下落合于腹前，左手紧贴右手腕。目视前方（图 6-4-56）。

2. 左脚向左横跨一步，随即右脚向左脚并步，前脚掌点地。右手持扇向右开扇，扇沿朝上；左手左侧打开，再抱拳收于腰间。目视前方（图 6-4-57）。

图 6-4-56

图 6-4-57

动作要点： 并步与开扇同时完成，并步开扇要迅速。

（二十九）　黄莺落架

1. 两腿不动。右手内旋下落至腹前，扇沿斜朝下，手心朝内；左拳变掌落至腹前，掌心朝内，两手臂交叉。目视下方（图 6-4-58）。

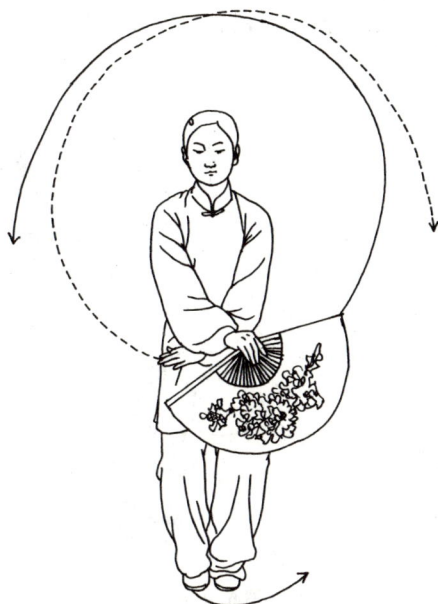

图 6-4-58

2. 右脚向左盖步成右歇步。两手经头上下落打开，扇沿朝上，手心朝上。目视前方（图 6-4-59）。

图 6-4-59

动作要点： 歇步时两臂成一条直线，与地面平行。

（三十）　拨草寻蛇

1. 上体左转，左脚向左迈出一步成左弓步。右手持扇向前插扇，扇沿朝前；左手合于右前臂内侧。目视前方（图 6-4-60）。

2. 上体右转成马步。右手持扇屈肘拉扇，扇沿朝左；左掌向左推出。目视左侧（图

6-4-61）。

3. 以左脚掌为轴，上体左转 180°，右脚向右迈步成马步。右手持扇向右前下方插扇，手心朝下，扇沿斜向下；左手收于右肩前。目视右前下方（图 6-4-62）。

图 6-4-60

图 6-4-61

图 6-4-62

动作要点： 马步拉扇时要缓慢，马步下插扇时要迅速。

（三十一）霸王举鼎

1. 接上动，右手持扇合扇（图 6-4-63）。

2. 上体右转 180°，右脚向左回收半步震脚，左脚落步成马步。右手持扇抡臂随转体上举至头顶开扇，扇沿朝左；左手上摆下按于大腿外侧，掌心朝下，指尖朝前。目视左侧（图 6-4-64）。

图 6-4-63

图 6-4-64

动作要点：转身与抡臂协调一致，震脚、开扇、摆头相一致。

（三十二） 仙人指路

1. 右脚向左横跨半步震脚，随之左脚左跨半步成右弓步。右手合扇；左手上摆至水平。目视右侧（图 6-4-65）。

图 6-4-65

2. 上体左转，重心左移成左弓步。右手持扇经腰间向前刺扇；左手合于右肘内侧。目视前方（图 6-4-66）。

图 6-4-66

动作要点： 合扇与震脚一致，刺扇时手臂伸直。

（三十三） 力劈华山

1. 重心上起，上体右转，左脚向前跟步。右手持扇向上、向下划弧下落于身体右后方；左手下落经后方划弧上摆至头上。目视前方（图 6-4-67）。

2. 左脚向前上步成交叉步，脚尖外撇。右手持扇向上、向前挂扇；左手收于右肩前（图 6-4-68）。

图 6-4-67

图 6-4-68

3. 右脚向左脚并步点地。右手持扇向左后挂扇。目随扇动（图 6-4-69）。

4. 右脚向前一步成右弓步。右手持扇向上、向前开扇，手臂与肩同高，扇沿朝下；左手上架于头上。目视前方（图 6-4-70）。

图 6-4-69

图 6-4-70

动作要点：两手直臂环绕时要划立圆。

（三十四）　神龙返首

1. 接上动，右手持扇合扇（图 6-4-71）。

2. 重心左移，右手持扇摆至左前方，手心向上；左手收至腰间，掌心朝上。目视前方（图 6-4-72）。

3. 左脚向右后插步成右歇步。右手持扇划弧向右开扇，扇沿朝上；左手上架于头上。目视右侧（图 6-4-73）。

图 6-4-71

图 6-4-72

图 6-4-73

动作要点：摆扇与重心的转移协调一致。

（三十五） 转身抛接

1. 上体左转 180° 成高马步。同时右手持扇内旋收于腰部，手心朝上，扇沿朝上；左手收至腰部，紧握扇柄。目视前方（图 6-4-74）。

2. 上体左转，左脚尖外摆。左手向前抛扇后，向左侧撑掌，手臂撑圆，掌心朝外；右手前伸接扇，手心朝上。目视前方（图 6-4-75）。

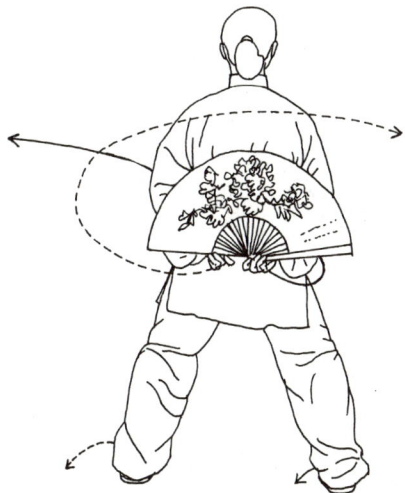

图 6-4-74

图 6-4-75

动作要点： 转身时为马步，抛接时左脚尖可外撇。抛扇时要匀速缓慢，扇面应垂直地面旋转。

（三十六） 顺水推舟

右脚向前一步成右弓步。同时两手合于胸前，随即分开，右手向前送扇，手臂成水平，扇沿朝上；左手向左侧撑掌，手臂撑圆，掌心朝外。目视前方（图 6-4-76）。

图 6-4-76

动作要点： 要先收后推，左脚支撑要稳。

（三十七） 彩蝶飞舞

1. 左脚向右前盖步成交叉步。右手云扇后合扇于体前；左手随右手云扇同时收于体前，左手搭于右手腕处。目视前方（图 6-4-77）。

2. 右腿屈膝向后提起。两手由下向水平打开，左手掌心朝左；右手摆至水平开扇，扇沿朝上。目视前方（图 6-4-78）。

NOTE

图 6-4-77

图 6-4-78

动作要点：云扇时，左右手要协调。

（三十八）白蛇吐信

1. 右脚向前落步成右虚步，脚后跟点地。右手内旋转手心朝下，扇沿朝前；左手收至体前，掌心朝上。目视前方（图 6-4-79）。

2. 左脚向右脚并步震脚。右手经胸前向前翻扇，同时合扇，手心向上；左手翻掌收至右肘下方，掌心朝下。目视前方（图 6-4-80）。

图 6-4-79

图 6-4-80

动作要点：翻扇时右手应经左臂内侧向前翻出。

（三十九） 霸王举鼎

右脚向右后方45°退步成半马步。右手上摆至头顶开扇；左手下落至侧平举亮掌，掌心朝外。扇沿方向同亮掌方向。目视亮掌方向（图6-4-81）。

动作要点：右手臂垂直，贴住耳侧，亮掌与摆头一致。

（四十） 移花接木

1. 接上动，右手持扇合扇（图6-4-82）。

2. 重心前移成左弓步。右手持扇向左前下方挂扇后抛扇；左手接扇，手握扇根。目视前方（图6-4-83~图6-4-85）。

图 6-4-81

图 6-4-82

图 6-4-83

NOTE

图 6-4-84   图 6-4-85

动作要点：挂扇时抛扇，使之立圆旋转，左手接握扇根。

（四十一）收势

1. 右脚向前一步成开立步。左手下落至体侧，手心朝后；右手经腹前向右侧上起至头顶，再下按于体侧（图 6-4-86~图 6-4-88）。

2. 左脚向右脚并步（图 6-4-89）。

图 6-4-86   图 6-4-87

图 6-4-88

图 6-4-89

第五节　咏春拳

一、咏春拳概述

咏春拳起源于我国南方，流行于香港及广东佛山等地区，是一种十分科学、实战性强的拳术，其手法丰富、招式简练、短桥窄马、善发寸劲、立足实战，讲究以最简捷的方法、最短的路线、最快的速度获取最佳的搏击效果。

咏春拳的拳术套路主要有三套拳（小念头、寻桥、标指）和木人桩，器械有六点半棍和八斩刀。咏春拳独特的心法、手法、腿法等及诸多搏击原则，如中线理论、朝面追形、沉肩埋肘、来留去送、借力打力、攻守同期等，深受广大武术爱好者喜爱。

二、动作说明

预备姿势：身体直立，两脚并拢，两臂自然下垂，两掌轻贴在大腿外侧；精神集中，目视前方（图6-5-1）。

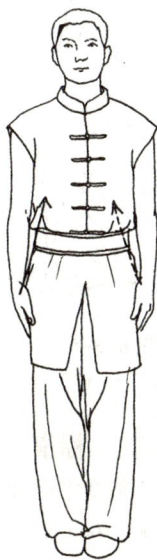

图 6-5-1

动作要点：头正，下颌微收，挺胸、塌腰、收腹。

（一）开桩式

1. 两腿屈膝下蹲，膝关节不超过脚尖，同时两臂提至胸前，两掌心相对，掌指向前（图6-5-2）。

2. 两前臂同时内旋，掌心向下，掌根向下伏；两手冲拳，两拳同时收于胸侧（图6-5-3～图6-5-5）。

图 6-5-2　　　　　　图 6-5-3　　　　　　图 6-5-4　　　　　　图 6-5-5

3. 两脚尖外摆 45°，两脚后跟外摆 90°，两手向前下方耕出，以肘为轴，两掌变拳向前翻，两肘向后顶，两拳收于胸侧（图 6-5-6~图 6-5-9）。

动作要点：两脚内侧宽度与肩同宽，两膝向中间钳住。

图 6-5-6　　　　　　图 6-5-7　　　　　　图 6-5-8　　　　　　图 6-5-9

（二）标指

1. 两拳变掌向前伸出，两掌心相对，以腕外侧为力点向下伏按推出，指尖斜向上。两掌以腕内侧为力点向上提，指尖斜向下，连做 3 次（图 6-5-10、图 6-5-11）。

2. 两掌经胸前向前上方标出，掌心相对（图 6-5-12）。

图 6-5-10   图 6-5-11   图 6-5-12

动作要点：伏提时，手腕要灵活；标指时，力达指尖。

（三）三批肘

1. 上体向左转马90°，同时屈臂，左手在上，右手在下，两掌心向下，借腰马转动之力，双肘向左侧打出（图6-5-13）。

2. 上体向右转马180°，双肘向右侧打出（图6-5-14）。

3. 上体向左转马180°，双肘向左侧打出（图6-5-15）。

图 6-5-13   图 6-5-14   图 6-5-15

动作要点：以腰带手，腰马合一；批肘时，力达肘尖。

（四）三托掌

1. 两手以肘为轴向左右展开，掌心向下，指尖向前（图6-5-16）。

2. 左掌向斜上方托出，掌根发力，掌心向上，右手扣于左肘弯处（图6-5-17）。

3. 右掌向斜上方托出，左手扣于右肘弯处（图6-5-18）。

4. 左掌向斜上方托出，右手扣于左肘弯处（图 6-5-19）。

图 6-5-16

图 6-5-17

图 6-5-18

图 6-5-19

动作要点： 托掌时，力达掌根。

（五） 三铲掌

1. 右掌向前上方铲出，掌心斜向上，同时左掌向右拍击，停于右肩处（图 6-5-20）。

2. 左掌向前上方铲出，同时右掌向左拍击，停于左肩处（图 6-5-21）。

3. 右掌向前上方铲出，同时左掌向右拍击，停于右肩处（图 6-5-22）。

图 6-5-20 　　　　　　　　　　　　　　　图 6-5-21

图 6-5-22

动作要点：拍手与铲掌同时完成；铲掌与下颌同高，力达掌外侧。

（六）三膀手

1. 上体向右转马180°，右手顺势起膀手，左手抱拳收于胸侧（图6-5-23）。

2. 右手抱拳收于胸侧，上体向左转马135°，右手起膀手，停于腹前，左手做撑掌，停于右肘处（图6-5-24、图6-5-25）。

3. 右手以肘关节为轴外翻下沉于腹前，掌心向上（图6-5-26）。

图 6-5-23

图 6-5-24

图 6-5-25

图 6-5-26

4. 连续做 3 次，动作相同，惟左转马时，右膀手分别停于腹前、胸前、鼻前。

动作要点： 撑掌时，贴胸前沿手臂内上方向前撑出。膀手时，肘关节向上提，肘关节夹角为 120°~135°。低膀手防守腹部；中膀手防守胸部；高膀手防守头部。

（七）三撑掌

1. 上体向右转马 135°，右手顺势起膀手，左手抱拳收于胸侧（图 6-5-23）。

2. 左拳变掌向前铲出，右手抱拳收于胸侧（图 6-5-27）。

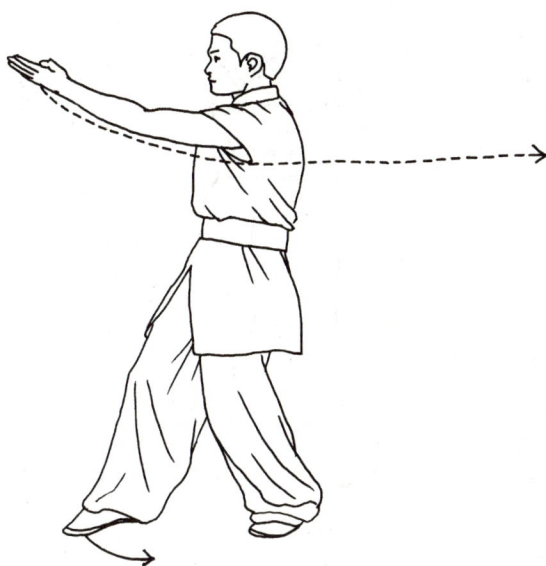

图 6-5-27

3. 上体向左转马90°，成二字钳羊马。同时左掌收回，经胸前向左铲出，掌心向下（图 6-5-28）。

4. 左掌收至胸前做撑掌。右掌向斜前方撑出，左手握拳收至胸侧；左掌向斜前方撑出，右手握拳收至胸侧（图6-5-29~图6-5-31）。

5. 左拳抓握，抱拳收至胸侧（图6-5-32、图6-5-33）。

图 6-5-28

图 6-5-29

图 6-5-30

NOTE

图 6-5-31 　　　　　　　图 6-5-32 　　　　　　　图 6-5-33

动作要点：撑掌时，向前方斜角 45°水平撑出，腕关节在中线上，肘关节内侧与肋间为一个拳头的距离，力达掌面。

（八）标指

1. 两拳变掌向前伸出，两掌心相对，以腕外侧为力点向下伏按推出，指尖斜向上。两掌以腕内侧为力点向上提，指尖斜向下，连做 3 次（图 6-5-10、图 6-5-11）。

2. 两掌经胸前向前上方标出，掌心相对（图 6-5-12）。

动作要点：伏提时，手腕要灵活；标指时，力达指尖。

（九）三批肘

1. 上体向右转马 90°，同时屈臂，右手在上，左手在下，两掌心向下，借腰马转动之力，双肘向右侧打出（图 6-5-34）。

2. 上体向左转马 180°，双肘向左侧打出（图 6-5-35）。

3. 上体向右转马 180°，双肘向右侧打出（图 6-5-36）。

图 6-5-34 　　　　　　　图 6-5-35 　　　　　　　图 6-5-36

动作要点：以腰带手，腰马合一；批肘时，力达肘尖。

（十） 三托掌

1. 两手以肘为轴向左右展开，掌心向下，指尖向前（图 6-5-37）。

2. 右掌向斜上方托出，掌根发力，掌心向上，左手扣于右肘弯处（图 6-5-38）。

3. 左掌向斜上方托出，右手扣于左肘弯处（图 6-5-39）。

4. 右掌向斜上方托出，左手扣于右肘弯处（图 6-5-40）。

图 6-5-37

图 6-5-38

图 6-5-39

图 6-5-40

动作要点：托掌时，力达掌根。

（十一） 三铲掌

1. 左掌向前上方铲出，掌心斜向上，同时右掌向右拍击，停于左肩处（图 6-5-41）。

2. 右掌向前上方铲出，同时左掌向右拍击，停于右肩处（图 6-5-42）。

3. 左掌向前上方铲出，同时右掌向左拍击，停于左肩处（图 6-5-43）。

图 6-5-41

图 6-5-42

图 6-5-43

动作要点：拍手与铲掌同时完成；铲掌与下颌同高，力达掌外侧。

（十二） 三膀手

1. 上体向左转马 180°，左手顺势起膀手，右手抱拳收于胸侧（图 6-5-44）。

2. 左手抱拳收于胸侧，上体向右转马 135°，左手起膀手，停于腹前，右手做撑掌，停于左肘处（图 6-5-45、图 6-5-46）。

3. 左手以肘关节为轴外翻下沉于腹前，掌心向上（图 6-5-47）。

图 6-5-44

图 6-5-45

图 6-5-46

图 6-5-47

4. 连续做 3 次，动作相同，惟右转马时，左膀手分别停于腹前、胸前、鼻前。

动作要点：撑掌时，贴着胸前沿手臂内上方向前撑出。膀手时，肘关节向上提，肘关节夹角为 120°～135°。低膀手防守腹部；中膀手防守胸部；高膀手防守头部。

（十三） 三撑掌

1. 上体向左转马 135°，左手顺势起膀手，右手抱拳收于胸侧（图 6-5-44）。

2. 右拳变掌向前铲出，左手抱拳收于胸侧（图 6-5-48）。

3. 上体向右转马 90°，成二字钳羊马。同时右掌收回，经胸前向右铲出，掌心向下（图 6-5-49）。

4. 右掌收至胸前做撑掌。左掌向斜前方撑出，右手握拳收至胸侧；右掌向斜前方撑出，左手握拳收至胸侧（图 6-5-50～图 6-5-52）。

图 6-5-48   图 6-5-49

图 6-5-50   图 6-5-51   图 6-5-52

5. 右拳抓握，抱拳收至胸侧（图 6-5-53、图 6-5-54）。

动作要点：撑掌时，向前方斜45°水平撑出，腕关节在中线上，肘关节内侧与肋间为一个拳头的距离，力达掌面。

图 6-5-53

图 6-5-54

（十四） 进步三膀手

1. 头向左摆，左脚向左做钉脚。目视左侧（图 6-5-55、图 6-5-56）。

2. 左脚落地后右脚随即跟步，成偏身马，同时右手起膀手，左手做撑掌，停于右肘处（图 6-5-57）

3. 左脚上步时，两拳收回至胸侧（图 6-5-58）。

4. 右脚跟步时右手起膀手，左手做撑掌（图 6-5-59）。

5 连续做 3 次膀手。右手以肘关节为轴，由内向外搬拳（图 6-5-60）。

图 6-5-55

图 6-5-56

NOTE

图 6-5-57

图 6-5-58

图 6-5-59

图 6-5-60

动作要点：钉脚时，力达脚外侧；揆打时，力达拳背。

（十五）三撑掌

1. 上体向右转马90°，成二字钳羊马。右手做礼手，左手抱拳收于胸侧（图 6-5-61）。

2. 左掌向斜前方撑出，右拳收至胸侧（图 6-5-62）。

3. 右掌向斜前方撑出，左拳收至胸侧（图 6-5-63）。

4. 左掌向斜前方撑出，右拳收至胸侧（图 6-5-64）。

5. 左拳抓握，抱拳收至胸侧（图 6-5-65、图 6-5-66）。

图 6-5-61

图 6-5-62

图 6-5-63

图 6-5-64

图 6-5-65

图 6-5-66

动作要点：撑掌时，向前方斜 45° 水平撑出，腕关节在中线上，肘关节内侧与肋间为一个拳头的距离，力达掌面。

（十六）进步三膀手

1. 头向右摆，右脚向右做钉脚。目视右侧（图 6-5-67、图 6-5-68）。

2. 右脚落地后左脚随即跟步，成偏身马，同时左手起膀手，右手做撑掌，停于左肘处（图 6-5-69）。

3. 右脚上步时，两拳收回至胸侧（图 6-5-70）。

4. 左脚跟步时左手起膀手，右手做撑掌（图 6-5-71）。

5. 连续做 3 次膀手。左手以肘关节为轴，由内向外搬拳（图 6-5-72）。

NOTE

图 6-5-67

图 6-5-68

图 6-5-69

图 6-5-70

图 6-5-71

图 6-5-72

动作要点： 钉脚时，力达脚外侧；掇打时，力达拳背。

（十七）三撑掌

1. 上体向左转马90°，成二字钳羊马。左手做礼手，右手抱拳收于胸侧（图6-5-73）。

2. 右掌向斜前方撑出，左拳收至胸侧（图6-5-74）。

3. 左掌向斜前方撑出，右拳收至胸侧（图6-5-75）。

4. 右掌向斜前方撑出，左拳收至胸侧（图6-5-76）。

5. 右拳抓握，抱拳收至胸侧（图6-5-77、图6-5-78）。

图 6-5-73

图 6-5-74

图 6-5-75

图 6-5-76

图 6-5-77

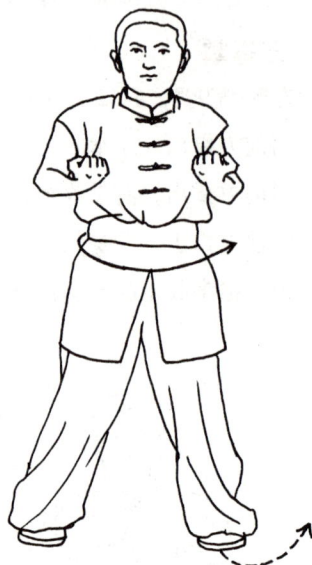

图 6-5-78

动作要点：撑掌时，向前方斜45°水平撑出，腕关节在中线上，肘关节内侧与肋间为一个拳头的距离，力达掌面。

（十八）双膀手

1. 上体向左转马90°，成偏身马（图6-5-79）。

2. 左脚原地划一小圈，随即提膝向前踹出（图6-5-80~图6-5-82）。

3. 左脚落地后右脚随即跟步，成偏身马，同时双手起膀手（图6-5-83）。

4. 左脚上步时，两拳收回至胸侧，右脚跟步时双手起膀手。连续做3次膀手（图6-5-84、图6-5-85）。

5. 右脚向左脚并步，同时两手向前推出，掌心向前。随即两手抱拳收至胸侧（图6-5-86、图6-5-87）。

图 6-5-79

图 6-5-80

图 6-5-81

图 6-5-82

图 6-5-83

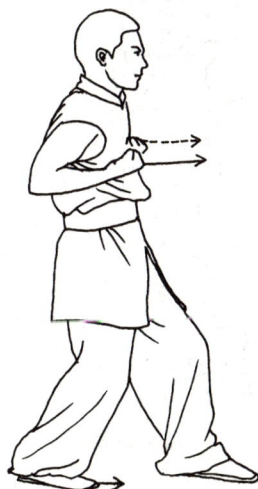

图 6-5-84

图 6-5-85

图 6-5-86

图 6-5-87

动作要点：蹬腿时，力达脚后跟；上步时，回收拳，跟步时，起膀手。

（十九） 双膀手

1. 右脚向后撤一步，上体向右转马180°，成偏身马（图6-5-88、图6-5-89）。

2. 右脚原地划一小圈，随即提膝向前端出（图6-5-90~图6-5-92）。

3. 右脚落地后左脚随即跟步，成偏身马，同时双手起膀手（图6-5-93）。

4. 右脚上步时，两拳收回至胸侧，左脚跟步时双手起膀手。连续做3次膀手（图6-5-94、图6-5-95）。

5. 左脚向右脚并步，同时两手向前推出，掌心向前。随即两手抱拳收至胸侧（图6-5-96、图6-5-97）。

图 6-5-88

图 6-5-89

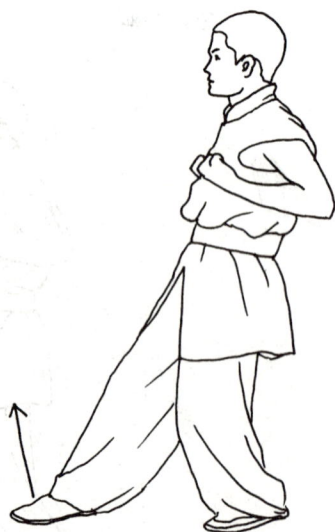

图 6-5-90

图 6-5-91

图 6-5-92

图 6-5-93

图 6-5-94

图 6-5-95

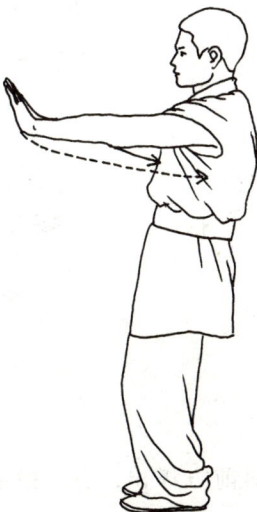

图 6-5-96

图 6-5-97

动作要点：蹬腿时，力达脚后跟；上步时，回收拳，跟步时，起膀手。

（二十）三耕手

1. 重心下沉，上体前俯，左腿向后踹出（图6-5-98、图6-5-99）。

2. 上体左转，左脚落地，成偏身马，同时右拳变掌向前下方耕出（图6-5-100）。

3. 上体向右转马，左拳变掌向前下方耕出，右手抱拳收至胸侧（图6-5-101）。

4. 上体向左转马，右拳变掌向前下方耕出，左手抱拳收至胸侧（图6-5-102）。

图 6-5-98

图 6-5-99

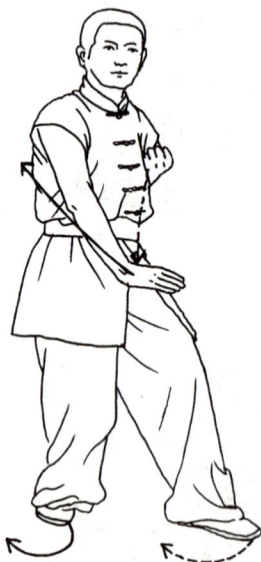
图 6-5-100

图 6-5-101

图 6-5-102

动作要点：耕手时，力达掌外侧。

（二十一）三撑掌

1. 上体向右转马90°，成二字钳羊马。左掌向斜前方撑出，右手抱拳收至胸侧（图6-5-73）。

2. 右掌向斜前方撑出，左拳收至胸侧（图6-5-74）。

3. 左掌向斜前方撑出，右拳收至胸侧（图 6-5-75）。

4. 左拳抓握，抱拳收至胸侧（图 6-5-103、图 6-5-104）。

图 6-5-103　　　　　　　　　　　　图 6-5-104

动作要点：撑掌时，向前方斜 45°水平撑出，腕关节在中线上，肘关节内侧与肋间为一个拳头的距离，力达掌面。

（二十二）收势

以前脚掌为轴，两脚后跟并拢，以脚后跟为轴，两脚掌并拢。两拳变掌向下按，两手轻贴大腿外侧（图 6-5-105~图 6-5-108）。

图 6-5-105　　　　　　　　　　　　图 6-5-106

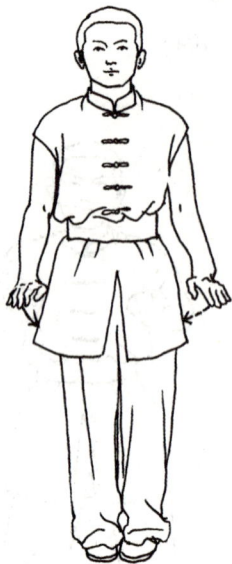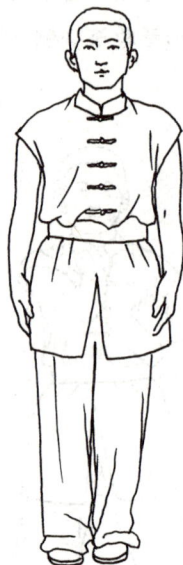

图 6-5-107　　　　　　　　　　　图 6-5-108

动作要点： 并脚后，下颌微收，挺胸、塌腰、收腹，恢复到预备姿势。

第六节　三十二式太极剑

一、三十二式太极剑概述

太极剑是在太极拳运动的基础上，吸收剑术的基本方法创编而成的，它具有太极拳和剑术的运动特点及健身价值，属于太极拳派系中的一种剑术套路。1957 年，原国家体委运动司组织专家在杨式太极剑的基础上创编三十二式太极剑，本套剑术取材于传统的杨式太极剑套路。全套动作除"准备动作"和"收势"外，共有 32 个动作，共分 4 组，每组 8 个动作，往返两个来回，删去个别难度较大的动作，重新调整编排，简化了一些动作做法，规范了合法要求，明确了动作路线，具有简单易学、易于推广的特点。同时它又保留了传统杨式太极剑剑势舒展大方、动作圆活连绵、劲力刚柔内含等风格特点，所以三十二式太极剑像二十四式太极拳一样，深受人们喜爱，在全世界迅速普及与发展。

三十二式太极剑内容包括 13 种剑法，即点剑、刺剑、扫剑、带剑、劈剑、抽剑、撩剑、拦剑、挂剑、截剑、托剑、击剑、抹剑；同时包括弓步、虚步、仆步、独立步、并步、丁步、侧弓步 7 种步型；还有进、退、上、撤、跟、跳、插、并、摆、扣、碾脚等十余种步法和转、旋、缩、反等身法转换。

剑法特别强调"身剑合一""尚活而不尚力"。练剑时，首先要求周身轻灵，运行敏活，圆转自如，身法与剑法协调一致。这就更需要注意神活意先，以意识引导行动，使动作变得敏捷，劲路刚柔相济；逐渐做到轻灵柔顺而不流于飘浮，从容沉着而不陷于重滞。在应用上同样是讲究"沾、粘、连、随"的特点。过去有的太极拳家把"太极十三剑"的对练称为"太极粘剑"，源由即出于此。总之，练习太极剑的神态、姿势和动作，都应似游龙飞凤，要轻敏快而稳健不迫，内含抑扬顿挫而不失沾粘连随。再次，全身运动需以腰为轴，上下随合，松腰活腕，劲由脊发，达于剑端，要达到"一动无有不动，一静无有不静"的基本要求。

二、动作说明

预备姿势：面向正南方，身体直立。两脚开立，身体挺直；两臂自然垂于身体两侧，左手持剑，剑尖向上，右手握成剑指，手心向内；双目平视前方（图6-6-1、图6-6-2）。

图 6-6-1　　　　　　　　　　　图 6-6-2

动作要点：头正身直，含胸拔背，两肩松沉，两肘微屈。剑身贴左前臂后侧，不要使剑刃触及身体。

起势：

1. 两臂前举　两臂慢慢向前平举，高与肩平，手心向下（图6-6-3）。

2. 转体摆臂　上体略向右转，重心移于右腿，屈膝下蹲，随之左腿提起向右腿内侧收拢（左脚尖不点地）；同时右剑指边翻转边由体前下落，经腹前向上举，手心向上，左手持剑经面前屈肘落于右肩前，手心向下，置于胸前；目视剑指（图6-6-4、图6-6-5）。

3. 弓步前指　身体左转，左脚向前迈出，成左弓步；同时左手持剑经体前向左下搂至左胯旁，剑直立于左前臂后，剑尖向上，右臂屈肘，剑指经耳旁随转体向前指出，指尖自然向上，高与眼平。目视剑指（图6-6-6）。

4. 盖步穿剑　身体右转，左臂屈肘上提，左手持剑，手心向下经胸前从右手上穿出，剑指翻转（手心向上），两臂左右平展；同时右腿提起向前横落，脚尖外撇，两腿交叉，两膝关节前后相交，左脚跟提起，重心稍下降，成交叉半坐姿势；目视剑指（图6-6-7）。

5. 弓步接剑　左手持剑稍外旋，手心转下，剑尖略下垂；左脚上步成左弓步；同时身体左转，右剑指经头右上方向前落于剑把上，准备接剑；双目平视前方（图6-6-8）。

图 6-6-3

图 6-6-4

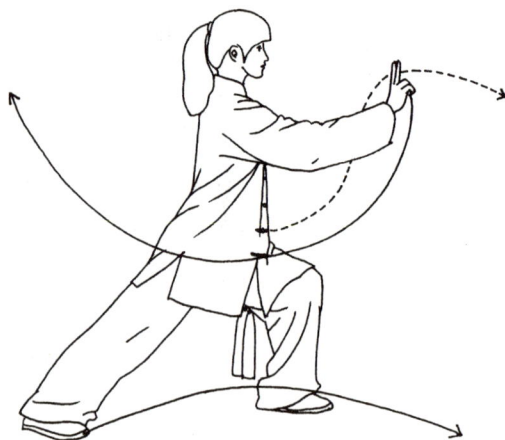

图 6-6-5

图 6-6-6

图 6-6-7

图 6-6-8

动作要点：两臂前举，肩宜松沉，不能耸起。转体、迈步和两臂动作应协调柔和，弓步横向距离约30cm。上体自然挺直，重心移动平稳。

（一）并步点剑

右手松开剑指，虎口对着护手，握住剑把，然后腕关节绕环，使剑在身体左侧划一立圆，向前点出，力达剑尖，左手握成剑指，附于右腕部；同时右脚向左脚靠拢成并步，身体半蹲；目视剑尖（图6-6-9）。

动作要点：剑身立圆向前环绕时，两臂不可上举。点剑时，持剑要松活，主要用腕部的环绕将剑向前下点出。并步时，两脚不宜并紧，两脚掌要全部着地，身体略下蹲，身体保持直立。

图 6-6-9

（二）独立反刺

1. 撤步抽剑 右脚向后方撤步；同时身体重心后移，右手持剑撤至腹前，剑尖略高，左剑指附于右腕随剑后撤（图6-6-10）。

2. 收脚挑剑 身体右后转，随之左脚收至右脚内侧，脚尖点地；同时，右手持剑继续反手抽撩至右后方，然后右臂外旋，右腕下沉，剑尖上挑，剑身斜立于身体右侧，左手剑指随剑撤于右上臂内侧；目视剑尖（图6-6-11）。

3. 提膝反刺 上体左转，左膝提起成独立步；同时右手持剑上举，使剑经头右侧上方向前反手立剑刺出，手心向外，力注剑尖，左剑指经额下向前指出，指尖自然向上，高与眼平；目视剑指（图6-6-12）。

图 6-6-10

NOTE

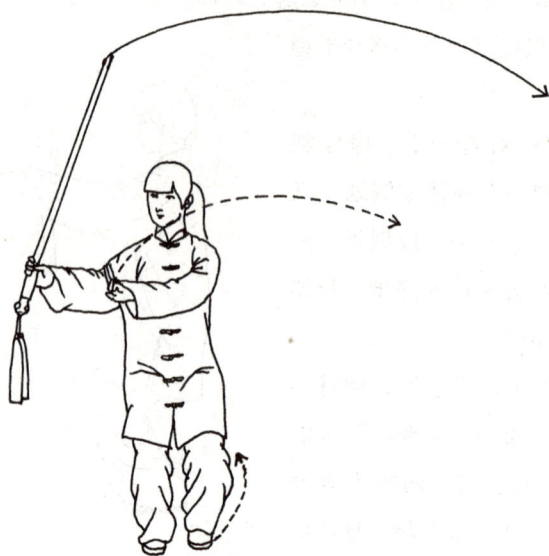

图 6-6-11

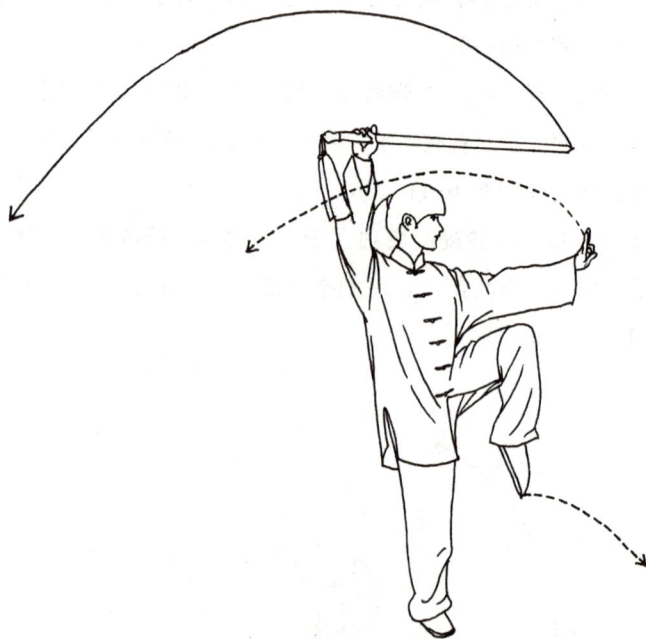

图 6-6-12

　　动作要点： 提膝时，右腿自然直立，左脚面展平，小腿和脚掌微内扣护裆，左膝要正向前方，与左肘上下相对，不要偏向右侧，独立稳定。刺剑是使剑通过伸臂刺出，力贯剑尖，注意避免将剑身由下向上托起的错误做法。

（三）仆步横扫

　　1. 撤步劈剑　上体右后转，剑随转体向右后方劈下，右臂与剑平直，左剑指落于右腕部；在转体的同时，右腿屈膝，左腿向左后方撤步，膝部伸直；目视剑尖（图 6-6-13）。

　　2. 仆步横扫　身体左转，左剑指经体前沿左肋向后反插，并向左上方划弧举起，手心斜向上，右手持剑，手心转向上，使剑由下、向左前方划弧平扫，高与胸平；右膝弯曲下蹲成半仆步，随着中心逐渐左移，左脚尖外撇，左腿屈膝，成左弓步；目视剑尖（图6-6-14）。

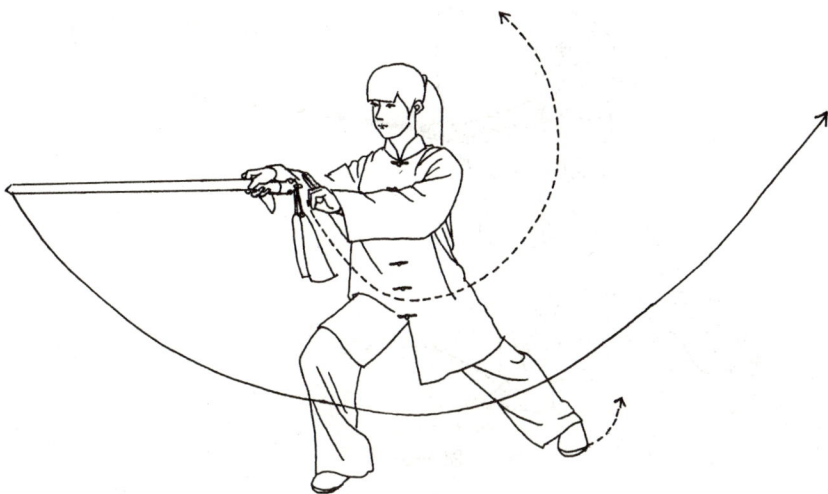

图 6-6-13

图 6-6-14

动作要点：劈剑与扫剑转换过程中步行应为半蹲仆步，也可做成全蹲仆步，身体应保持直立。扫剑时，持剑要平稳，划一个由高到低（与膝或与踝同高）再到高的弧线，力在剑刃，不得拦腰平扫。定势时，左手置于左额前上方，剑尖置于体前中线，高与胸平。

（四）向右平带

右脚提起收至左脚内侧（脚尖不点地）；同时右手持剑稍向内收引，左剑指落于腕部；右脚向右前方迈出一步，脚跟着地；同时右手持剑略向前引伸，左剑指仍附于右腕部；重心前移，右脚踏实成右弓步；右手持剑，手心翻转向下，向右后方斜带，剑指仍附于右腕；目视剑尖（图6-6-15）。

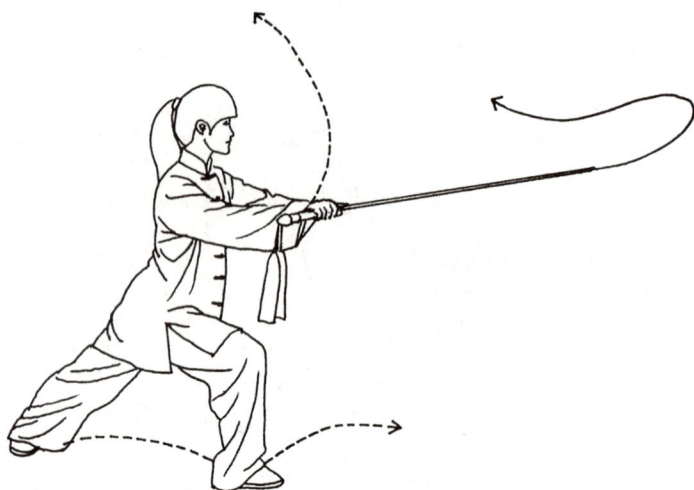

图 6-6-15

动作要点：带剑时，剑应边翻转边斜带，剑把左右摆动的幅度要大，而剑尖则始终控制在体前中线附近，力在剑刃，不要过多地左右摆动；剑的回带和弓步要协调一致；带剑时应注意由前向后带，不要横向向右推或扫剑。

（五）　向左平带

右手持剑屈臂后收；同时左脚提起收至右脚内侧（脚尖不点地），再向左前方上步，脚跟着地，成左弓步；右手持剑向前伸展，再翻掌将剑向左后方弧线平剑回带，握剑手带至左肋前方，力在剑刃，同时左剑指转收至腰间，再继续向左上方划弧举至额左上方，手心斜向上；目视剑尖（图 6-6-16）。

图 6-6-16

动作要点：同向右平带，惟动作左右相反。

（六）独立抡劈

1. 转体抡剑　右脚收至左脚内侧，脚尖着地；身体左转，右手持剑由前向下、向后划弧，立剑斜置于身体左下方，左剑指下落，两手交叉于腹部；目视左后方（图6-6-17、图6-6-18）。

图 6-6-17

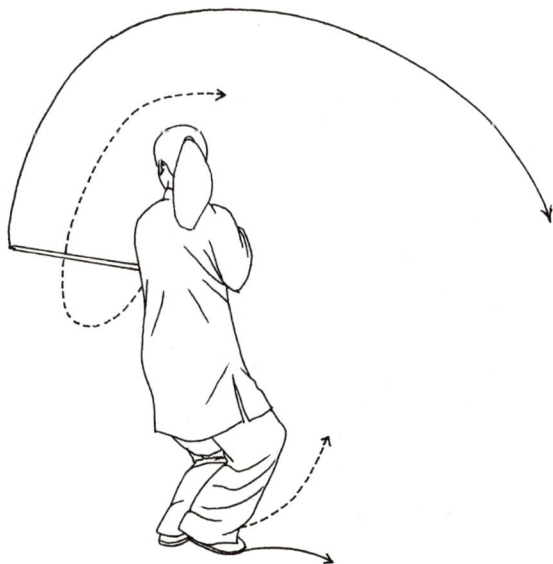

图 6-6-18

2. 独立劈剑　右脚向前上步踏实，左腿屈膝上提，成右独立步；同时右手内旋上举，持剑划弧举于头上方，再向前下方立剑劈下，立在剑刃，右臂与剑成一条斜线，左手剑指向后、向上划弧举至左上方，掌心斜向上；目视前下方（图6-6-19）。

NOTE

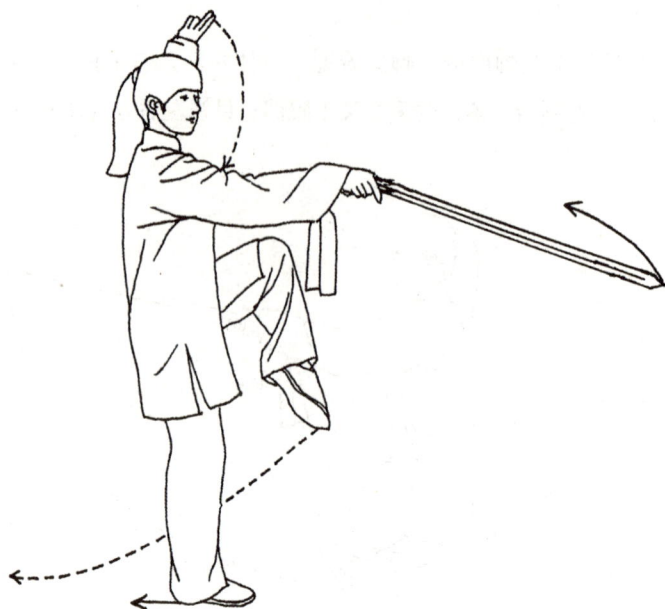

图 6-6-19

动作要点：抢剑、举剑、劈剑应连贯轮绕立圆，并与转腰、旋臂、独立配合一致，连贯不停。左手的运动要和持剑的右手相互配合，当右手持剑向前下方劈出时，左剑指由后向上划弧至头侧上方，两手一上一下、一前一后地对称交叉划立圆。

（七）退步回抽

左脚向后落下，右手持剑外旋上提，再持剑回抽，剑把收于左肋旁，手心向内，剑尖斜向上，左剑指落于剑把上；同时重心后移，右脚随之撤回半步，成右虚步；目视剑尖（图6-6-20）。

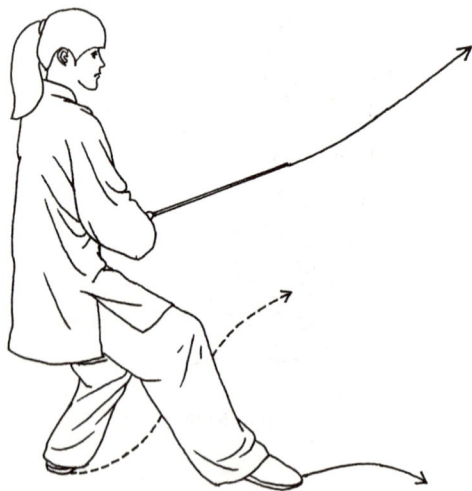

图 6-6-20

动作要点：抽剑时，立剑由前向后划弧抽回，力点沿剑刃滑动，右手手心先翻转向上将剑略向上提，随后由体前向后划弧收至右肋旁，避免将剑直线抽回。左脚后落的步幅不要过小，重心前后移动要充分，两腿虚实要分明。定式时，两臂撑圆合抱，上体左转，剑尖斜向右上方，两肩要松沉，不可紧贴身体。

NOTE

（八） 独立上刺

身体微向右转，面向前方，右脚稍向前上步踏实，左脚屈膝提起；同时，右手持剑向前上方刺出（手心向上），力贯剑尖，高与头平，左剑指附在右腕部；目视剑尖（图6-6-21）。

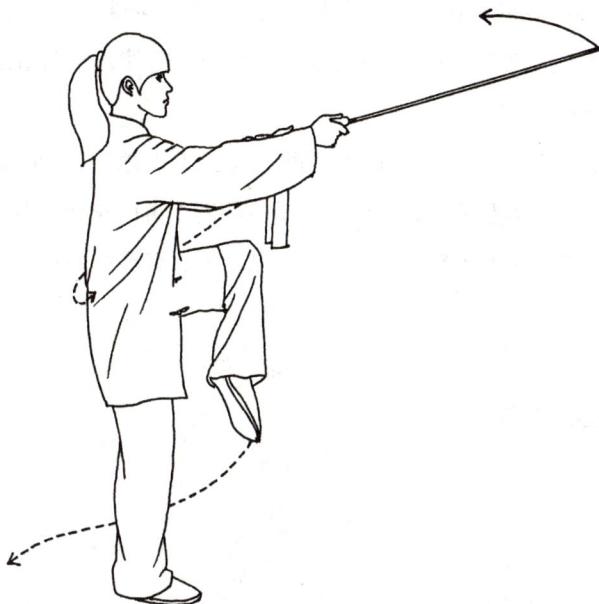

图 6-6-21

动作要点：上步步幅不超过一脚长，上刺剑时，手与肩同高，两臂微屈。趁上刺之势，上体可微向前倾，不要耸肩、驼背。

（九） 虚步下截

左脚向左后方落步，右脚随即微向后收，脚尖点地，成右虚步；同时右手持剑随体转向左平摆，再随身体右转经体前向右、向下截按，剑尖略下垂，高与膝平，左剑指向左、向上绕举于头左上方（掌心斜向上）；双目平视右前方（图6-6-22、图6-6-23）。

图 6-6-22

图 6-6-23

动作要点： 下截剑时，主要用转体挥臂来带剑向右下方截出，身、剑、手、脚要协调一致，剑身置于身体右侧。右虚步的方向左偏约30°，转头目视右前方约45°。

（十）左弓步刺

1. 退步提剑　右脚向后退一步，重心右移，身体右转；同时，右手持剑向体前提起，高与胸平，剑尖指向左前方约30°，再经头前后抽，手心翻转向外，左剑指附于右腕随剑一起回撤；目视剑尖（图6-6-24）。

2. 弓步平刺　身体左转，左脚收至右脚内侧（脚尖不点地），再向左前方迈出，脚跟着地，前移成左弓步；同时上体左转，右手持剑收于右腰间，再向左前方刺出，手心向上，力注剑尖，左剑指向下、向左、向上绕至左上方，手心斜向上，臂要撑圆；目视剑尖（图6-6-25、图6-6-26）。

图 6-6-24

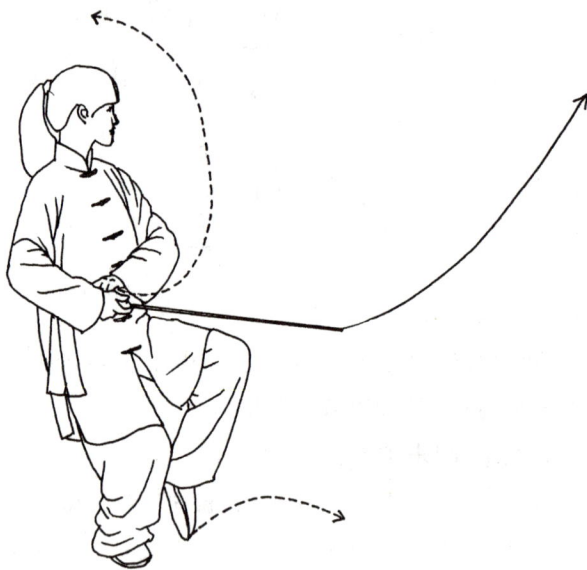

图 6-6-25

图 6-6-26

动作要点：右手持剑向下卷收时，前臂外旋，使手心转向上；同时仍要控制住剑身，使剑尖指向将要刺出的方向。全过程要在转腰的带动下，圆活、连贯、自然地完成。

（十一） 转身斜带

1. 扣脚收剑 重心后移，左脚尖内扣，上体右转；同时右手持剑屈臂后收，横置胸前，手心向上，左剑指落于腕部；提脚转体，重心再移至左腿上；右脚提起，贴在左小腿内侧；剑向左前方伸送；目视剑尖（图 6-6-27）。

2. 弓步右带 身体右后转，右脚向右前方迈出，成右弓步；同时右手持剑内旋翻转，手心向下，向右平带（剑尖略高），力在剑刃，左剑指仍附于右腕部；目视剑尖（图6-6-28）。

图 6-6-27

图 6-6-28

动作要点：弓步的方向为中线偏右约30°，斜带是指剑的方向。

（十二） 缩身斜带

左脚提起后再向原位置落下，身体重心移向左腿，右脚随之收到左腿内侧，脚尖点地成丁步；同时，右手持剑向前微送，再右手翻转，手心向上，将剑向左平带（剑尖略高），力在剑刃，左剑指屈腕经左肋反插，向身后穿出，再向上、向前绕行划弧落于右腕部；目视剑尖（图 6-6-29）。

图 6-6-29

动作要点：收剑时上体挺直，稍向右转。上体略向前探，送剑方向与弓步方向相同。收脚带剑时，身体向左转，重心落于左腿；要保持上体挺直，松腰松胯，臀部不外凸。

（十三） 提膝捧剑

1. 虚步分剑 右脚后退一步，重心后移，左脚微后撤，脚尖着地成虚步；同时两手向前伸送，再向两侧分开，手心都向下，剑斜置于体右侧，剑尖向前（图 6-6-30）。

2. 提膝捧剑 左脚略向前垫步，右膝向前提起，成独立步；同时右手持剑翻转向体前划弧摆送，左剑指变掌也摆向体前，捧托在右手背下面，两臂微屈，剑身直向前方，剑尖略高；目视前方（图 6-6-31）。

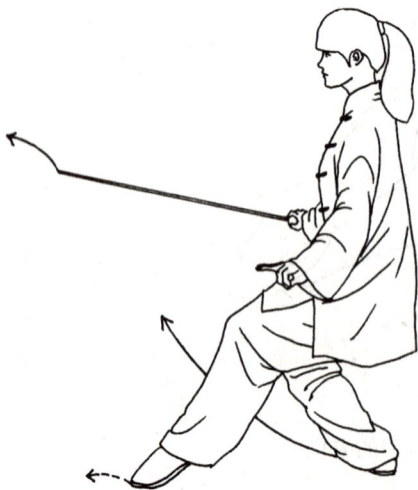

图 6-6-30

图 6-6-31

动作要点：右脚退步要略偏向右后方，上体转向前方。两手向体前摆送，走弧线，先微向外，再向内在胸前相合。捧剑时，两臂微屈，剑把与胸部同高。

（十四）　跳步平刺

1. 捧剑前刺　右脚向前落下，重心前移，左脚离地；同时两手捧剑微向下、向后收至腹前，再两手捧剑向前伸刺（图6-6-32、图6-6-33）。

2. 跳步分剑　右脚蹬地，左脚随即前跨一步踏实，右脚在左脚将落地时迅速向左小腿内侧收拢；同时两手分撤至身体两侧，手心都向下，左手变剑指（图6-6-34）。

3. 弓步平刺　右脚向前上步，重心前移成右弓步；同时，右手持剑向前平刺（手心向上），左剑指绕举至额左上方，手心斜向上；目视剑尖（图6-6-35）。

图 6-6-32

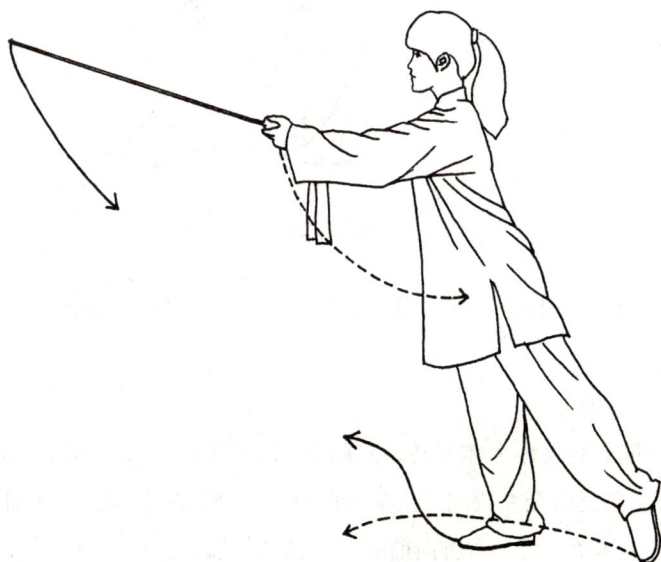

图 6-6-33

NOTE

图 6-6-34

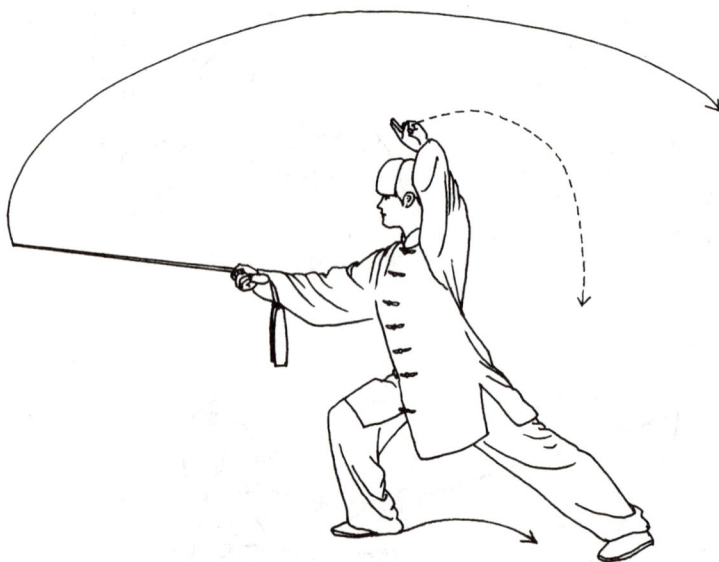

图 6-6-35

动作要点：向前跳步动作应轻灵、柔和。刺剑、分剑、再刺剑动作应连贯，上下肢配合应协调一致。

（十五）左虚步撩

1. 收脚绕剑　重心后移，上体左转，右脚收至左脚前，脚尖点地；同时，右手持剑随转体向上、向后划弧，剑把落至左腰间，剑尖斜向上，左剑指落于右腕部（图 6-6-36）。

2. 上步左撩　上体微右转，右脚向前垫步，脚尖外撇，上体继续右转，重心前移至右腿，左脚退步，成左虚步；同时，右手持剑随身体转动，立剑向下、向前撩出，手心向外，停于右额前，剑尖略低，左剑指仍附于右腕部；目视剑尖（图 6-6-37）。

图 6-6-36

图 6-6-37

动作要点：剑运行的路线，一要贴身，二要立圆，同时右前臂内旋，右手心转向外，虎口朝下，活握剑把，力达剑的前端。整个撩剑的动作要在身体左旋右转的带动下完成，应协调完整、连贯圆活，不要成举剑拦架的动作。

（十六） 右弓步撩

1. 转体绕剑　身体右转，同时右手持剑向后、向前划圆回绕，剑身竖立在身体右侧，手心向外，左剑指随剑绕行收于右肩前（图6-6-38）。

2. 上步右撩　身体微左转，左脚向前垫步，脚尖外撤，右脚前进一步，重心前移成右弓步；同时右手持剑由下向前反手立剑撩出，手心向外，高与肩平，剑尖略平，左剑指经腹前再向上绕至额左上方，手心斜向上；目视前方（图6-6-39）。

NOTE

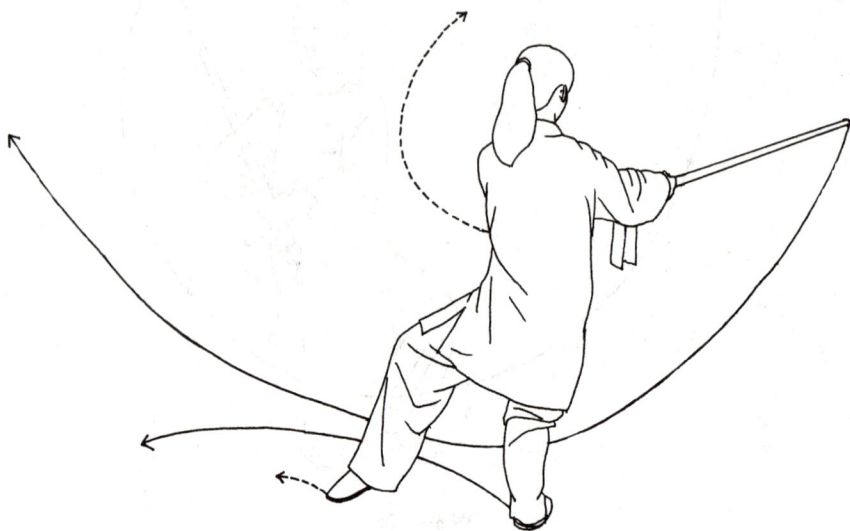

图 6-6-38

图 6-6-39

动作要点：持剑手要活握把，剑尖不要触地，整个动作应连贯圆活。

（十七）转身回抽

1. 转体收剑　身体左转，左腿屈膝，重心左移，右脚尖稍内扣；同时右臂屈肘将剑收到体前，与肩同高，剑身平直，剑尖向右，左剑指落于右腕上；目视剑尖（图 6-6-40）。

2. 弓步劈剑　身体继续左转，左脚尖外撇，右腿自然蹬直成左弓步；同时右手持剑向左下方劈下；目视剑尖（图 6-6-41）。

3. 虚步前指　重心移向右腿，右膝弯曲，上体稍向左转，左脚撤半步，成左虚步；同时右手持剑抽至右胯后，剑斜置于身体右侧，剑尖略低，左剑指随右手后收，后坐抽剑，再向前指出，高与眼齐；目视剑指（图 6-6-42）。

图 6-6-40

图 6-6-41

图 6-6-42

动作要点：剑指向前指出，左脚点地成虚步，上体向左回转，三者要协调一致。虚步的方向和剑指所指的方向为中线偏右约30°。下抽剑时，要立剑向下、向后走弧线抽回，下剑刃着力。

（十八） 并步平刺

左脚略向左移，身体左转，右脚向左脚并步；同时左剑指内旋并向左划弧，右手持剑外旋翻转，经腰间向前平刺，左剑指收经腰间翻转变掌捧托在右手下，手心均向上；目视前方（图6-6-43）。

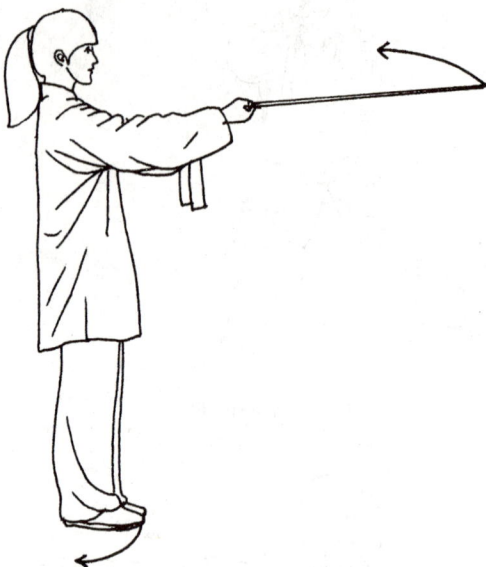

图 6-6-43

动作要点：刺剑和并步要协调一致，方向正中；剑刺出后两臂应微屈，两肩松沉。

（十九） 左弓步拦

1. 转体绕剑 右脚尖外撇，左脚跟外展，身体右转，两腿屈蹲；右手持剑，手心转朝外，随转体由前向上、向右绕转，左手变剑指附于右腕部，随右手绕转（图6-6-44）。

2. 上步拦剑 左脚向左前方上步，脚跟着地，身体左转，重心前移，成左弓步；右手持剑由右向下、向左前方拦架，力在剑刃，剑与头平，剑尖略低，右臂外旋，手心斜向内，同时左剑指向下、向左上绕举于额左上方；目视剑尖（图6-6-45）。

图 6-6-44

图 6-6-45

动作要点： 绕剑时以剑把领先，转腰挥臂，剑贴近身体做立圆。拦剑时，反手用剑下刃由下向上方拦架，力在剑刃。拦剑时，剑要在体右侧随身体右旋左转，贴身绕一完整的立圆，右手位于左额前方，剑尖位于中线附近。

（二十）右弓步拦

重心略后移，左脚尖外撇，身体先微左转再右转，右脚经左脚内侧向右前方迈出一步，成右弓步；同时右手持剑在身体左侧划一整圆，向右前托起拦出，手心向外，高与头平，剑尖略低，剑身斜向内，左剑指附于右腕部；目视前方（图6-6-46、图6-6-47）。

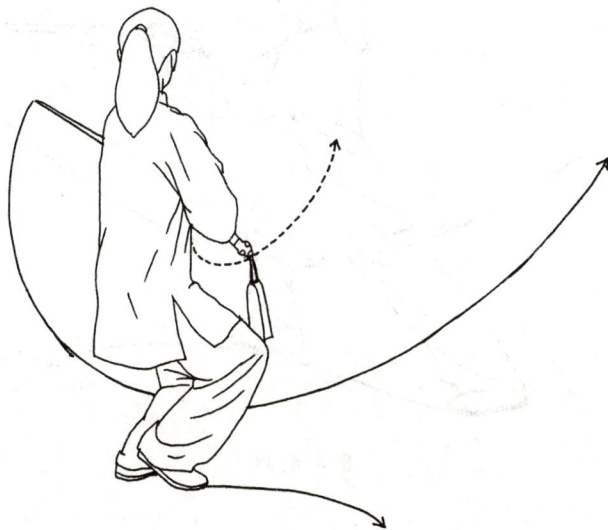

图 6-6-46

NOTE

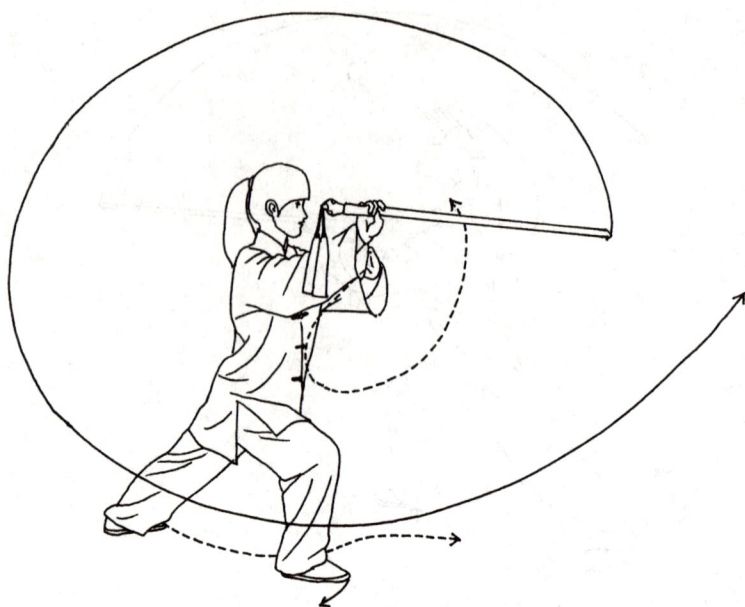

图 6-6-47

动作要点：与左弓步拦相同，惟动作左右相反，弓步方向为中线偏右约 30°，眼随剑移动。

（二十一） 左弓步拦

重心略后移，右脚尖外撇，其余动作与右弓步拦相同，惟动作左右相反。右手剑拦出时，右臂外旋，手心斜向内（图 6-6-48）。

图 6-6-48

动作要点：参考右弓步拦。

（二十二） 进步反刺

1. 转体后刺　右脚向前上步，脚尖外撇，上体微后转；同时，右手向下屈腕收剑，剑把落在胸前，剑尖转向下，左剑指也落在右腕部；身体继续右转，两腿交叉屈膝半蹲，左脚跟离地，成半坐盘姿势；右手持剑向后立剑平刺；手心向前（起势方向），左剑指向前指出，手心向下，两臂伸平；目视剑尖（图6-6-49）。

2. 弓步反刺　剑尖上挑，上体左转，左脚前进一步成左弓步；同时右臂屈收，经头侧向前反手立剑刺出，手心向外，与头同高，剑尖略低，左剑指收于右腕部；目视剑尖（图6-6-50、图6-6-51）。

图 6-6-49

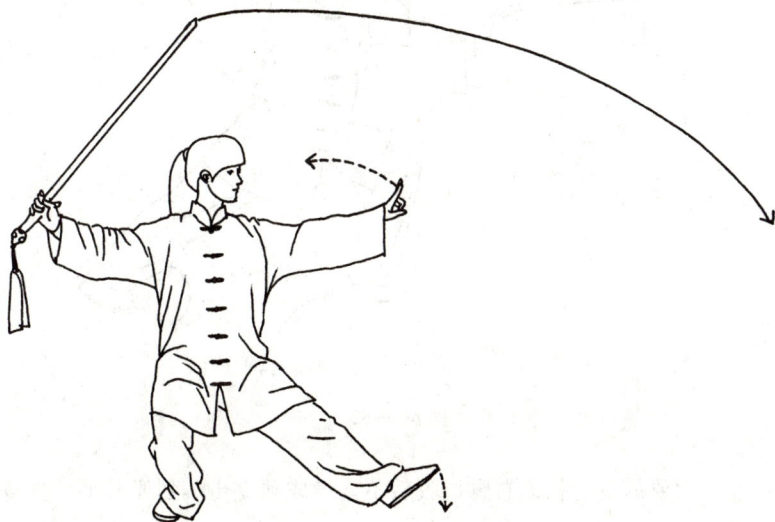

图 6-6-50

图 6-6-51

动作要点：反刺剑时，右臂、肘、腕皆先屈后伸，使剑由后向前刺出，力达剑尖。右手位于头前稍偏右，剑尖位于中线，与面部同高。松腰、松胯，上体挺直，不可做成侧弓步。

（二十三）　反身回劈

右腿屈膝，左脚尖内扣，上体右转，重心再移至左腿，右脚提起收至左小腿内侧，向右前方迈步，重心前移成右弓步；同时右手持剑上举，随转体向右前方劈下，左剑指下落至腹，再向上绕至额左上方，手心斜向上；目视剑尖（图 6-6-52）。

图 6-6-52

动作要点：左脚尖要尽量内扣，右脚提收后不要做成独立步。剑要劈平，剑身与臂成一条线，力在剑尖中段。劈剑和弓步要协调一致，同时完成。

（二十四）　虚步点剑

上体左转，左脚提起向起势方向上步，脚尖外撇，随即右脚上步落在左脚前，脚尖点地，成右虚步；同时右臂外旋，划弧上举向前下方点出，展臂提腕，力注剑尖，左剑指下落经体左侧向上绕行，在体前与右手相合，附于腕部；目视剑尖（图 6-6-53）。

图 6-6-53

动作要点：举剑时，右手略高于头，剑身斜向后下方，剑刃不要触身。虚步和点剑的方向与起势方向相同。点剑时要活握剑把，腕部上提。点剑时右臂先向下沉落，再伸臂提腕，高与肩平；点剑与右脚落地协调一致，同时完成；身体保持挺直。

（二十五） 独立平托

右脚向左脚后插步，前脚掌着地，两腿屈膝半蹲，以两脚掌为轴，向右转至面向正西，随之左膝提起成右独立步；同时右手持剑在体前由右向下、向左绕环，绕经体前向上托架，剑身平，稍高于头，左剑指附于右腕随右手环绕；目视前方（图 6-6-54、图 6-6-55）。

图 6-6-54

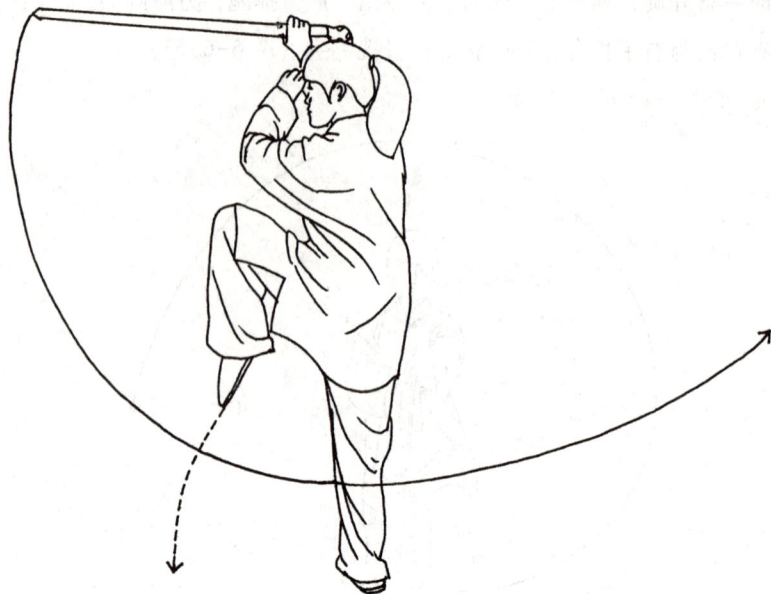

图 6-6-55

动作要点：绕剑要与向左插步同时进行；上体保持挺直，并微向左转。托剑是剑下刃着力，剑由下向上托架。平托剑时，右手要活把握剑，手心向外，举于头侧上方；剑身放平，剑尖朝前。

（二十六）　弓步挂劈

1. 转体挂剑　左脚向前横落，身体左转，两腿交叉成半坐盘势，右腿跟离地；同时右手持剑经体左侧向后挂，剑尖向后；左剑指附于右腕部（图 6-6-56）。

2. 弓步劈剑　身体右转，右脚前进一步，重心前移成右弓步；同时，右手持剑翻腕上举向前劈下，剑身要平，与肩同高；左剑指经左右后方绕至头左上方；目视前方（图 6-6-57）。

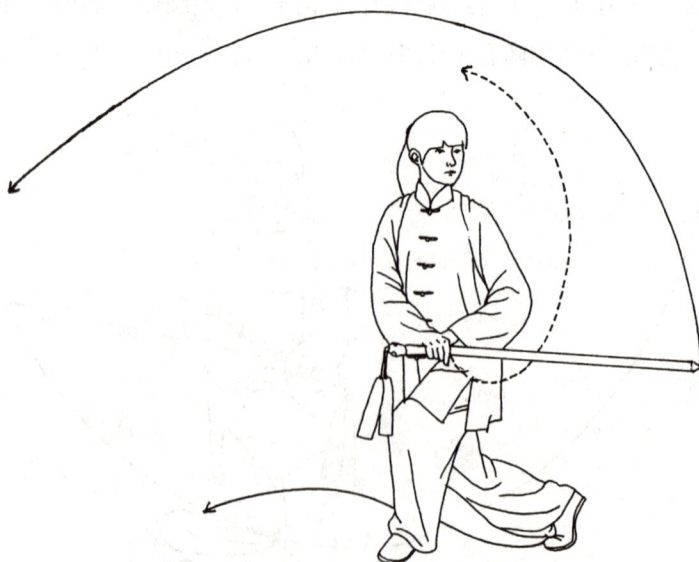

图 6-6-56

图 6-6-57

动作要点：挂剑时，腕部先屈，使剑尖转向下，随转体，右臂向下、向后摆动，虎口向后，剑尖领先，剑身贴近身体左侧向后挂，剑的运行路线成立圆。视线随剑移动。

（二十七）虚步抡劈

1. 转体抡剑　身体右转，右脚尖外撇，右腿屈弓，左脚跟离地成叉步；同时右手持剑经右向下、向后反抡摆，左剑指落于右肩前，手心向下；目视剑尖（图 6-6-58）。

2. 虚步劈剑　身体左转，左脚向前上步，脚尖外撇，右脚上步，脚尖着地成右虚步；同时右手持剑翻劈抡举至头侧上方，再向前下抡劈，剑尖与膝同高，剑与右臂成一条斜线，左剑指落经腹前翻转划弧侧举向上划圆再落于右前臂内侧；目视前下方（图 6-6-59）。

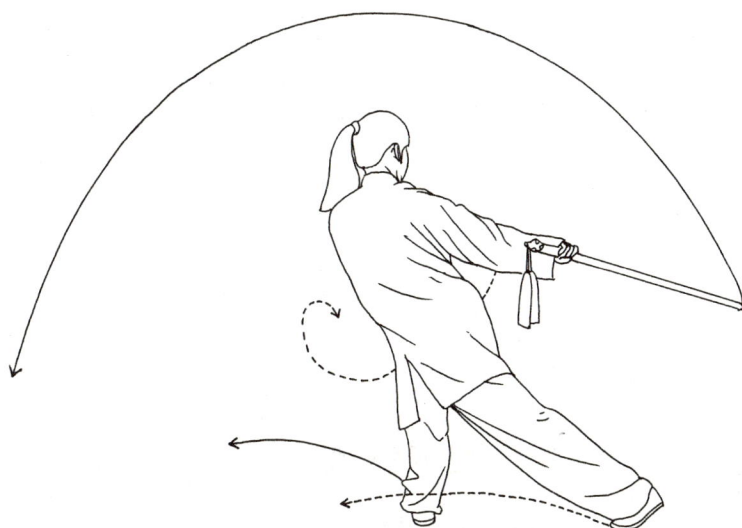

图 6-6-58

图 6-6-59

　　动作要点：抡劈剑时，剑先沿身体右侧抡绕一个立圆，再顺势向前下劈剑，力点仍为剑刃中部。整个动作完整连贯。下劈剑时剑身与右臂保持一条直线，不要做成点剑。

（二十八）　撤步反击

　　上体右转，右脚提起向右方撤一步，随之重心右移，左脚跟外展，左腿自然蹬直成右侧弓步（横挡步）；同时右臂外旋，手心斜向上，同左剑指一起略向回收，再向后上方反击，力在剑刃前端，剑尖斜向上，高与头平，左剑指向左下方分开，高与腰平，手心向下；目视剑尖（图 6-6-60）。

图 6-6-60

　　动作要点：撤步时，右脚掌先向后撤，再蹬左腿。反击时，要在向右转体的带动下，将剑向右上方击打，右臂、肘、腕先屈后伸，力达剑前端。分手、弓腿、转体动作一致。

（二十九）　进步平刺

　　1. 提脚横剑　身体先微向左转，再向后转，左脚提起收于右小腿内侧；同时右手持剑先向左摆，再翻掌向右领带，将剑横置于右胸前，剑尖向左，左剑指向上绕经面前落在右肩前，手心向下（图6-6-61）。

2. 弓步平刺　身体左转，左脚向前落步，脚尖外撇，右脚上步，重心前移成右弓步；同时右手持剑向下卷裹，收于腰侧，再向前刺出，高与胸平，手心向上，左剑指经体前顺左肋反插，向后再向左上绕至头侧上方；目视剑尖（图6-6-62）。

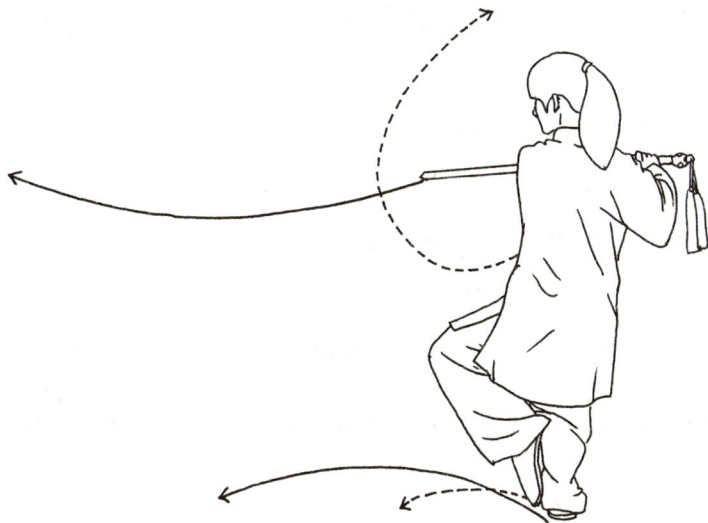

图 6-6-61

图 6-6-62

动作要点：以腰带臂，以臂带剑，剑走平弧；剑卷落时，右臂外旋，手心转向上，剑尖指向正前方。剑刺时转腰顺肩，上体挺直，剑与右臂成直线。刺剑、弓腿和剑指动作要协调一致。

（三十）　丁步回抽

重心后移，右脚撤至左脚内侧，脚尖点地成右丁步；同时，右手持剑屈肘回抽，手心向内，置于左腹旁，剑身侧立，剑尖斜向上，左剑指落于剑把之上；目视剑尖（图6-6-63）。

图 6-6-63

动作要点： 抽剑时，右手先外旋，将剑把略向上提，随即向后，向下收至腹旁，剑走弧线抽回。

（三十一） 旋转平抹

1. 摆步横剑 右脚向前落步，脚尖外摆，上体稍右转；同时右手翻掌向下，剑身横置胸前；左剑指附于右腕部（图 6-6-64）。

2. 扣步抹剑 上体继续右转，左脚向右脚前扣步，两脚尖相对成"八"字形；同时右手持剑随转体由左向右平抹，剑指仍附于右腕部（图 6-6-65）。

3. 虚步分剑 以左脚掌为轴向后转身，右脚随转体后撤一步，重心后移，左脚脚尖点地成左虚步；右手持剑在转体撤步时继续平抹，左剑指仍附于右腕部；在变虚步时，两手左右分开，置于胯旁，手心均向下，剑身斜置于身体右侧，剑尖向前；身体转向起势方向；目视前方（图 6-6-66）。

图 6-6-64

图 6-6-65

图 6-6-66

动作要点：身体向右旋转近一周，转身要求平稳连贯、速度均匀；上体保持挺直。摆步和扣步的脚都应落在中线附近，步幅不超过肩宽。特别是扣步时，不可扫腿远落，也不可跨越中线过多，以免收势回不到原位。撤步要借身体向右旋转之势，左脚掌先着地，摆步时脚跟先着地，扣步时脚掌先着地，撤步右脚掌先着地。

（三十二） 弓步直刺

左脚提起向前落步，重心前移成左弓步；同时右手持剑收经腰间，立剑向前刺出，高与胸平；左剑指附在右腕部；目视前方（图 6-6-67）。

动作要点：左脚提起收全右脚内侧后再向前迈出。左剑指先收至腰间，再附于右腕，一齐将剑刺出。

（三十三） 收势

1. 后坐接剑 重心后移，上体右转；同时右手持剑屈臂后引至右侧，手心向内，左剑指随右手屈臂回收，并变掌附于剑柄，准备接剑；目视剑柄（图 6-6-68）。

图 6-6-67

图 6-6-68

NOTE

2. 跟步收势 身体左转，重心前移，右脚向前跟步，与左脚平行成开立步；同时左手接剑经体前划弧落于身体左侧，右手变成剑指向下、向后划弧上举，再向前、向下落于身体右侧；目视前方。还原成预备姿势。身体直立（图 6-6-69、图 6-6-70）。

图 6-6-69   图 6-6-70

动作要点：接剑时，左掌心向外，拇指向下，与右手相对；两肘与肩同高，两肩注意松沉。换握剑后，左手持剑划弧下落应与重心前移协调一致；右剑指划弧下落应与右脚跟进半步协调一致。

【思考题】

1. 试述二十四式太极拳的特点及动作要点。

2. 试述武术拳操和功夫扇的运动特点及基本方法。

3. 试述太极拳与咏春拳在运动特点和基本方法上的异同。

第七章　传统导引养生功法

第一节　传统导引养生功法概述

传统导引养生功法是我国养生文化的重要组成部分，它是以整体观为理论基础，以自身的姿势调整、呼吸吐纳和心理调节相结合的身心锻炼方法，是追求人、自然和社会三者和谐从而达到整体健康的一种全民健身体育项目。

一、传统导引养生功法的内含

"导引"是我国古代的一种养生术，后为道教传承和发展，被作为炼身的重要方法之一。"导"，有疏导的意思，是指导气。"引"，有引伸、引导的意思，是指引体。《庄子·刻意》有云："导气令和，引体令柔。"导引就是肢体在意念引导之下，配合呼吸进行的运动。被认为其具有益血气、除风邪、消水谷、疗百病、强身健体、促进身心康复等功效。而养生，顾名思义，就是保养身体，以达长寿。导引术起源可溯源至上古，从《吕氏春秋·古乐》记载"民气郁瘀而滞著，筋骨瑟缩不达，故作为舞以宣之"到《庄子》之"吹呴呼吸，吐故纳新，熊经鸟伸，为寿而已矣。此导引之士，养形之人，彭祖寿考之所好也"，再到1973年马王堆汉墓出土的全世界已知现存最早的导引图谱——《导引图》，以及1984年江陵张家汉墓出土的《引书》，皆印证了导引养生术由单一式向成套导引的演变。此后，《淮南子》中六禽戏、东汉华佗五禽戏、南北朝时期的六字诀、宋代集大成的八段锦、明代的易筋经等都能使我们清晰地看到中国古代体育养生的发展脉络。

二、传统导引养生功法的特点

（一）养治一体，未病先防

传统导引养生功法不仅具有强身健体的积极作用，同时也具有"治未病"的预防保健作用。"治未病"的理念主要包含未病先防、已病防变、愈后防复三个方面。而传统导引养生功法主要应用在未病之时，可培补正气、提高人体抵御外邪的能力；已病时应用可舒经活血、防止病变；病愈后应用可培元补气、防止复发。以上作用中，以"未病先防"为重。

（二）内外兼修，阴阳平衡

传统导引养生功法主张身心一体，内外兼修。练功时，需要肢体动作（或姿势）配合呼吸锻炼和意念运用，即可达到"心动形随，意发神传"的效果，使机体"阴阳平衡则生机旺盛"。阴阳处于平衡状态，人体生理机能活动才能正常、有序、健康地运行；一旦失调，则会引起人体内环境的紊乱而导致疾病。

NOTE

（三）　养德为先

道德修养是养生保健之本。《素问·上古天真论》中说："是以嗜欲不能劳其目，淫邪不能惑其心，愚智贤不肖，不惧于物，故合于道。所以能年皆度百岁而动作不衰者，以其德全不危也。"所谓"德正则心安，心安则气顺，气顺则身体安康"，练功必须要注重修德，只有做到胸襟坦荡，淡泊清静，神志安宁，才能更快更好地进入入静状态，达到健康长寿的目的。

（四）　养性为本

《黄帝内经》曰"百病生于气"。养生要先养心，心平气自和，气和则安，气乱则病。而养心关键在于养性，中医学认为，人患病除了受大自然的风、寒、暑、湿、燥、火之六淫的影响外，还可由喜、怒、忧、思、悲、恐、惊之七情太过或不及而致。《内经》亦指出，人类若不受七情六淫的侵害，能够取法于天地阴阳自然变化之理而加以适应，则能尽享天年。因此，传统导引养生功在练身的同时强调"调和情志，身心同练"是具有重要意义的。

（五）　常结合闭气、叩齿、咽津动作

在古代导引术中，特别是做静力性的动作时，几乎都有闭气的要求，闭气的作用在于能冲通人体中的阻滞之气，另外，叩齿、咽津也具有相似的功效，是导引常见的动作。

（六）　广泛适用

传统导引养生功法不仅锻炼价值高，而且内容丰富，形式多样，没有严格的年龄、时间、性别、体质、场地等的限制，人们可以根据自己的实际情况来选择合适的功法进行习练，有利于该运动项目的开展和普及。

三、传统导引养生功法的作用

（一）　疏导经络

气血在脉络中运行不息则身体安康；反之，气血运行受阻就会发生病痛。因此，传统导引养生功的每一个动作都是根据经络的走向规律，循经作势、循经取动，以疏通全身的经络来进行编排练习的，这是能够防病治病、取得显著疗效的关键所在。

（二）　调和气血

中医学认为，气与血各有其不同作用而又相互依存，以营养脏器组织，维持生命活动，是人体的动力和源泉。调和气血应着重于调气，主要体现为以形导气、以息导气、以意导气等。

（三）　修身养性

传统导引养生功法主张动静结合，内外兼修，通过修德、悟道以达到修身养性、祛病健身的功效。

（四）　促进社会和谐

和谐社会不仅要做到人与人、人与社会的和谐，而且要做到人与自然的和谐。传统导引养生功强调淡泊清静、无为不争，注重身心的协调发展，倡导"天人合一"的理念，在一定程度上体现了人与自然和谐、人体内在和谐的精神。构建社会主义和谐社会，离不开对中国传统文化思想的传承和弘扬，充分挖掘传统体育养生文化所蕴涵的价值，对于构建和谐社会有着积极的作用。

四、传统导引养生功法锻炼的基本原则

（一）松、静、自然

"松"是指身体和精神的放松；"静"是指减少杂念，安静舒适的"入静"状态；"自然"是指练功时心情自然、姿势动作自然、呼吸自然。在练习时，应消除紧张，把烦恼、劳碌置于一边，使精神放松，专心致志，以更好地发挥人的生理潜能。

（二）动静相兼、练养结合

"动"是指形体的动和体内气机的动；"静"是指形体的静与精神的静。在习练的过程中要做到"动中有静，静中有动"，只有这样，才能更好地平衡阴阳、安定情绪、调和气血、疏通经络、强健身体、祛除病邪。此外，练功还应与自我调养相结合，注意饮食起居、劳逸结合，以进一步提高练功的效果。

（三）循序渐进、持之以恒

传统导引养生功法的动作虽然简单，但也不可急于求成，在习练时应遵循动作由简至繁、强度由小到大、练功时间由短至长，以循序渐进、逐步掌握全套功法。同时，习练者不可操之过急、时练时停、巧取捷径、半途而废，要以决心和毅力，端正目标，点滴积累，以更好地体验动作的真谛。

第二节　易筋经

一、易筋经概述

易筋经源自我国古代导引术，历史悠久。据考证，导引是由原始社会的"巫舞"发展而来的，到春秋战国时期已为养生家所必习。

易筋经是一种内外兼练的医疗保健养生功法，据传为梁武帝时代印度高僧达摩所创。但多数学者认为，易筋经是明朝天启四年紫凝道人在集医、释、道流行的养生导引术、汉代东方朔的洗髓伐毛健身法、宋代《八段锦》的健身理论等基础上编辑而成的。宋元以前，《易筋经》在少林寺众僧之中即有流传，自明清以来逐步流向民间，广为人知，在流传的过程中又演变出不同的易筋经流派。

易筋经注重内外兼修，强调动静结合，"练内名洗髓，练外名易筋"。动者外动以易筋强骨，静者内静以攻心纳意。易筋经集内外兼修之长，静中求动（气）、动中求静（意），精练勤思，可达防治疾病、延年益寿的效果。

二、动作说明

（一）拱手环抱

1. 两脚并步直立，身体端正，两臂自然下垂，两膝保持直而不僵的状态，双目平视前方（图7-2-1）。

2. 左脚向左分开，与肩同宽；两臂向前、向上划弧，屈肘内收，两手距胸约20cm，掌心

向里，指尖相对，手对膻中穴。平心静气，神态安详，呼吸自然（图7-2-2）。

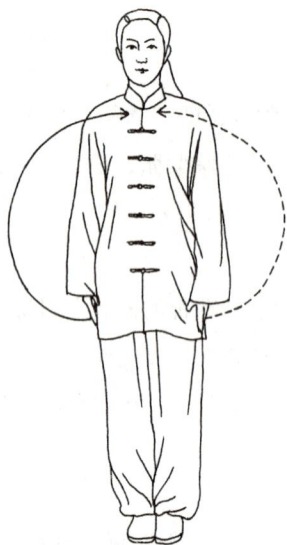
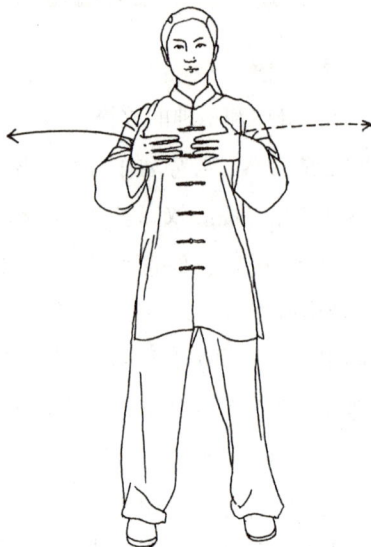

图 7-2-1 　　　　　　　　　　　　　　　　图 7-2-2

动作要点：宽胸实腹，气沉丹田，脊背舒展，沉肩垂肘，上虚下实。

健身作用：定心涤虑，排除杂念。神态安静和祥，外静而内有无限生机，气血调和，以消除内心焦虑和稳定不安情绪，使心平气和，心肾相交，阴阳平衡，精神内守，遍体舒畅。

（二）两臂横担

1. 两手缓缓前伸至两臂伸直，与肩同宽，掌心向上。

2. 两臂向身体两侧分开成侧平举，两臂平直，掌心向上，两手稍高于肩，有向两侧伸展之意。肩关节有意识向下松沉，舒胸，目视前方；百会虚领上起，躯干有向上伸展之意；松腰，臀部自然向下松垂，两脚有向地心伸展之意（图7-2-3）。

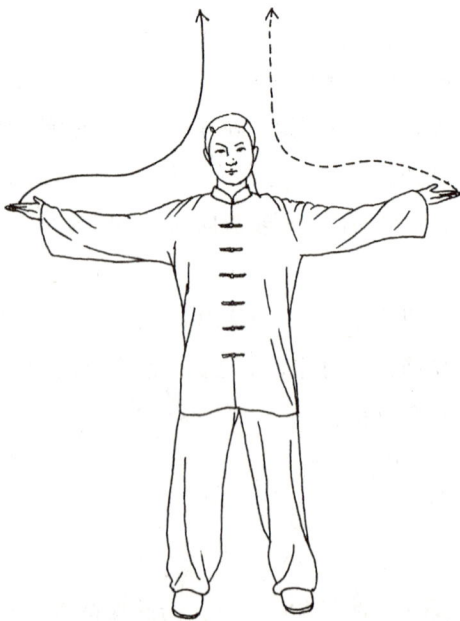

图 7-2-3

动作要点：以腰为轴，使体前部位劲力内收，展中寓合，合中寓展。

健身作用：舒胸理气，健肺纳气。展臂舒体，矫正腰背畸形，伸肱理气，贯注百脉。中医学有"五脏六腑之气，皆贯注于肺"及"肺朝百脉"之述，故此式有助改善心肺功能，对肺气肿、肺心病及心肌缺血有一定疗效。

（三）掌托天门

1. 两臂屈肘，两掌心向内、向耳旁合拢。

2. 提踵，同时两手反掌上托，举至头顶前上方，掌心斜向上，两手指尖相对，两臂展直，有向上伸展之意，也可轻闭双眼；"仰面观天"，似遥望天之极处；配合吸气（图7-2-4）。

3. 两手向身体两侧下落，掌心逐渐翻转向下，两脚跟随之缓缓下落；配合呼气。

图7-2-4

动作要点：身体和上肢动作舒松，但松而不懈，需有内劲；提踵时，两膝伸直内夹，可以提高动作的稳定性。

健身作用：防治腰痛、肩臂痛。两臂上举伸长肢体和脊柱有调理三焦的作用。对三焦的调理可激发五脏六腑之气，起到防治内脏诸病的作用，对心肺疾病、脾胃虚弱及妇科病等疾患有一定疗效。

（四）摘星换斗

1. 重心移向右腿，左脚提起，两手上提至腰侧，配合吸气。上体左转，左脚向左前方跨出，屈膝半蹲，成左弓步；同时，右手向后，掌背附于腰后命门穴处，左手向左前方伸出，高与眉平，掌心向上，意念延及天边；目视左手；配合呼气（图7-2-5）。

2. 重心后移，上体右转，右腿屈膝，左腿伸直，脚尖上翘；同时，左手随转体向右平摆；眼随左手；配合吸气（图7-2-6）。

3. 上体左转，左脚稍收回，脚尖点地成左虚步；同时，左手随体右摆，变勾手举于头前上方，屈肘拧臂，勾尖对眉中成摘星状；目视勾手；配合呼气（图7-2-7）。

4. 左脚收回，右脚向右前方伸出，成右弓步；左勾手变掌下落至背后，右手向右前上方伸出，做右式。动作同1解~3解，惟左右相反（图7-2-5~图7-2-7）。

5. 两手下落于体侧，右脚收回，并步直立。

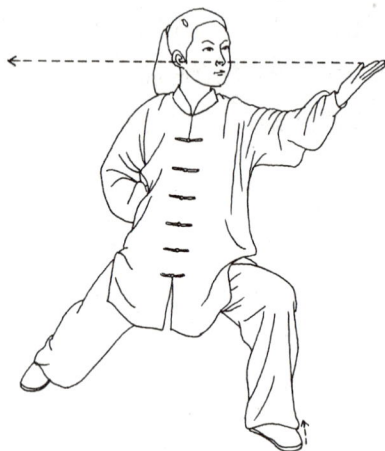

图 7-2-5   图 7-2-6

图 7-2-7

动作要点：整个动作变化，均应以腰来带动，体现协调柔和；屈臂勾手内旋，应做到尽力。意念上，手的摆动好似空中摘星揽月，最后神归天目。

健身作用：此式主要是作用于中焦，肢体伸展宜柔宜缓，上体转动幅度要大，交替牵拉，使肝、胆、脾、胃等脏器得到柔和的自我按摩，可促进胃肠蠕动、增强消化功能，故有调理脾胃、治疗胃脘胀痛及排浊留清的作用；并通过肢体运动，治疗颈、肩、腰诸关节疼痛，以提高下肢肌肉力量。

（五）　出爪亮翅

1. 两掌变拳，上提至胸两侧，拳心向上。同时配合吸气（图7-2-8）。

2. 提踵。同时两拳变掌缓缓向前推出，掌心逐渐翻转向下，至终点时，坐腕、展指、掌心向前，两手高与肩平，同肩宽，两臂伸直；双目平视指端，眼神延伸极远。同时配合深长呼气（图7-2-9）。

3. 落踵。两臂握拳收回至胸前，再下落于体侧，成直立式。

图7-2-8

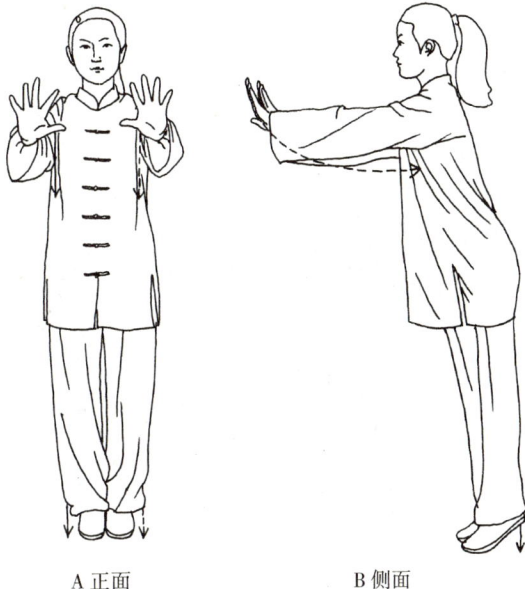

A 正面　　　　　　　　　　B 侧面

图7-2-9

动作要点： 推掌亮翅时，脚趾抓地，力由下而上，并腿伸膝，两胁用力，力达指端，同时要鼻息调匀，咬牙怒目，内外相合。

健身作用： 此式主要运动四肢，可疏泄肝气，舒畅气机；能培养肾气，增强肺气，有利于气血运行，对老年性肺气肿、肺心病有效。另外，还有增强全身筋骨和肌肉的作用，可灵活肩、肘、腕、指诸关节。

（六）　倒拽九牛尾

1. 左脚向左横跨一步，相距约三脚宽；两臂由体侧上举至头两侧，两臂伸直，两掌心相对，指尖向上；配合吸气（图7-2-10）。

2. 两腿屈膝下蹲，成马步；两掌变拳，由头上向体前下落至两腿之间，两臂伸直，拳背相对；配合呼气（图7-2-11）。

3. 两拳由下上提至胸前，拳心向下，配合吸气。再由胸前向两侧撑开，两拳逐渐变掌，坐腕、展指，掌心向两侧，指尖向上，两臂撑直，有向两侧推撑之意；配合呼气（图7-2-12）。

4. 身体重心移向右腿，左脚尖外展90°，之后身体重心再向左腿移动，成左弓步；同时两掌逐渐变拳，左手向下、向腹前、再向上划弧摆至脸前，掌心对脸，上臂与前臂成直角；右手经向头部右侧上，向前、再向身体右侧后摆动，拳心向后，两臂内旋充分后摆；眼看左拳。两拳有前拉后拽之意；配合自然呼吸（图7-2-13）。

5. 上体前俯，胸部靠近大腿，弓步姿势不变，左拳与脸的距离不变，右拳与身体的距离不变。同时配合呼气（图 7-2-14）。

6. 上体后仰，左拳与脸的距离不变，右拳与身体的距离不变，眼看左拳；配合吸气（图 7-2-15）。

7. 上体还原，配合呼吸（图 7-2-13）。

8. 上体右转，两臂成侧平举，再做右式。动作同 1 解~6 解，惟左右相反（图 7-2-10~图 7-2-15）。

9. 重心移向左腿，右脚内扣，左脚收回，并步直立；两臂由侧平举下落至体侧，成直立式。

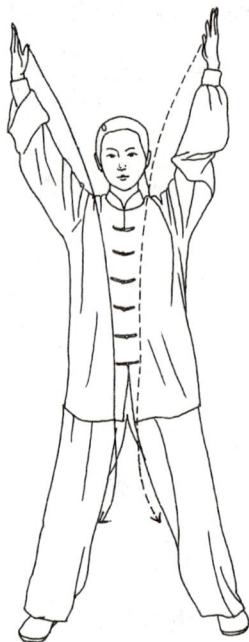

图 7-2-10

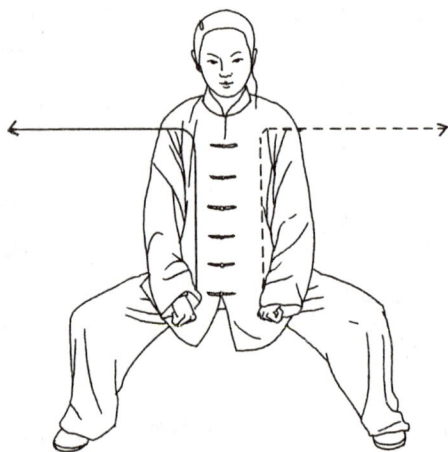

图 7-2-11

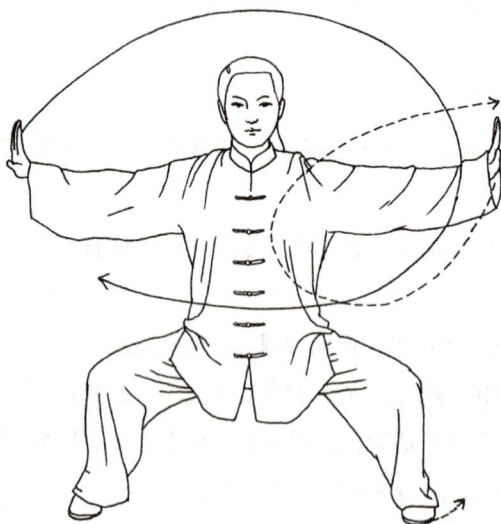

图 7-2-12

图 7-2-13

NOTE

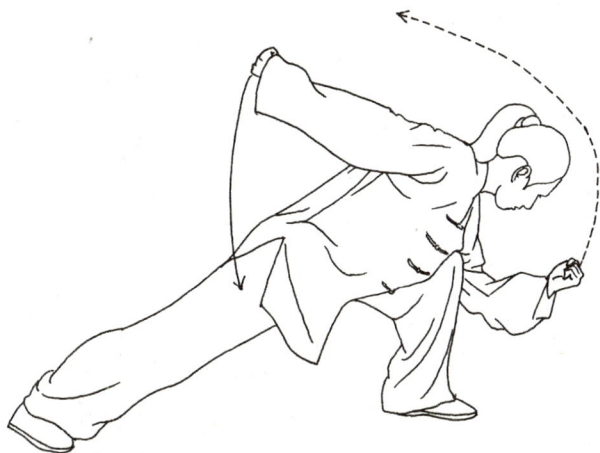

图 7-2-14　　　　　　　　　　　　　　　图 7-2-15

动作要点：成弓步做上体前俯后仰，力注前臂。前俯时，意念握紧九牛尾，由身后向前倒拽；后仰时，意念拳握马缰，拉动八匹马，以体现内劲用意。

健身作用：此式通过用意引导牵拉动作的模仿，可增进两膀气力，防治肩、背、腰、腿酸痛。两眼观拳，注精凝神，对眼进行弛张锻炼，可以改善眼部的血液循环。

（七）　九鬼拔马刀

1. 左脚向左横跨一步，两脚平行站立，与肩同宽；两手腹前交叉，左手在前，由体前上举至头前上方，两臂微屈；配合吸气（图 7-2-16）。

2. 两手由头上，向身体两侧下落至体侧；配合呼气。

3. 左手由体侧向前上举至头上，之后左臂屈肘，左手落至头后食指点按风池穴，右手背至腰后，掌背向内，附于命门穴；配合吸气（图 7-2-17）。

4. 身体充分向右拧转，眼向后看（图 7-2-18）。身体转正，之后再充分向左拧转，眼向后看（图7-2-19）。同时配合缓缓地深长呼吸。

5. 身体转正（图 7-2-20），两臂成侧平举再下落至体侧，两手在腹前交叉，再做右式。动作同 1 解~4 解，惟左右相反（图 7-2-16~图 7-2-20）。

6. 身体转正，两臂成侧平举，再下落至体侧，左脚收回，成直立式。

图 7-2-16

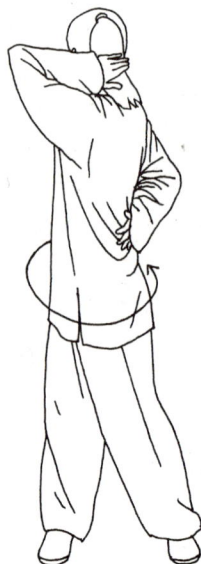

A 正面　　　　　　　B 背面
图 7-2-17　　　　　　　　　　　　　　　　　　　图 7-2-18

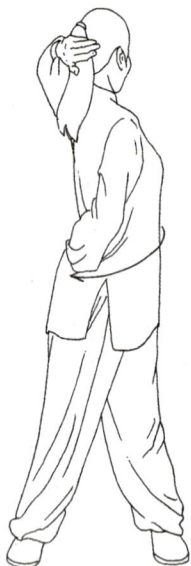

图 7-2-19　　　　　　　　　　　　图 7-2-20

动作要点：上体左右拧转，保持中轴正直，两臂前举后收要充分。

健身作用：此式主要锻炼腰、腹、胸、背等部肌肉，并通过对脊柱诸关节的拧转，增加脊柱及肋骨各关节的活动度，促进胸壁的柔软性及弹性，对防治老年性肺气肿有效。头颈部的拧转运动，能加强颈部肌肉的伸缩能力，改善头部的血液循环，有助于解除中枢神经系统的疲劳，对防治颈椎病、高血压病、眼病和增强眼肌有一定效果。全身（包括下肢）极力拧转，能改善静脉血液的回流。

（八）　三盘落地

1. 左脚向左横跨一步，两脚平行开立，相距三脚宽；两臂由身体两侧向体前上举，两臂伸直，与肩同高、同宽，掌心向上；配合吸气（图 7-2-21）。

2. 两掌心翻转向下，下落至两膝外侧，两手拇指朝里相对；同时屈膝下蹲，成马步；配合呼气（图7-2-22）。

3. 两腿缓缓伸直；同时两掌心翻转向上托起至两肩前侧（两臂夹角约成90°）；配合吸气（图7-2-23）。

4. 两腿屈膝深蹲；同时两掌心翻转向下按至两大腿外侧，指尖指向左右两侧；配合呼气（图7-2-24）。

5. 两腿缓缓伸直；同时两掌心翻转上托至两肩侧（两臂约成"一"字形）；配合吸气（图7-2-25）。

6. 两腿屈膝下蹲，成马步；同时两掌心翻转向下落至两膝外侧，两手拇指朝里相对；配合呼气（图7-2-26）。

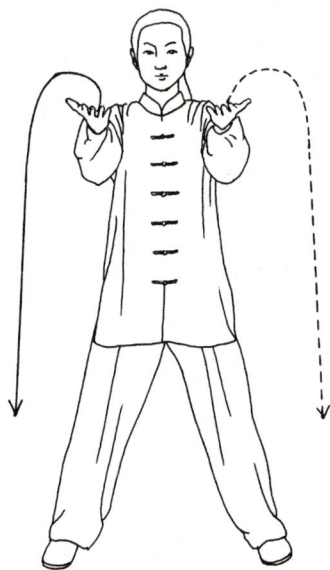

图 7-2-21

图 7-2-22

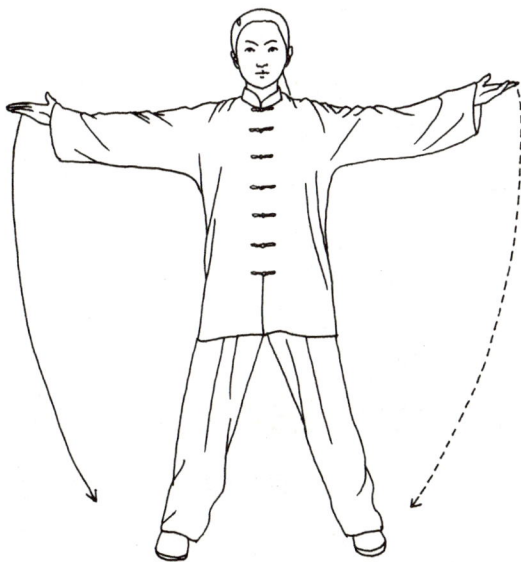

图 7-2-23

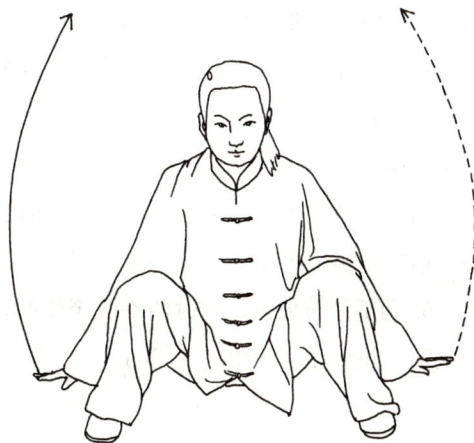

图 7-2-24

NOTE

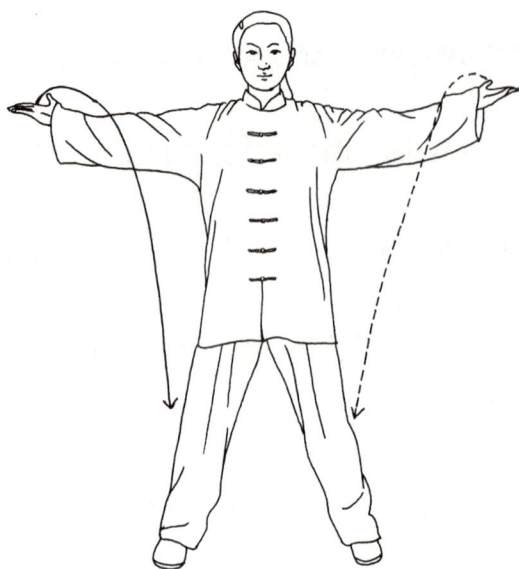

图 7-2-25

图 7-2-26

动作要点: 两手向上,如托千斤;两手下落,如按水中浮球,意贯内力。

健身作用: 此式活动肩、膝等关节,配合深蹲练习,能增强腿部力量,对蹲起机能的维持有良好效果,促进大腿和腹腔静脉血液的回流,特别是对盆腔瘀血的消除有较好的作用。

(九) 青龙探爪

1. 两腿缓缓伸直;同时两掌变拳收至腰前侧,拳面抵住章门穴,拳心向上,右拳变掌举至头上,掌心向左,右臂靠近头部;配合吸气(图7-2-27)。

2. 向左侧弯腰,右腰充分伸展,面部向前,右臂靠近头部,充分伸直,右手掌心向下;配合呼气(图7-2-28)。

3. 向左转体至面部向下,上体充分向左前俯,右手充分向左探伸,眼看右手;配合吸气。

4. 屈膝下蹲,两大腿与地面平行,同时身体逐渐转正,右臂随转体由身体左侧经两小腿前划弧至右腿外侧,掌心向上;配合呼气(图7-2-29)。

5. 两腿缓缓伸直,再做右式。动作同1解~4解,惟左右相反(图7-2-27~图7-2-29)。

6. 两腿缓缓伸直,同时两手收至腰间握拳;左脚收回,并步直立(图7-2-30)。

图 7-2-27

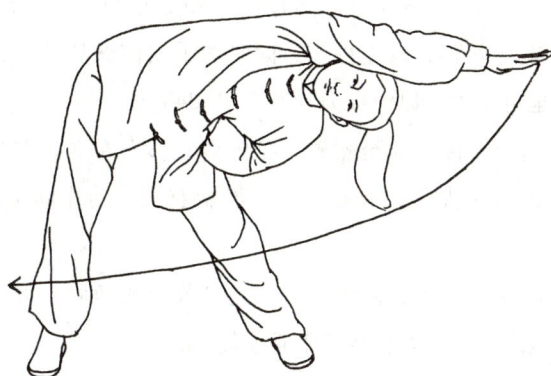

图 7-2-28

图 7-2-29

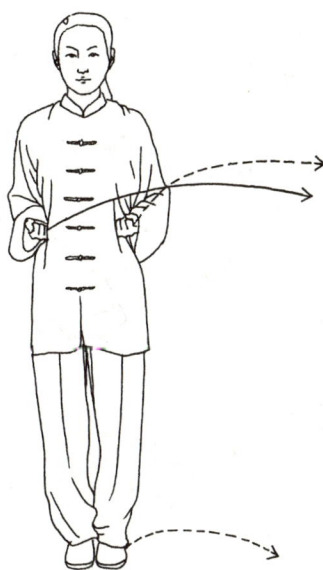

图 7-2-30

动作要点：手臂充分侧伸，上体由侧屈转为向前，由吸气转为呼气协调配合，以气带动，方能使动作连贯圆活。

健身作用：此式对腰、腿软组织劳损，转腰不便，脊柱侧弯，腿及肩臂酸痛、麻木及屈伸不利有效。通过侧弯腰及拧腰前探可抻拉肋间肌，使胸廓相对增大，使肺的通气量加大，肺泡的张力增强，以治疗老年性的肺气肿及肺不张。通过对章门穴的按压，可达到协调五脏气机、调理脾胃的作用。

（十）卧虎扑食

1. 向左转体 90°，左脚向左迈出一大步，成左弓步；两手由腰侧做向前扑伸动作，两手高与肩平、宽同肩，掌心向前，坐腕，两手成虎爪状；配合呼气（图 7-2-31）。

2. 上体前俯至胸部贴大腿，两手掌心向下按地，继续呼气。之后，抬头眼看前方，瞪眼；配合吸气（图 7-2-32）。

3. 上体抬起，直立，身体重心充分向右腿移动，右腿屈膝，左腿蹬直；同时两手沿左腿两侧，经腰侧，提至胸前，两手成虎爪状。同时配以深吸气（图 7-2-33）。

4. 右腿蹬地，身体重心前移，成左弓步；同时两手向前做扑伸动作，两臂伸直，两手成虎爪状；配合深呼气，也可发声，以声催力（图 7-2-34）。

5. 两臂外旋，掌心向上，握拳收至腰侧；身体重心移至左腿。右脚收至左脚内侧，再向右转体180°，右脚向右迈出一大步，成右弓步，再做右式。动作同 1 解~4 解，惟左右相反（图 7-2-31~图 7-2-34）。

6. 两臂外旋，两掌心翻转向上，两掌变拳，之后收至腰两侧。身体转正，左脚收至右脚内侧，两脚并拢，同时两手下落，两臂自然下垂于体侧，成直立式。

图 7-2-31

图 7-2-32   图 7-2-33

图 7-2-34

动作要点：向前扑伸，注意发力顺序，起于根，顺于中，达于梢，腿、腰、臂三节贯通，力达虎爪。

健身作用：此式神威并重，势不可挡，有强腰壮肾、健骨生髓之效。

（十一）打躬势

1. 左脚向左横跨一步，两脚平行开立，屈膝下蹲，成马步；同时两臂由体侧上举至头上，两掌心相对，之后两掌下落，屈肘抱于脑后，掌心紧按两耳，两肘向两侧打开与身体在一平面上（图 7-2-35）。

2. 上体前俯，胸贴近大腿，低头，两腿由屈变伸，充分伸直；两肘内合，两手以食指、中指、无名指交替在脑后轻弹数次，做"鸣天鼓"；配合自然呼吸（图 7-2-36）。

3. 身体直立，两腿屈蹲，成马步；两手抱于脑后。同 1 解。

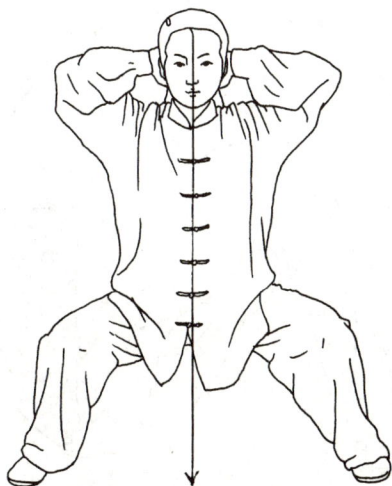

图 7-2-35

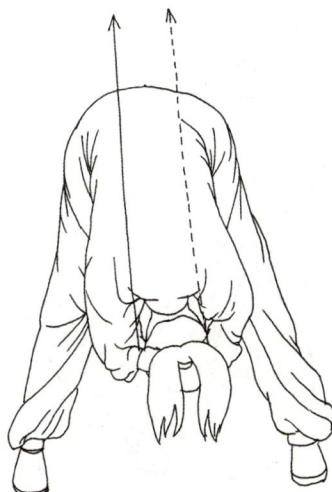

图 7-2-36

动作要点：上体直立时，两肘打开；上体前俯时，两肘用力夹抱后脑，咬牙，舌抵上腭，鼻息调匀。

健身作用：此式躬身轻击头的后脑部，可促使血液充分流注于脑，改善脑部血液循环，有醒脑、明目、美颜的效果，并能消除脊背紧张，使其柔韧有力。

（十二）掉尾势

1. 接上式。两腿缓缓伸直；同时两手向头上撑起，掌心向上，指尖相对，两臂充分伸直，靠近头部；配合吸气（图7-2-37）。

2. 上体左转90°，再前俯，两膝伸直，两手靠近左脚外侧，两掌心贴地，两指尖相对；配合呼气。再抬头（图7-2-38）。

3. 上体直立，身体转正；配合吸气。上体右转90°，再前俯，两膝伸直两手靠近右脚外侧，两掌心贴地，两指尖相对；配合呼气。再抬头（图7-2-39）。

4. 上体直立，身体转正，两手仍在头上撑起，掌心向上，指尖相对，两臂充分伸直靠近头部；配合吸气（图7-2-40）。

5. 上体后仰，约与地面平行，同时两手由头上向肩两侧分开，掌心向上，指尖向两侧。继续吸气（图7-2-41）。

6. 上体前俯，两臂由体侧向前摆至两肩前，两掌心向上，两臂充分伸直，抬头眼向前看。之后身体前俯，两手内旋，掌心向下，指尖相对，下按至两脚内侧，两手贴地，胸部靠近大腿；配合呼气（图7-2-42）。

7. 上体直立，同时两臂前平举，两掌心翻转向上；配合吸气（图7-2-43）。之后两掌心翻转向下，俯掌下按收至身体两侧；左脚收至右脚内侧，两脚并拢，成直立式；配合呼气，（图7-2-44）。

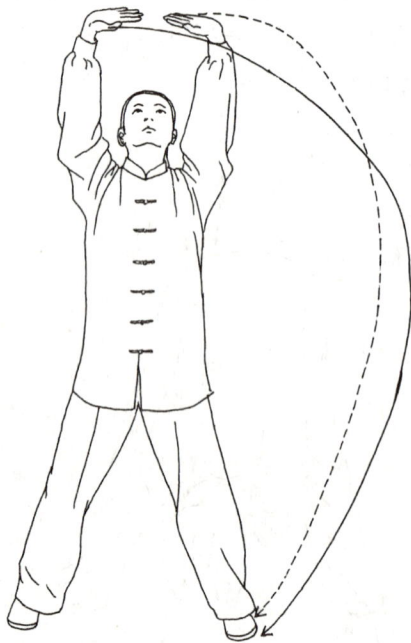

图 7-2-37

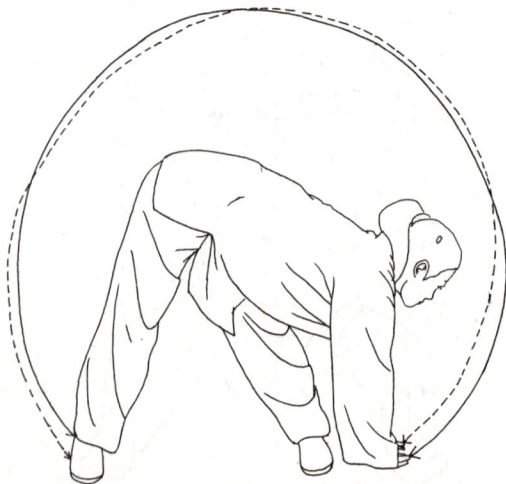

图 7-2-38

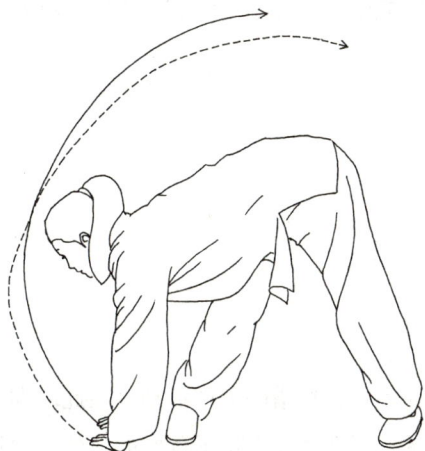

图 7-2-39

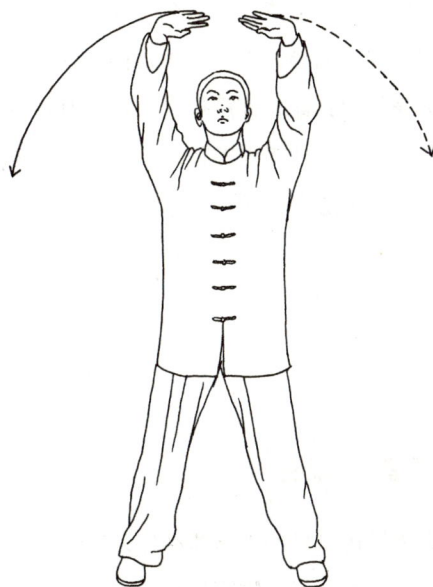

图 7-2-40

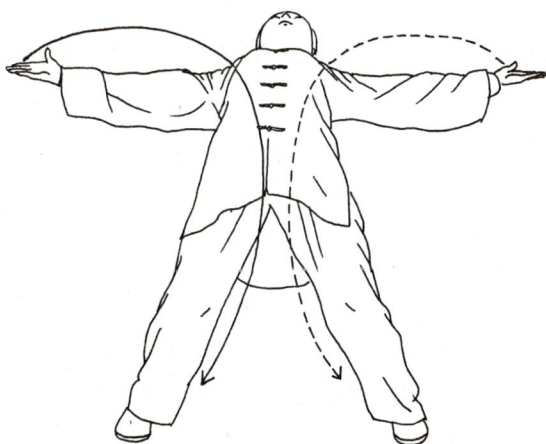

图 7-2-41

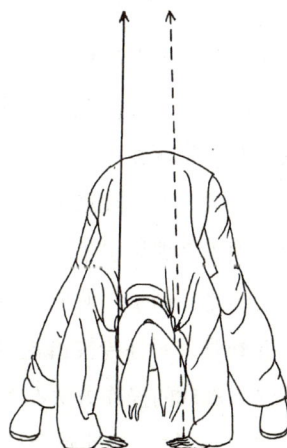

图 7-2-42

图 7-2-43

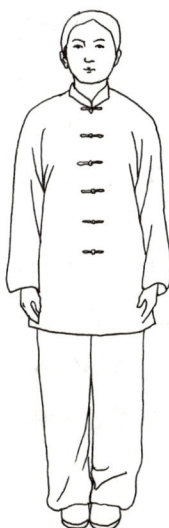

图 7-2-44

NOTE

动作要点：上体向左、右、前、后四个方位俯仰运动，充分伸展，拔长相关肌群和韧带，运动幅度因人而异，由小至大，循序渐进。

健身作用：此式抻筋拔骨、扭转脊柱及全身各个关节，充分活动全身及最大限度地活动脊柱，对脊柱及脊柱周围的神经丛有良好的刺激作用，长期锻炼有一定的抗衰老作用，故有"动诸关节以求难老"之说。

第三节　五禽戏

一、五禽戏概述

人类模仿禽兽的神态和动作来锻炼身体，起源于原始社会狩猎的生产活动。在此时期，人类的生产、生活与动物密切相关，因此，动物在人们的意识活动中占据了重要的地位。动物强壮的身体、敏捷的动作，促使古人类产生了通过模仿禽兽的神态和动作来锻炼身体的思想和行为。

东汉时期，名医华佗根据古代导引、吐纳、熊经、鸟伸之术，研究了虎、鹿、熊、猿、鸟五禽的活动特点，并结合人体脏腑、经络和气血的功能，编制了一套具有民族特色的导引术即五禽戏。有专家认为，华佗所创编的五禽戏是直接取材于西汉刘晏《淮南子》的六禽戏并加以发展而成的。五禽戏寓医理于动作之中，寓保健康复效益于生动形象的"戏"之中，这是五禽戏区别于其他导引术的显著特征。

华佗的这一创举，使他成为最早推行保健与体育防治相结合的先行者。华佗身体力行养生之道与五禽戏，而且传授给他的弟子吴普，"普施行之，年九十余，耳目聪明，齿牙完坚"，但是华佗五禽戏的操作方法在当时没有文字记载。当代众多的五禽戏流派大致是从北宋张君房《云笈七笺》引述《养性延命录》中的文字记载和清代曹无极所著《万寿仙书》导引篇中五禽戏图谱演变而成的。

五禽戏作为一种防治结合的传统保健导引术，其锻炼要求是比较严格的。每一禽戏的神态运用不仅要求形似，更重视神似。要做到心静体松、刚柔相济，以意领气、气贯周身，呼吸柔和缓慢，引伸肢体，动作紧凑而不慌乱。五禽戏的动作全面周到，从四肢百骸到五脏六腑，可以改善机体各部分功能，达到畅通经络、调和气血、活动筋骨、滑利关节的目的。

根据中医的藏象学说，五禽配五脏。虎戏主肝，能疏肝理气、舒经活络；鹿戏主肾，能益气补肾、壮腰健胃；熊戏主脾，能调理脾胃、充实两肢；猿戏主心，能养心补脑、开窍益智；鸟戏主肺，能补肺宽胸、调畅气机。人体是一个有机整体，五脏相辅相成，而五禽戏中任何一戏的演练既主治一脏的疾患，又兼顾其他各脏，因此，可达到调理脏腑、祛病强身、延年益寿的目的。

二、手形介绍

（一）虎爪

五指张开，虎口撑圆，第1、2指关节弯曲下扣（图7-3-1）。

（二）鹿指

拇指向外撑开、伸直，食指、小拇指伸直，中指、无名指弯曲内扣（图7-3-2）。

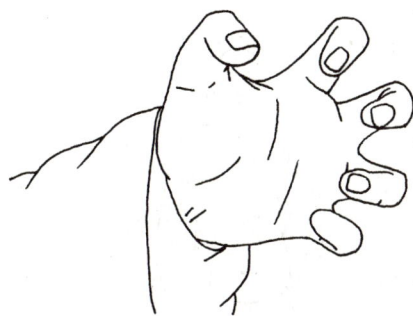

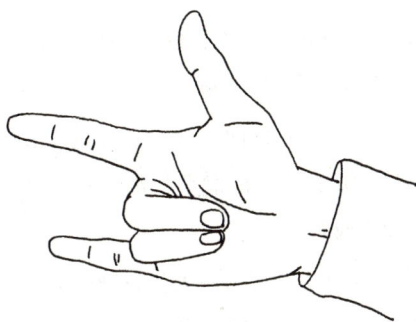

图7-3-1　　　　　　　　　　　图7-3-2

（三）熊掌

五指弯曲，大拇指扣压食指第一指关节上，其他四指并拢弯曲，虎口撑圆（图7-3-3）。

（四）猿勾

五指指腹捏拢，屈腕（图7-3-4）。

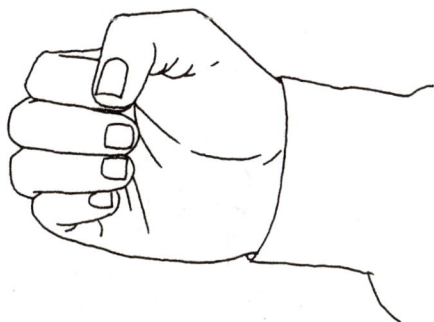

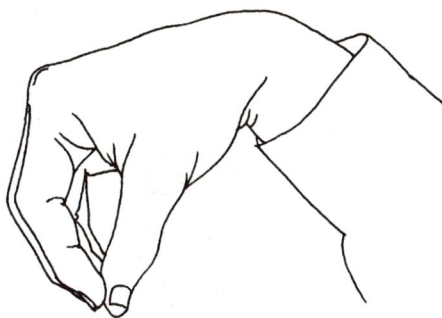

图7-3-3　　　　　　　　　　　图7-3-4

（五）鸟翅

五指伸直，拇指、食指、小拇指向上翘起，中指、无名指并拢向下（图7-3-5）。

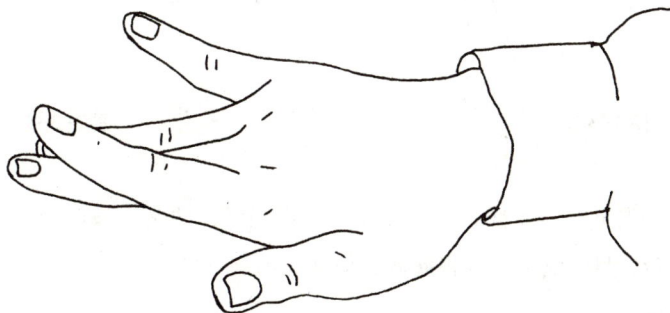

图7-3-5

NOTE

三、动作说明

（一）虎戏

虎戏最重要的是要有虎威：神发于目，威生于爪，神威并重，啸声惊人。要有动如雷霆无法阻挡、静如泰山不可摇的气势。既要做到刚劲有力，又要做到刚中有柔，达到动静相兼、刚柔并济的效果。

1. 虎窥

（1）两脚并拢直立，两手垂于体侧；双目平视前方。呼吸自然（图7-3-6）。

（2）身体重心移向右腿，左腿向上抬起，左大腿与地面平行；同时两手成虎爪状沿体侧上举至胸前，掌心向下；配合吸气。

（3）左脚向前跨出一大步，成左弓步；同时两手由上下落至左膝两侧，稍比肩宽，掌心向下；两眼向前方平视，眼神威猛；配合呼气（图7-3-7）。

（4）身体向右后转动，以腰带肩，同时两手随转体向右后划弧摆动；配合吸气（图7-3-8）。再向左转体，以腰带臂，两手向体前划弧，身体转正；眼随手动；配合呼气。

（5）右脚向右前方迈步，做右式，动作同图7-3-7、图7-3-8，惟左右相反。

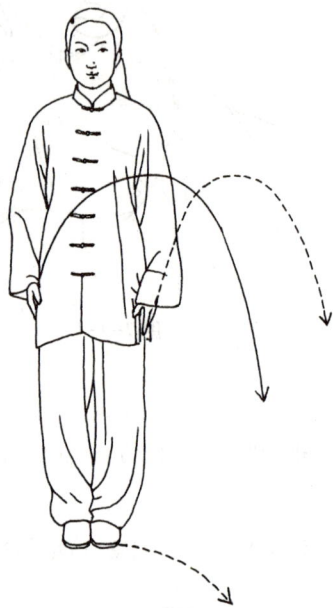

图 7-3-6

图 7-3-7

图 7-3-8

动作要点：要表现出虎的威猛。提膝要高、落步轻灵，两掌下按时意贯虎爪，力达指尖。上体竖直、颈随体转，目光炯炯、虎视眈眈，似猛虎出洞寻食。

2. 虎扑

（1）接上动。以右脚为轴，向左转体90°，左脚收至右脚内侧，成左丁步；两腿屈曲，两手随转体摆至两脚前，稍比肩宽，掌心向下（图7-3-9）。

（2）上体抬起后仰，两腿由屈变伸，两膝微屈；两手沿体侧向上收至胸前侧，掌心向下；配合吸气（图7-3-10）。

（3）左脚快速向左前方跨出一大步，成左弓步；同时两手向前下猛扑至左膝下两侧，掌心向下；目视前下方，配合快呼气，并发出"吼"声（图7-3-11）。

（4）以左脚为轴，向右转体90°，右脚收到左脚内侧，做右式，动作同图7-3-9~图7-3-11，惟左右相反。

图7-3-9

图7-3-10

图7-3-11

动作要点：练习虎扑时，动作应轻灵敏捷、先柔后刚。前扑时发声吐气，以声催力，力达指尖。

虎戏作用：练习虎扑时，配以"吼"发声，"气自丹田发"，能开张肺气、强腰固肾，并能使周身肌肉、筋腱、骨骼强壮。在虎戏的各种步法变换中，可增强关节的灵活性，对防治老年性慢性支气管炎、神经衰弱、腰背痛、骨关节酸痛、颈椎综合征等病有一定疗效。

（二）鹿戏

鹿戏练习时要舒松自然，动作轻捷奔放，不能有丝毫的勉强和拘束；精神要安闲雅静，意想在山坡、草原，群鹿行游，自己身为其中一员随群进行各种活动。

1. 鹿兴

（1）右腿提膝直立，左腿屈膝提起，小腿自然下垂，成右独立式；同时两掌变鹿指，由体侧上举过头，两臂伸直，掌心朝前；配合吸气（图7-3-12）。

（2）左腿向前迈出，挺膝踏实，右脚尖点地；两臂屈肘，大拇指架于头顶两侧，成鹿角状；眼向后看；配合呼气（图7-3-13）。

（3）右脚屈膝上提，成左独立式，做右式，动作同图7-3-12、图7-3-13，惟动作左右相反。

图 7-3-12

图 7-3-13

动作要点： 独立要稳，脚趾屈勾抓地。两臂上举，神态舒展昂扬。落步回头眺望，躯干和后面腿成一斜线，颈部尽量后拧。

2. 鹿盘

（1）接上动。上体直立，转体向左。同时左脚由后向前上步至右脚前，前脚掌着地，成左高虚步；两臂由头侧下落，左臂屈肘，上臂靠近身体左侧，前臂约与地面平行，掌心向上，右手举至头顶右上方，两掌心斜相对；目视左手（图7-3-14）。

（2）左脚稍回收，再向前迈一步，脚尖稍外展踏实，屈膝，右脚向前经左脚内侧，摩擦地面而过，脚尖略内扣，如此连续沿一圆圈走八步（即八卦步）；眼始终注视圆心（图7-3-15）。

（3）走完八卦步，以两脚为轴，身体左转约270°后屈膝下蹲，成左歇步；两手中指和眼神始终对圆心（图7-3-16）。

（4）身体直立，同时向右转体约270°，成右高虚步，做右式，动作同图7-3-14~图7-3-16，惟动作左右相反。

图 7-3-14　　　　　　　　　图 7-3-15　　　　　　　　　图 7-3-16

动作要点：八卦步要匀速走在圆弧上，走转时两膝适度弯曲，身体下坐，使力量贯注两腿，脚尖扣摆转换，前进如趟泥状，全脚掌平落地面，五趾抓地。目视圆心，心舒体松，神情怡然，呼吸自然。

鹿戏作用：鹿戏善运尾闾，有助于打通任、督二脉，有强筋骨、固腰肾的作用，对腰背痛、腰肌劳损、阳痿、月经不调、痛经等病证有疗效。鹿兴、鹿盘使身体各关节活利，肌肉可得到充分锻炼和牵拉，使肌肉力量增强。鹿盘使脊柱充分拧转，可增进脊柱的灵活性和稳定性，有延缓衰老和防治脊柱畸形的作用。

（三）熊戏

练习熊戏要表现出熊的浑厚、沉稳、性情刚直、勇敢和不怕困难的特点。练熊戏外观上笨重拖沓，实际内含无穷气力，且在沉稳中又有轻灵敏捷；同时练习熊戏时要松静自然、气沉丹田。

1. 熊行

（1）左脚向前迈一步，成左弓步；上体稍向前倾，含胸拔背，同时拧腰向右，左肩前靠内旋，松肩、松肘、松髋，由腹带动向前下摆动至左膝前，右臂稍向前摆动，之后再后摆至右髋后侧，两手成熊掌状；配合呼气（图 7-3-17）。

（2）身体转正，重心后移，拧腰晃膀，带动两臂前后摆动；配合吸气（图 7-3-18）。

（3）身体重心前移，成左弓步；左臂摆至体前，右臂摆至右后侧；配合呼气（图7-3-19）。

（4）右脚经左脚内侧向右前方迈一大步，成右弓步，做右式，动作同图 7-3-17～图 7-3-19，惟左右相反。

图 7-3-17

图 7-3-18

图 7-3-19

动作要点： 上步轻灵，落步沉稳。重心前后移动，连贯均匀；两臂顺势前后摆动；前靠时须用内劲。

2. 熊攀

（1）接上动。左脚向前上步，与肩同宽，成开立步；同时两掌收至体侧，再经体前上举至头上方，掌心向前，成握物状；抬头，眼向上看；配合缓缓吸气（图 7-3-20）。

（2）两臂屈肘，两手慢慢下拉至肩前；同时，身体上引，脚跟慢慢提起（图 7-3-21）。

（3）脚跟慢慢落地，上体前屈同时俯身；两手变掌落至两脚前；配合缓缓呼气（图 7-3-22）。

（4）上体徐徐抬起，同时两手成熊掌状经两腿前，再上提至腹前；配合吸气。之后两拳变掌下落至体侧；配合呼气。

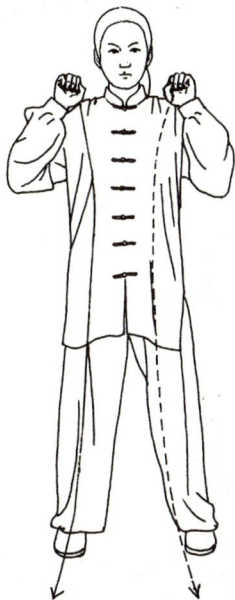

图 7-3-20　　　　　　　　　图 7-3-21　　　　　　　　图 7-3-22

动作要点：两手上攀时，身体尽量伸展；两手下落时，身体尽量前屈，两腿不能弯曲。

熊戏作用：练习熊戏有改善脾胃运化功能、营养脏腑和增强肌力的作用。熊戏学练时可用腰带动身体的晃动，使全身都得到运动，也可促进血液循环、活跃全身生理机能、滑利脊柱和髋关节、增强腰腹肌力量、调理脾胃的功效。熊戏中，下肢动作在各种步法变换之时可以对髋、膝、踝三个主要关节起到活利的作用，有利于疏通经络、改善腿部血液循环、强壮筋骨。

（四）猿戏

猿生性好动，机智灵敏，善于纵跳，攀枝爬树，躲躲闪闪，永不疲倦，这是由于猿性极静而动的特点所致。练习猿戏，外练肢体运动的轻灵敏捷，内练其精神的宁静。

1. 猿采

（1）左脚向左前方跳一小步，右脚快速跟至左脚内侧，成右丁步；同时左手成猿勾状收至左腰侧，勾尖向后，右手经体前弧形上举至额前，掌心向下，指尖向右；眼注视右前方，眼神机敏（图 7-3-23）。

（2）右脚向左前方跨一步，踏实，上体前倾，右腿向后平举过腰，脚掌心向上；同时，左勾手向右前方平伸屈腕。摆至头前，成摘采式，右手由额前向下划弧摆至身体右后侧，掌变勾手，勾尖向上（图 7-3-24）。

（3）右脚蹬地，右脚下落向左后方跳回，右脚收至左脚内侧，成右丁步；同时左臂屈

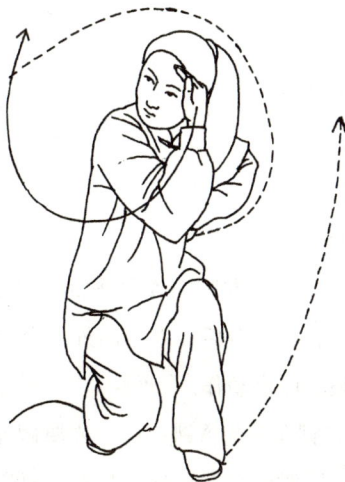

图 7-3-23

肘，手收至左耳旁，掌心向上，成托桃状，左臂屈肘，手掌捧托在右肘下（图 7-3-25）。

（4）左脚蹬地，右脚向右前方跨一步，左脚快速跟至右脚内侧，成左丁步，做右式，动作同图 7-3-23~图 7-3-25，惟左右相反。

动作要点：摘采之前，眼睛先要注视前上方，好似发现树上有桃，摘采收回要快速敏捷。身体前倾摘采，要保持平衡。自然呼吸。

图 7-3-24

图 7-3-25

2. 猿摩

（1）接上动。左脚向左前方跳一步，右脚跟至左脚内侧成右丁步，上体前倾；同时两手向两侧划弧，收至背后，掌心向外，之后沿腰背部做上下按摩数次（图 7-3-26）；同时做左右转颈、眨眼、叩齿动作。

（2）右脚向右前方跳一步，左脚跟至右脚内侧，成左丁步；同时两手由背后向前划弧再收至背后，同时做左右转颈、眨眼、叩齿动作。动作同图 7-3-26，惟左右相反。

（3）身体直立，两脚并拢，两臂自然下垂，成站立姿势。

图 7-3-26

动作要点：两手背上下摩擦腰脊两侧，以肾俞穴为主，摩擦幅度要大，摩背、叩齿、眨眼、窥视要同时进行。自然呼吸。

猿戏作用：久练猿戏能提神、增强肢体的灵活性，进而达到体健身轻和延缓衰老的目的。猿戏的攀登、跳跃可增强腿部的肌肉力量及各关节的灵活性和柔韧性。猿戏中的平衡动作能增强人的平衡能力。

（五）鸟戏

鹤是鸟类的代表。鸟戏要表现出鹤的昂然挺拔、亭亭玉立、轻盈安详、悠然自得的神韵。"熊径鸟伸，为寿而已矣"。"鸟伸"这里指的是练鸟戏时要舒缓伸展，用鹤的形象练功，取其轻灵敏捷。

1. 鸟伸

（1）左脚向前一步，身体重心前移，右脚跟抬起，脚尖点地；同时右手由体前向上撑起，左手下按，两手成鸟翅状；双目平视前方。配以吸气（图 7-3-27）。

（2）两臂同时向前立抡一周，上体前俯，两腿屈膝，再右手下落摸左脚尖，左手后抬；目视右手，配以呼气（图 7-3-28）。

（3）左腿挺膝蹬直，右腿伸直向后抬起，脚掌向上，抬头、挺胸、塌腰；两臂伸直后摆，掌心向上，成燕式平衡；目视正前方。自然呼吸（图 7-3-29）。

（4）右脚落下，上步踏实，左脚跟抬起，左手上撑，右手下按，做右式，动作同图 7-3-27～图 7-3-29，惟左右相反。

图 7-3-27

图 7-3-28   图 7-3-29

动作要点：两臂上撑后推，拔长两肩。向前大幅立抡，两臂协调进行。平衡要稳，保持数秒。

2. 鸟翔

（1）接上动。左腿下落，收至右脚内侧，脚尖点地，两腿稍屈；同时两手由体侧下落，左手在上；目视两手；配合呼气（图 7-3-30）。

图 7-3-30

（2）右腿伸直，左腿提起，大腿与地面平行，小腿自然下垂；同时，两臂在体侧向上平举；目视前方；配合吸气（图 7-3-31）。

（3）左脚下落踏实，右脚跟抬起，脚尖点地；同时两手下落至体前交叉，右手在上；目视两手；配合呼气（图 7-3-32）。

（4）左腿伸直，右腿向上提起；两臂在体侧向上平举；目视前方；配合吸气（图7-3-33）。

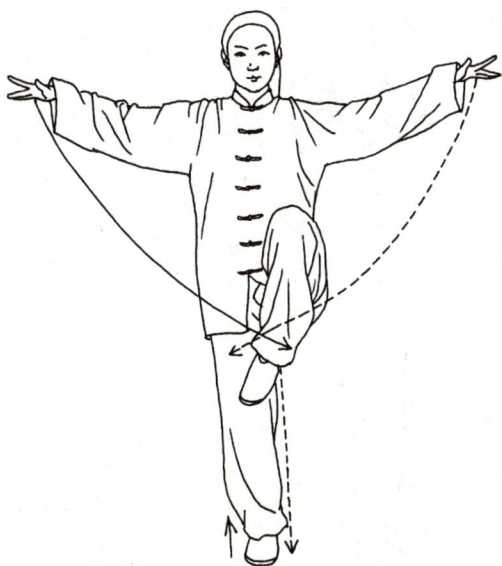

图 7-3-31

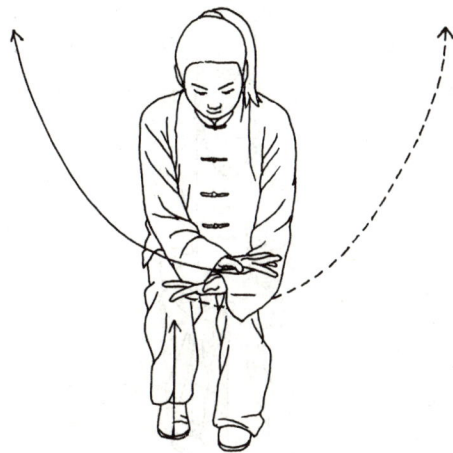

图 7-3-32

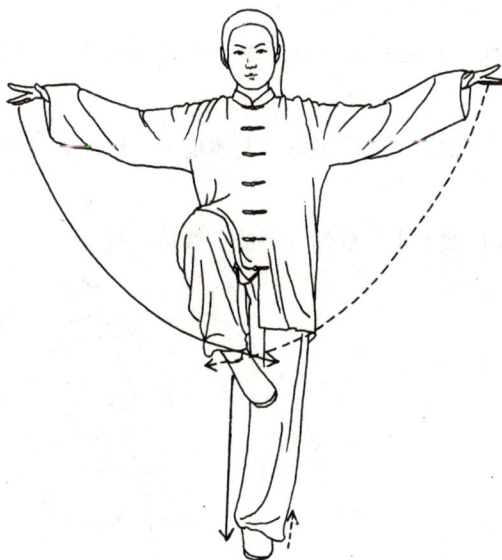

图 7-3-33

（5）右脚下落踏实，左脚跟抬起，脚尖点地；同时两手下落回收至体前交叉，左手在上；目视两手；配合呼气（图 7-3-34）。

（6）右腿伸直，左腿向上提起；同时两手交叉，由体前举至头的前上方，右手在前；配合吸气（图 7-3-35）。

图 7-3-34   图 7-3-35

（7）左脚下落踏实，右脚跟抬起，脚尖点地；同时两手由上向体侧弧形下落，至体前交叉，右手在上；目视两手；配合呼气（图 7-3-36）。

（8）左腿伸直，右腿向上提起；同时两手交叉由体前举至头的前上方，左手在前；配合深长吸气（图 7-3-37）。

（9）右脚落于左脚内侧踏实，屈膝深蹲，上体前俯；同时两手弧形下落触摸脚外；配合深长呼气（图 7-3-38）。

（10）身体直立，两臂自然下垂，成站立姿势；双目平视前方；自然呼吸（图 7-3-39）。

图 7-3-36   图 7-3-37

图 7-3-38   图 7-3-39

动作要点： 两臂摆动幅度要大，轻松自如，开合升降与呼吸紧密配合。手脚变化应协调一致，同起同落。

鸟戏作用： 鸟戏中的伸展运动可以加强呼吸的深度，使肺的功能得到充分发挥，也可以使胃肠、心脏等内脏器官功能加强，从而改善人体全身的生理机能。鸟戏中的步法变换较多，能起到活跃关节、增强肌力的作用。

第四节 八段锦

一、八段锦概述

八段锦是我国古代的导引术，健身效果明显，流传广泛，是中华传统养生文化中的瑰宝。八段锦的"八"字，并非单指段、节和八个动作，而是表示如八卦变化，其功法有多种要素，相互制约，相互联系，循环运转。正如明·高濂著的《遵生八笺》中八段锦导引法所提："子后午前做，造化合乾坤。循环次第转，八卦是良因。""锦"字，是由"金""帛"组成，以表示其精美华贵。除此之外，"锦"字还可理解为单个导引术式的汇集，如丝锦那样连绵不断，是一套完整的健身功法。八段锦的名称，最早见于宋人洪迈所编的《夷坚志》。该书记载："政和七年，李似矩为起居郎……尝以夜半时起坐，嘘吸按摩，行所谓八段锦者。"由此可见，北宋时八段锦就流传于世。

八段锦内容丰富，大体可分为坐式和站式两大类。坐式八段锦也称为文八段，保留了古人席地而坐的习惯，文八段多偏重于内功。站式八段锦也称为武八段，武八段在内容和形式上有所区别：有人把难度较大、骑马式较多、动作以刚为主的一种，称为北派；把难度不大、骑马式较少、动作以柔为主的称为南派。从文献和内容上分析，南派和北派同出一源，都是根据生活实践需要和中医学理论逐步发展和充实起来的。

　　八段锦的文字记载也不是一开始就形成歌诀的。南宋无名氏记述的八段锦，并非七言八句，而是记述了字数多少不等的八条，各条之间也不押韵。直到金元时期，特别是元末明初，记述八段锦才出现了歌诀的形式。歌诀有助于练习者对八段锦动作的背诵和记忆。八段锦对人体之所以有良好的作用，是因为它的各个动作对某一脏器具有针对性的作用，但是这种作用又是综合性、整体性的，并非头痛医头、脚痛医脚的。因此，将八段锦各节动作综合起来练习，可起到调脾胃、理三焦、去心火、固肾腰的作用。

二、动作说明

　　预备姿势：两脚并拢，自然站立；肩臂松垂于体侧；头颈正直，用意轻轻上顶，下颌微内收，眼向前平视；用鼻自然呼吸，精神集中，意守丹田（图7-4-1）。

（一）两手托天理三焦

　　1. 左脚向左平跨一步，与肩同宽；两手交叉于腹前，沿身体中线上举至头上方；眼随两手；配合吸气（图7-4-2）。

　　2. 两手向体侧分开下落，侧平时，上体前俯，两手在头下方十指交叉互握；配合呼气（图7-4-3）。

　　3. 上体抬起，两手沿身体中线上提，至胸前时，翻掌上托至头上方，两臂伸直，提踵、抬头；目视手背；配合吸气（图7-4-4）。

　　4. 两手左右分开，下落至体侧；脚跟下落着地；双目平视前方；配合呼气。

图 7-4-1

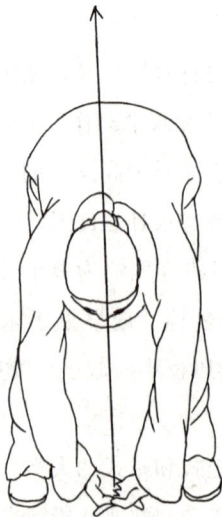

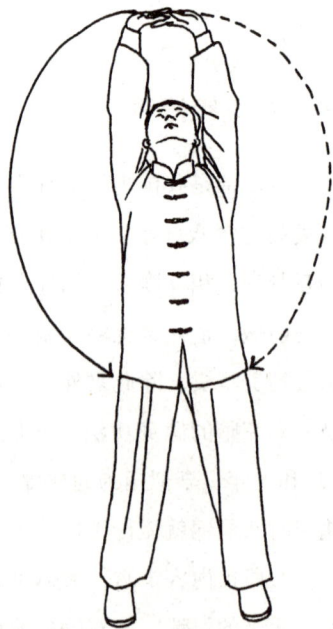

图 7-4-2　　　　　　　　　　图 7-4-3　　　　　　　　　　图 7-4-4

动作要点：两手上托，掌根用力上顶，腰背充分伸展。脚跟上提时，两膝用力伸直内夹，可以加强身体平衡。

健身作用：三焦有主持诸气，总司人体气化的功能。吸气时，两手上托，充分拔长机体，拉长胸腹部，使胸腔和腹腔容积增大；头部后仰，扩张胸部，具有升举气机、梳理三焦的作用；呼气时，两手分开从体侧徐徐落下，有利于气机的下降。一升一降，气机运动平衡。对脊柱和腰背肌肉群也有良好的作用，有助于矫正两肩内收和圆背、驼背等不良姿势。

（二） 左右开弓似射雕

1. 左脚向左平跨一步，屈膝下蹲，成马步；两手体前交叉提起至胸前，左臂在外，两掌心均向里；配合呼气（图7-4-5）。

2. 右手握拳，拳眼向上，屈肘向右平拉；同时，左手食指上翘，拇指伸直外展，两指成八字撑开，左臂伸肘，向左缓缓用力推出，高与肩平，掌心向左；展臂扩胸，两臂成拉弓状；目视左手；配合吸气（图7-4-6）。

3. 两手变掌，右手向右侧伸展，两手同时下落，再向上交叉于胸前，做右式，动作同1解、2解（图7-4-5、图7-4-6），惟左右相反。

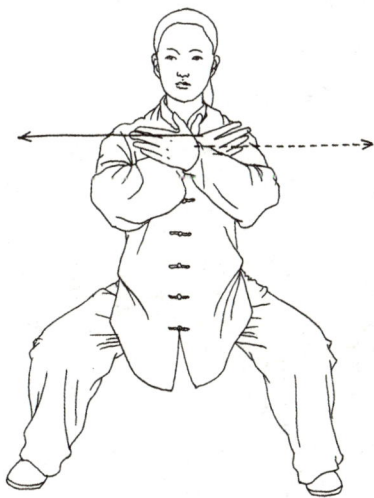

图 7-4-5

图 7-4-6

动作要点：两臂平拉，用力要均匀，尽量展臂扩胸，头项仍保持挺直。马步时，挺胸拔背，上体不能前俯，两脚跟外蹬。

健身作用：本节动作主要是扩张胸部作用于上焦。吸气时，双手似开弓式，左右尽力拉开，加大胸廓横径，能吸进更多的新鲜空气；呼气时，双手下落，然后向胸前合拢，帮助挤压胸廓，吐尽残余的浊气；两肺的舒张与收缩对心脏可起到直接的挤压和按摩作用，故可加强心肺功能。在马步过程中完成动作，腿部肌肉力量亦得到了锻炼。

（三） 调理脾胃须单举

1. 两臂侧平举（图7-4-7），上体左转由马步变左弓步；左手握拳收至腰间，右手握拳随转体屈肘向下、向前举至头前；目视右拳；配合吸气（图7-4-8）。

2. 上体前俯；右拳变掌下按至左脚尖前；配合呼气（图7-4-9）。

3. 上体右转，使左弓步过渡到右仆步再变为右弓步，右手随重心移动贴地划弧至右脚尖前；眼随右手；继续呼气（图7-4-10）。

4. 右手翻掌上举，臂伸直，掌心向上，左手变掌下按，掌心向下；抬头，目视右手背；配合吸气（图7-4-11）。

5. 右掌变拳，向前下落收至腰间，左手握拳，屈肘前举到头前，做右式。动作同1解~4解（图7-4-8~图7-4-11），惟左右相反。最后，左脚收回，并步，两拳抱于腰间。

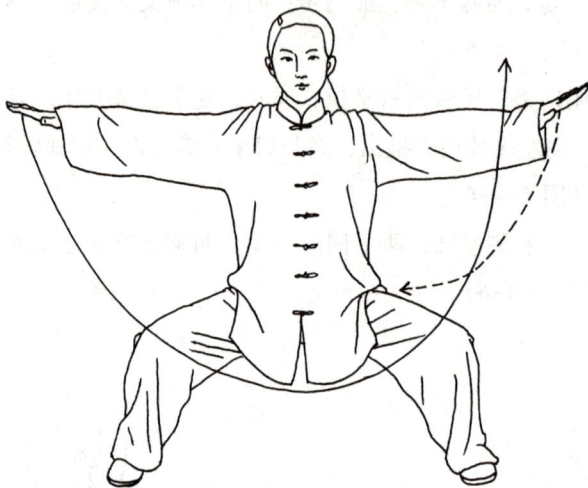

图 7-4-7

图 7-4-8

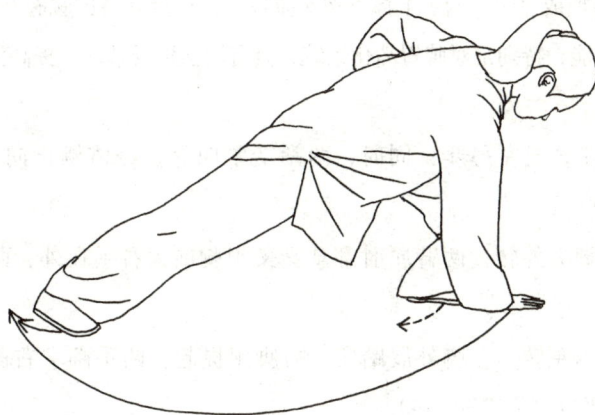

图 7-4-9

图 7-4-10

图 7-4-11

动作要点：弓、仆步变换，动作连贯匀速。两掌上撑下按，手臂伸直，挺胸直腰，拔长脊柱。

NOTE

健身作用：仆步转换成弓步，两手上撑下按对拉拔长，均具有挤压腹腔和舒展腰腹的功能及对腹腔脏器进行按摩的功能，特别是对脾胃消化系统，具有增强胃肠蠕动、提高消化吸收能力的作用。

（四）五劳七伤往后瞧

1. 左脚向前跨一步，成左弓步；同时，两拳变掌向后，经体侧再向前平举，手心向下；配合吸气（图7-4-12）。

2. 重心后移，前脚尖外转；两臂屈肘翻掌交叉于胸前，右手在外，两掌心向里；配合呼气（图7-4-13）。

3. 重心前移，上体左转，左脚外展踏实，右脚跟提起；两手翻掌右前左后撑开，指尖朝前；目视后方；配合吸气（图7-4-14）。

4. 上体向右转正，左脚向后收回，两臂向前平举下落；配合呼气。再做右式，动作同1解~3解（图7-4-12、图7-4-13、图7-4-14），惟左右相反。

图 7-4-12

图 7-4-13

图 7-4-14

动作要点： 两臂起落开合要与呼吸配合一致。转头时，头平项直，眼尽量向后注视。

健身作用： 练习本节动作时整个脊柱尽量拧屈旋转，眼往后注视，主要调节中枢神经系统的功能，能活络颈椎、松弛颈肌，改善脑部供血供氧，从而提高大脑功能，发挥大脑对全身五脏六腑的指挥功能；胸部拧转有益于心肺两脏；腰部拧转有强腰健肾、调理脾胃作用。因此，有防治"五劳七伤"之说。

（五）摇头摆尾去心火

1. 接上式。左脚向左平跨一大步，屈膝下蹲，成马步；两手经体侧上举，在头前交叉下落按于膝上，虎口向里；目视正前方（图7-4-15）。

2. 上体向右前方深俯，重心落向右腿，头尽量向前顶伸；配合吸气（图7-4-16）。

3. 上体深俯，最大幅度向左摇转，右腿蹬伸，重心移至左腿，臀部向右摆动，拧腰切胯；目视右下方；配合呼气（图7-4-17）。

4. 上体再向右摇转，做右式，动作同2解、3解（图7-4-16、图7-4-17），惟左右相反。最后，两手落于体侧，左脚收回，并步站立。

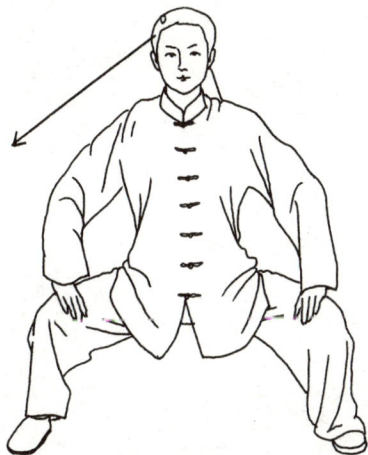

图7-4-15

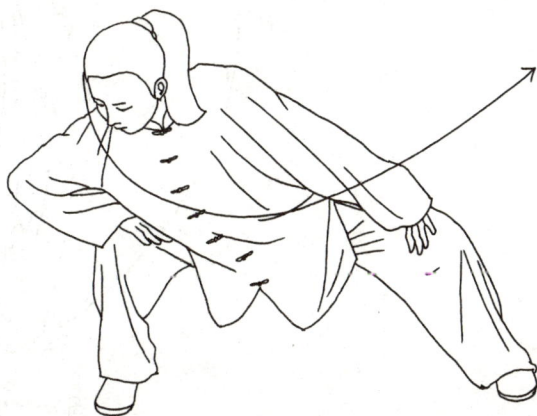

图7-4-16

图7-4-17

动作要点： 上体左右摆动，手、眼、身、步、呼吸配合需一致，头部和臀部相对运动，对拉拔长，应有韧劲。两手不离膝，两脚不离地。

健身作用： 中医学认为，心火是情志之火，为内发或六气郁成之火。摇头摆臀、拧转腰胯

NOTE

的运动，牵动全身，能降低中枢神经系统的兴奋性，具有清心泻火、宁心安神的功效。同时，下肢弓、马步的变化，对腰酸膝软等下肢疾患有积极疗效。

（六）双手攀足固肾腰

1. 接上式。两手体前上举至头顶，掌心向前；上体后仰，抬头；配合吸气（图7-4-18）。

2. 两手随上体前俯至脚尖，手指攀握脚尖，两膝伸直；配合呼气（图7-4-19）。

3. 上体抬起，两手沿脚外侧划弧至脚跟，沿脚后上行至腰部，按压肾俞穴；上体后仰，抬头；配合吸气（图7-4-20）。

4. 两手自然下落，成站立式；配合呼气。

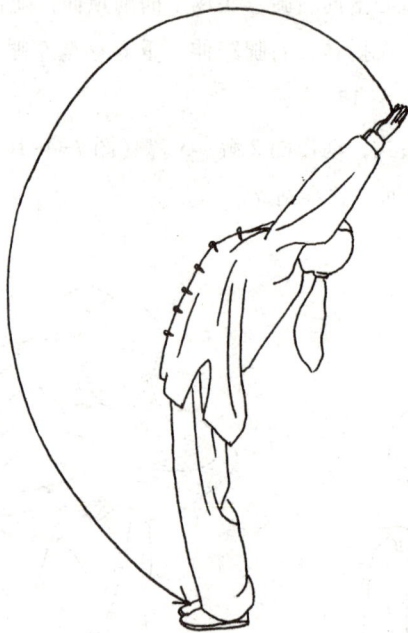

图7-4-18

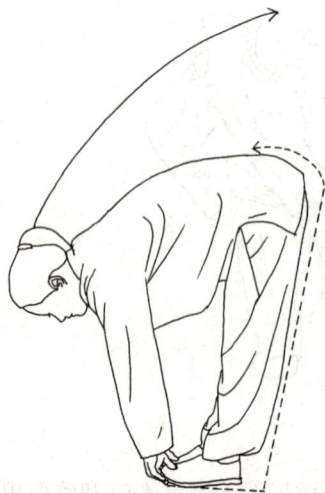

图7-4-19

图7-4-20

动作要点： 身体前屈和背伸主要为腰部活动，因此两膝应始终伸直，前俯后仰，速度缓慢均匀，运动幅度应由小到大。

健身作用： 腰部的前俯后仰，可以充分伸展腰腹肌群；双手攀足，可以牵拉腿部后群肌肉。本节动作能提高腰腿柔韧性，防止腰肌劳损和坐骨神经痛等症状，压缩、舒展脏器，具有内按摩功效，"腰为肾之府"，所以，"腰强健则肾固秘"。

（七）攒拳怒目增气力

1. 左脚向左平跨一大步，屈膝下蹲，成马步；两手握拳于腰间（图7-4-21）。

2. 左拳向前冲出，拳心向下；两眼瞪大，怒视左拳。用鼻快速呼气（图7-4-22）。

3. 左拳收回；配合吸气。右拳向前冲出，两眼瞪大，怒视右拳。用鼻快速呼气（图7-4-23）。

4. 右拳收回；配合吸气。上体左转，成左弓步；同时两拳体前交叉配合呼气，再向上举起；配合吸气。再两拳分开，右前左后向下劈拳，拳眼向上配合呼气；目视右拳（图7-4-24）。

5. 上体右转180°，成右弓步，再做劈拳（图7-4-25）。动作同4解（图7-4-24），惟左右相反。

6. 上体左转，成马步；两拳于体前交叉；配合吸气（图7-4-26）。再向两侧崩拳，双目平视；配合呼气（图7-4-27）。

7. 左脚收回，两手置于体侧，成站立式。

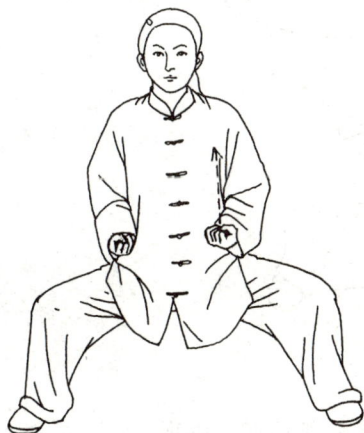

图 7-4-21

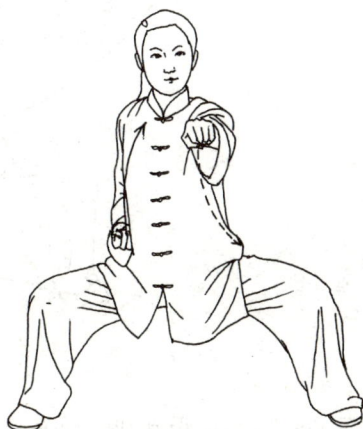

图 7-4-22

图 7-4-23

图 7-4-24

NOTE

图 7-4-25

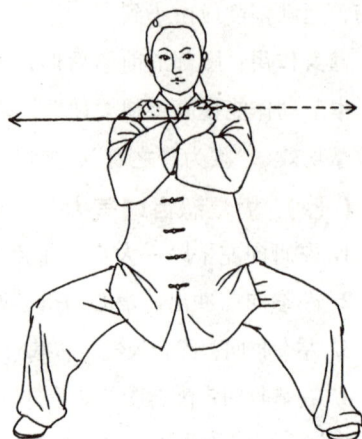

图 7-4-26

图 7-4-27

动作要点：出拳由慢到快，做好拧腰、瞬间急旋前臂动作，体现"寸劲"。脚趾抓地，呼气、瞪眼、怒目配合一致；收拳宜缓慢、轻柔，蓄气、蓄力待发。一张一弛，刚柔相济。

健身作用：本节动作主要锻炼肝的功能，肝血丰盈，则经脉得以涵养，以至筋骨强健，久练攒拳，则气力倍增。怒目体现了肝的疏泄功能，因"肝开窍于目"，因此怒目可以疏泄肝气，从而调和气血，保证肝的正常生理功能。

（八）背后七颠百病消

1. 脚跟上提，两臂屈肘，两手背后上行至脊柱两侧，按压于肾俞穴上；脚跟离地，身体连续提踵七次，再尽量提踵，头向上顶；配合吸气（图 7-4-28）。

2. 脚跟轻轻着地，同时两手随之下落于体侧；配合呼气。

动作要点：身体抖动应放松。最后，脚跟上提时，百会上顶；脚跟

图 7-4-28

着地时振动宜轻，意念下引至涌泉，全身放松。

健身作用： 此为结束动作。连续上下抖动可使肌肉、内脏、脊柱松动，再脚跟轻微着地振动，起到畅通气血的作用。随着动作的落下，气血疏通，从而可取得"百病皆消"的功效。

结束动作： 两手经体侧，上举于头顶上方；配合吸气（图7-4-29）。再经体前徐徐下按至腹前；配合呼气。重复多次后，立正还原（图7-4-30）。

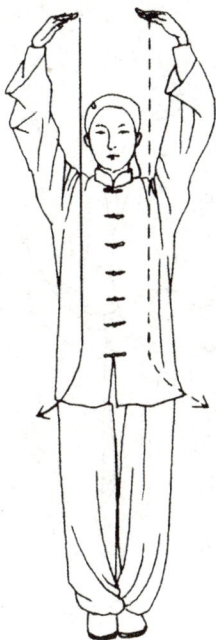
图 7-4-29

图 7-4-30

第五节　七星功

一、七星功概述

七星功以其架式为七个动作，动作如星运而得名。它吸收了太极拳、易筋经、五禽戏和各式体操的精华，结合多年实践创编而成。具有动作简单、姿势优美的特点，练之能使全身关节柔软灵活、气血调和，可起到保健强身、延年益寿的作用。此功有四要：一要匀速的运动；二要平衡的架势；三要调和的呼吸；四要连贯的动作。整套功法应前后连贯，一气呵成，如行云流水。

二、动作说明

预备姿势： 两脚并拢，自然站立；肩膀松垂于体侧；头颈正直，用意轻轻上顶，下颌微内收，目视前方，用鼻自然呼吸，精神集中，意守丹田（图7-5-1）。

（一）左右开弓

1. 左脚向左平跨一步，与肩同宽，脚尖向前；两手自然下垂，全身放松，排除杂念；目视前方（图7-5-2）。

2. 身体左转90°，成左高虚步，同时，两臂向前平举，与肩同宽，两掌心由下翻转朝上（图7-5-3）。

3. 屈肘，两掌收至腰侧分别向后、经体侧、向前平抡，屈肘时两拳慢慢变拳，拳眼斜向下，两拳与胸同高，两拳距离约10cm（图7-5-4）。

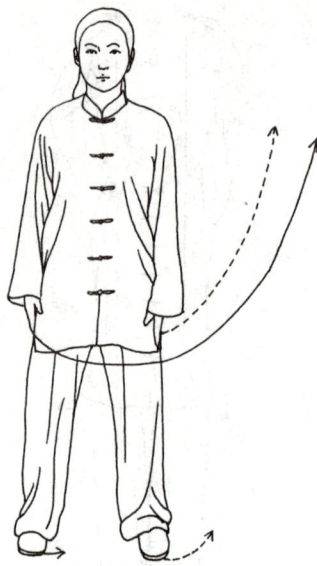

图7-5-1 　　　　　　　　　　　　　　　图7-5-2

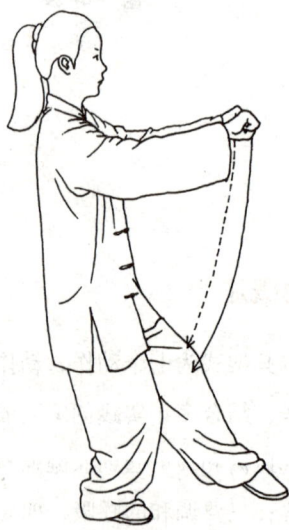

图7-5-3 　　　　　　　　　　　　　　　图7-5-4

4. 接上式，重心下沉，两拳下落至左膝前，拳背相对（图7-5-5）。

5. 左脚微微提起，两拳下落，再屈肘上提至胸前，拳心向内（图7-5-6）。

6. 两拳变掌，向上穿出，掌心相对，同时，左腿提膝，膝与腰齐，左脚尖绷直朝下，目视前方（图7-5-7）。

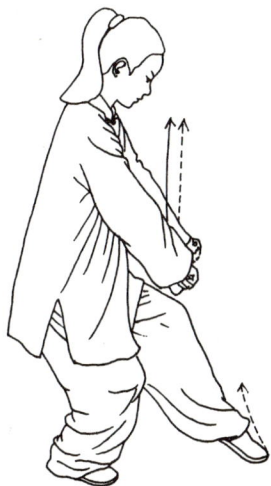

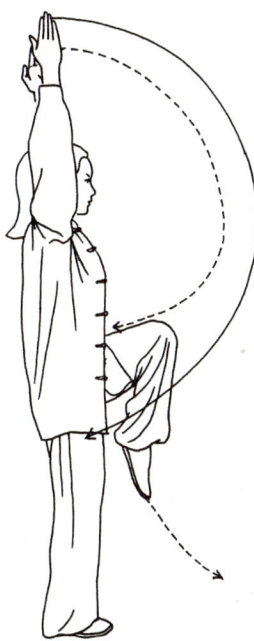

图 7-5-5　　　　　　　　图 7-5-6　　　　　　　　图 7-5-7

7. 上体不动，左脚尖向前抬起顺时针转动两圈，左脚尖绷直朝下。

8. 右腿屈膝下蹲，左脚脚跟着地成左虚步，两臂外旋，两手掌向前下落至体侧打开，掌心向前（图 7-5-8）。

9. 重心前移成左弓步。同时双手从体侧由后向前抡臂画圆伸直，身体前俯，掌心朝前下方，慢慢呼气。目视前下方（图 7-5-9）。

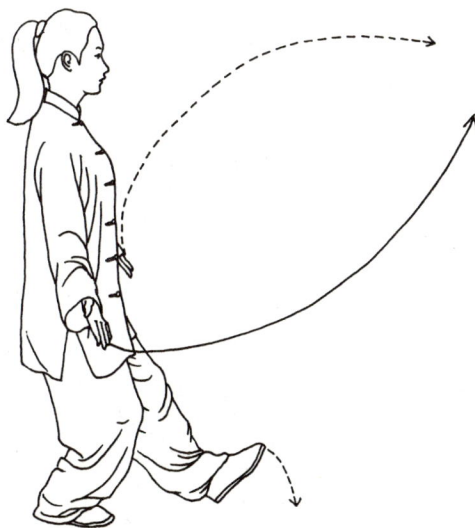

图 7-5-8

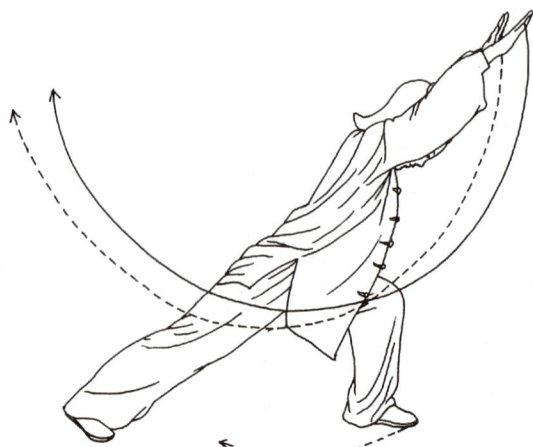

图 7-5-9

10. 左脚收回半步，与肩同宽，双掌下落经腹前随着身体向右转，做右式，动作同 3 解~9 解（图 7-5-4~图 7-5-9），惟左右相反。

11. 右脚收至与肩同宽，两膝微屈，两掌下落至与肩同高，随身体左转，两手合抱于胸前（图 7-5-10）。

动作要点：身体前仆时，腹部紧贴大腿，双手伸直与地面成 45°，手臂、肩膀、腰部与弓步后脚成一条直线。

（二）顶天立地

1. 调整呼吸，两掌微微内收，再向外推出，掌心向外，与胸同高。重复做两遍（图 7-5-11、图 7-5-12）。

2. 两臂外旋，两掌变拳收至腋下，拳心向上（图 7-5-13）。

3. 两拳经腋下向后反穿摩运至腰部，摩运时两腿伸直，拳背贴住背部（图 7-5-14）。

4. 随后两拳变掌，两掌背沿臀部、大腿后侧向下摩运至脚踝，再至两脚间，指尖相对，掌心均向下（图 7-5-15）。

图 7-5-10

图 7-5-11

图 7-5-12

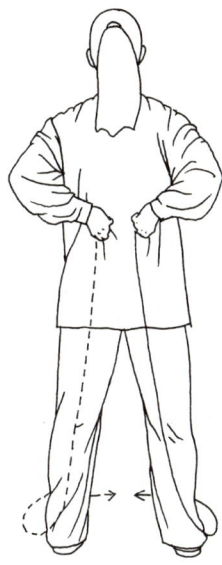

A 正面　　　　　　　　B 背面

图 7-5-13　　　　　　　　　　　图 7-5-14　　　　　　　　　　　图 7-5-15

5. 上体不动，掌心翻转向上（图 7-5-16）。

6. 两腿屈膝下蹲，两手上托至胸前，两膝伸直（图 7-5-17）。

7. 两臂内旋，翻掌推至斜上方，同时两腿伸直充分提踵；目视掌背（图 7-5-18）。

8. 脚跟落地，两腿屈膝下蹲，同时两手掌落至胸前，随之掌心向内合抱于胸前；目视前方（图 7-5-19）。

图 7-5-16　　　　　　　　　　　图 7-5-17

A 正面　　　　　　　　B 侧面

图 7-5-18　　　　　　　　　　　　　　　图 7-5-19

动作要点：调整呼吸，两掌回收时，重心微微后移，前推时重心微微前移，上托时双脚充分提踵，上推时两臂自然伸直。

（三）　扭转乾坤

1. 接上式，两脚不动；身体左转 90°，右手摆掌，变掌心朝外，经体前向左向下划弧，左掌随身体左转，变掌心向下，两手在胸前成抱球状（左抱球），左手与胸部同高，右手与腹部同高，两掌心相对（图 7-5-20）。

2. 上体右转 180°，转至 90° 时两手交换成右抱球状（图 7-5-21）。

3. 左手上提，重心后移，两掌相叠收至胸前；左手在外左掌心向内，右掌心向外（图7-5-22）。

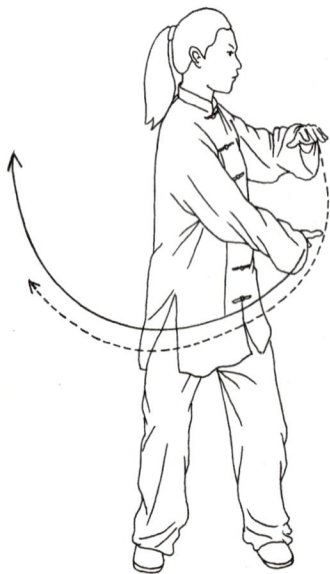

图 7-5-20　　　　　　　　　图 7-5-21　　　　　　　　　图 7-5-22

4. 两腿不动，两掌回收至胸前，掌心向前（图 7-5-23）；重心前移，两掌向前推出，与肩同高（图7-5-24）。

5. 上体左转90°，左手置于胸前掌心向下，右手下落至腹前，掌心向上，两手成抱球式，掌心相对，目视前方（图7-5-25）。

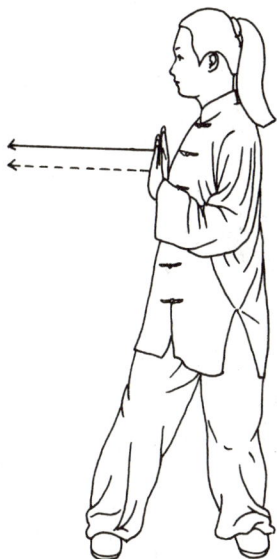

图 7-5-23   图 7-5-24   图 7-5-25

6. 两手不动；两膝伸直，以脚跟为轴，身体由左向后转180°，同时两脚尖向内相碰，成三角形（图7-5-26），整套动作应匀速完成。

7. 左臂由前向左平摆伸直，掌心向下；右手反穿至腰部，掌背紧贴腰部，掌心向外；目视左手（图7-5-27）。

8. 左手下落至腰部，掌背紧贴腰部；右手经体侧举至头顶上方成托掌，指尖朝左，掌心向上；目视前方（图7-5-28）。

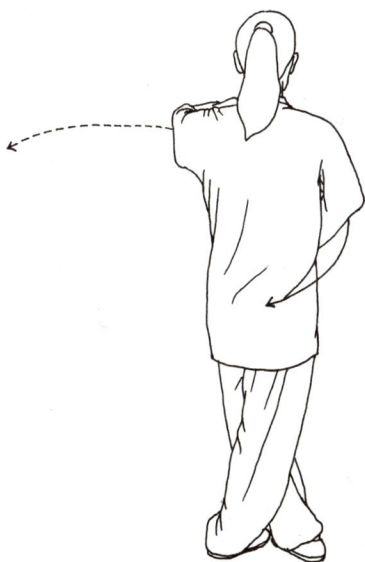

图 7-5-26   图 7-5-27   图 7-5-28

NOTE

9. 两手不动，以脚跟为轴，身体由右向后旋转180°，脚尖均向前（图7-5-29）。

10. 重心移至右腿，右腿屈膝；同时右掌下落至额，经左额、脑后向下按掌，同时左掌上提，经耳侧向上推出，掌心向上，然后左掌向上右掌向下同时推出（图7-5-30、图7-5-31）。

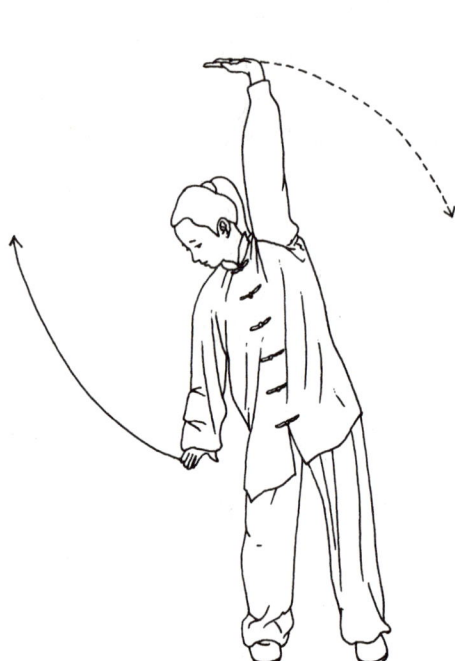

图7-5-29   图7-5-30   图7-5-31

11. 重心移至两腿间，两膝微屈，两臂成侧平举；掌心向下（图7-5-32）。动作与动作1解~11解相同（图7-5-20~图7-5-31），惟左右相反。

12. 重心移至两腿间，两膝微屈，两臂成侧平举；掌心向下（图7-5-33）。

13. 重心下沉，屈膝；两手合抱于胸前，掌心向内（图7-5-34）。

14. 两腿不动，重心后移；两掌微微内收再向外推出，同时重心前移，掌心向外。重复做两遍（图7-5-35、图7-5-36）。

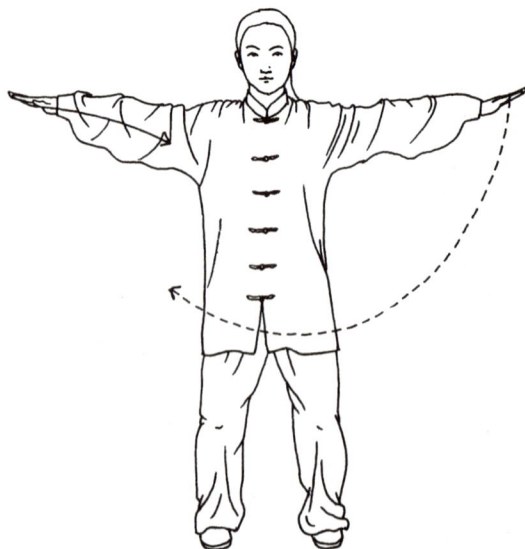

图7-5-32

图 7-5-33

图 7-5-34

图 7-5-35

图 7-5-36

动作要点：旋转时以脚跟为轴，上身向后旋转 180°，同时两脚尖向内相碰，成三角形，整套动作应匀速完成，上推下按时，身体要对拉拔伸。

（四）前仆后仰

1. 接上式，两膝微屈；两臂向两侧打开，屈肘，两掌收至腰间，掌心朝上，随即向前穿出，于胸前交叉，右手在内，左手在外；两掌心向内（图 7-5-37）。

2. 两腿不动；两臂内旋翻腕，同时两掌变拳，右拳在下，左拳在上；拳心向外（图 7-5-38）。

3. 两腿不动；两拳两侧打开下落至环跳穴，拳心向外（图 7-5-39）。

NOTE

图 7-5-37　　　　　　　　　图 7-5-38　　　　　　　　　图 7-5-39

4. 两膝伸直，身体前俯；双手由环跳穴沿大腿后侧下滑至踝关节，头部位于两腿之间（图 7-5-40）。

5. 两掌由踝关节滑至两腿外侧，再经脚面上提至小腿处握拳，拳心向后屈膝半蹲（图 7-5-41）。

6. 两腿由屈变伸，上体后仰；同时两拳沿体侧上提，经胸前变掌，向后摆出，掌心向上（图 7-5-42）。

7. 两膝微屈；两掌由后经上下落合抱于胸前，掌指相对，掌心向内（图 7-5-43）。

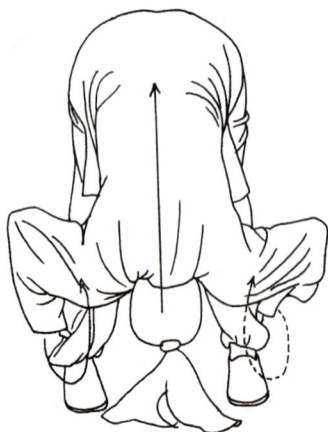  

A 正面　　　　　　　　　　　B 侧面

图 7-5-40　　　　　　　　　　　　　　　　　　图 7-5-41

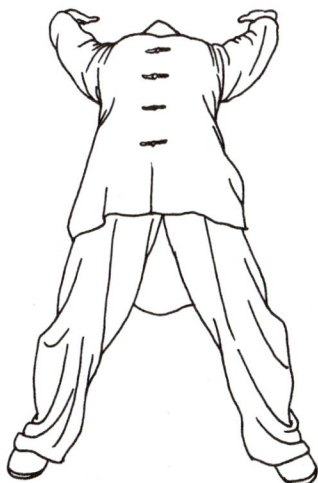

图 7-5-42　　　　　　　　　　　　图 7-5-43

动作要点：后仰时双臂向后伸直掌心朝上，上身与地面的角度以小于 45°为宜。抱腿时以身体紧贴大腿为宜，停 2~3 秒。

（五）大鹏展翅

1. 右腿屈膝不动，左腿屈膝上提，膝与腰齐，左脚尖绷直朝下；同时左手向下、右手向上划弧，成抱球式，掌心相对（图 7-5-44）。

2. 左脚尖逆时针转动一圈。

3. 右腿直立，左脚向右后方插步；同时两掌变剑指，左右两侧穿出，左剑指略比头高，掌心向前；右手屈腕，高与髋平，掌心向后，指尖向下，目视左手（图 7-5-45）。

4. 两腿不动；左手臂内旋掌心向后；同时右手臂外旋掌心向前，目视右手（图 7-5-46）。左脚收回，与肩同宽，接右式。动作同 1 解~4 解（图 7-5-44~图 7-5-46），惟动作左右相反。

5. 接上式，右脚上步成开立步，两膝微屈，与肩同宽；两掌合抱于胸前，掌心向内（图 7-5-47）。

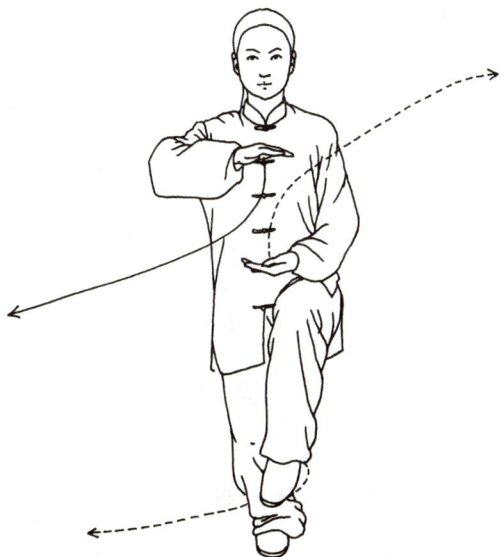

图 7-5-44　　　　　　　　　　　　图 7-5-45

NOTE

图 7-5-46　　　　　　　　　　　　　　图 7-5-47

动作要点：插步时，后腿尽量蹬直，前脚尖微外撇，身体前倾约 45°，插掌时，两臂伸直用力。

（六）前后平衡

1. 接上式，左脚向后退步，屈膝，重心移至左腿；两掌收至腰侧，掌心向上（图 7-5-48）。

2. 重心移至右腿，同时两手随着重心前移，分别向体侧打开，掌背向前，随之再移至左腿，手臂外旋，掌心向前（图 7-5-49）。

3. 右腿屈膝下蹲，左腿屈膝向后抬起，脚背绷直；同时两掌收至额两侧，掌心相对，目视斜下方（图 7-5-50）。

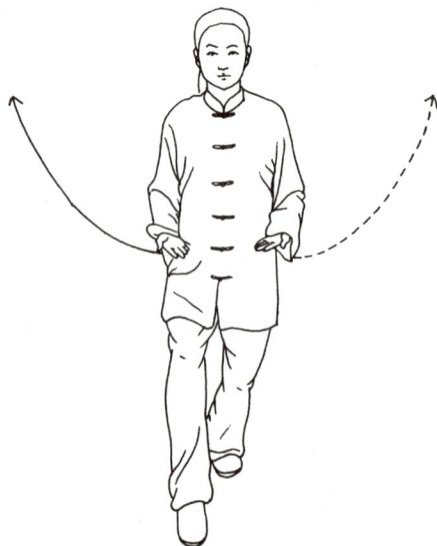

图 7-5-48　　　　　　　　　　　　　　图 7-5-49

A 正面   B 侧面

图 7-5-50

4. 右腿直立，左脚向后伸直，脚背绷直，左脚与地面的角度约为30°；同时两掌变剑指向斜上方穿出，掌心斜向下（图7-5-51）。

5. 右腿微屈膝，左腿屈膝收回；同时两剑指收至额两侧（图7-5-52）。

6. 右腿直立，左脚向后伸直，脚背绷直，左脚高于水平；同时，两剑指由内向外绕一圈，向前伸直，掌心向下；双手高于水平，目视下方（图7-5-53）。

7. 左脚收至与肩同宽，两手合抱于胸前，掌心向内（图7-5-54）。

8. 接右式，动作同1解~7解（图7-5-48~图7-5-54），惟动作左右相反。

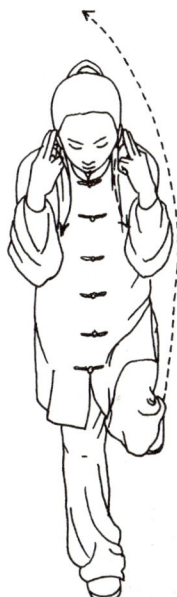

图 7-5-51   图 7-5-52

A 正面   B 侧面

图 7-5-53

动作要点：双手成剑指向前伸直，同时一腿向后上伸直，双腿膝关节不得弯曲。双手与后举腿高于水平。

（七）天圆地周

1. 接上式，两脚不动；身体稍左转，两掌经体前，由下向左上方划弧，同时两掌变剑指，目视左手（图7-5-55）。

2. 两脚不动；以髋关节为轴，然后经左向下由右向后翻转绕环，两手直臂随腰摆至身体右侧，两手为剑指（图7-5-56、图7-5-57）。

3. 接右式，动作与1解、2解同（图7-5-55~图7-5-57），惟左右相反。

4. 接上式，两腿微屈膝；两手绕至胸前合抱，掌指相对，掌心向内（图7-5-58）。

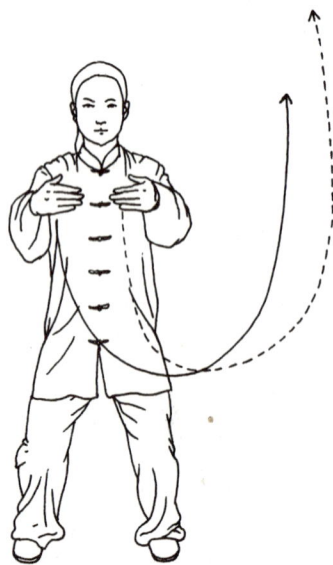

图 7-5-54

图 7-5-55

图 7-5-56

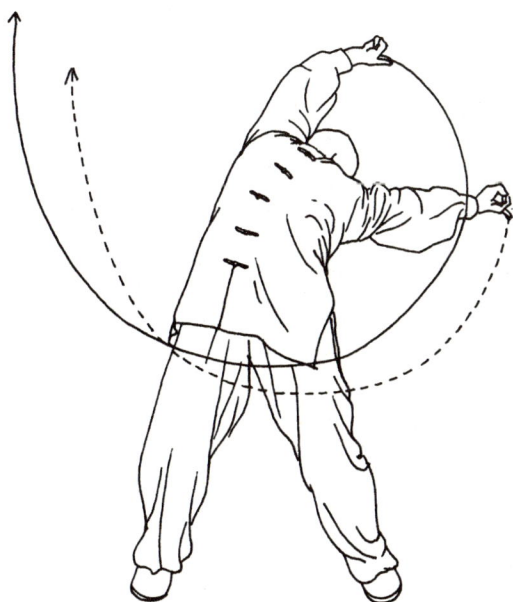

图 7-5-57

图 7-5-58

动作要点：双手由上向下划圆由掌变为剑指，经腹前由体侧向后划平圆（平转腰）并且手臂伸直，趋于水平为宜。

收式：

1. 两掌内收，翻掌下落至腹前，掌心向下，掌指相对（图 7-5-59）。

2. 同时两膝伸直；两手放至身体两侧，掌心向内；目视前方（图 7-5-60）。

3. 左脚收回，成并步站立姿势（图 7-5-61）。

图 7-5-59   图 7-5-60   图 7-5-61

【思考题】

1. 简述八段锦功法中"摇头摆尾去心火"动作的健身功效。

2. 详述易筋经功法的特点。

3. 简述五禽戏功法的健身功效。

第八章　现代导引养生功法

　　现代导引养生功法是以中医的脏腑经络学说、阴阳五行学说、气血理论为指导，集修身、养性、娱乐、观赏于一身的功法。其将导引与养生、肢体锻炼与精神修养融为一体，动作优美，衔接流畅，简单易学，安全可靠，可调节和增强人体机能，以达到强身健体功效。

第一节　现代导引养生功法概述

　　导引养生功法是中国传统体育的重要组成部分。我国古代的导引历史悠久，源远流长，是劳动人民同大自然和自身疾病做斗争的产物，是祖国文化遗产中的瑰宝。随着国家的崛起和民族文化意识的快速提升，具有独特文化内涵和价值功能的现代导引养生功法进入了繁荣发展时期，为人类的健康做出了贡献。

一、现代导引养生功法的发展

　　新中国成立后，党和政府非常重视和关怀中华民族的传统养生事业。1954 年，原国家体委设立了民族传统体育委员会专门负责武术的挖掘整理及开展工作。在唐山和上海相继建立了研究导引养生的疗养院和研究所。1978 年党的十一届三中全会召开以后，在党的实事求是思想路线和改革开放政策的指引下，现代导引养生功法取得了前所未有的发展，群众性导引功法活动得到普及，参加锻炼者有数千万人。

　　1996 年 8 月，中共中央宣传部、国家体委等七部委，下达了《关于加强社会气功管理的通知》，明确将健身气功列入体育行政部门管理范畴，标志着社会气功的管理工作从此进入了法制化、规范化、科学化管理的轨道；1996 年底，首届全国全民健身气功养生交流大会在河北省石家庄市召开，大会推动了健身气功在全民健身活动中的开展；1997 年国家气功主管部门又制定颁布了《健身气功管理办法》和《健身气功师技术等级评定办法》等法规文件；1998 年 7 月，国家体育总局等有关部门对影响较大的功法进行了认真而严格的评定，并于 1998 年 10 月首批公布了 11 种健身气功功法，向全社会推广；2000 年 9 月，国家体育总局颁布了《健身气功管理暂行办法》；2001 年 6 月，国家体育总局专门成立了健身气功管理中心，大力挖掘整理传统导引养生文化和功法；2011 年 2 月，国务院颁布《全民健身计划（2011—2015 年）》，明确提出了推广健身气功等群众喜闻乐见、简单易行的健身活动的计划，进一步肯定了健身气功在全民健身活动中的地位和作用；2011 年 10 月，党的十七届六中全会审议通过了《中共中央关于深化文化体制改革，推动社会主义文化大发展、大繁荣若干重大问题的决定》提出要增强民族文化自觉与自信，弘扬中华文化，

NOTE

努力建设社会主义文化强国；2013 年 9 月，国家体育总局批准印发《健身气功发展规划（2013—2018 年）》，文中提出目标任务：全国注册健身气功站点不少于 3 万个，习练者突破 300 万人，国家编创推广的健身气功功法达到 12 种，力争实现不少于 50 个国家和地区开展健身气功项目，境外习练人员超过 160 万人。在一系列政策的指引下，在人们对健康身心的需求不断增长之下，具有良好养生健身、益寿延年功效的现代导引养生功法越来越受到世人的关注。

二、现代导引养生功法的特点

作为传统导引养生功法的传承与发展，现代导引养生功是在继承中医养生学的基础上，以中医的整体观、脏腑经络、气血津液、阴阳五行学说为指导，广泛吸收生理学、心理学、教育学、美学、仿生学、传统武术文化，并经过大量的临床应用、实验研究和总结社会推广经验后，逐渐创编而成的。其除了具有传统导引养生功法的特点外，还具有以下特点。

（一）时代性

在人类进一步向现代文明迈进的过程中，传统导引养生功法也要与时俱进。任何事物只有创新才能有发展，只有适应才能发展。虽然目前传统导引养生功法仍然发挥着重要的健身作用，但我们也应该认识到时代、社会及人类的生活环境已大为改变，人们的卫生保健需求与古人有了很大差异。因此，传统导引养生功法不能一成不变，养生方式、方法不宜墨守成规，现代人需要现代的养生功法。传统导引养生功法要发展，就必须进行适应性的改造，使之适应人类的发展及人们对健康的需求。

（二）"防未病，治已病"

现代导引养生功的创新点即对症练功，强调整体统一，阴阳平衡。根据人体各系统发病原理，结合中医理论，全面分析，以"阻者通之，瘀者导之；虚者补之，亢者平之；紧者松之，挛者舒之；凝者稀之，积者散之"的原则辨证立法创编。

（三）以"慢"制"快"

现代人生活节奏快，工作压力大，精神负担也日益增加，这使得人们越来越需要通过各种体育锻炼来发泄情绪、释放压力、解除疲劳。而导引养生功法要求练习者在锻炼时，尽量放松身心、呼吸自然，以缓解不良情绪对大脑的刺激，以保持人体内环境的相对平衡，进而达到修养身心、强健体魄、防治疾病的功效。

第二节 舒心平血功

一、舒心平血功概述

舒心平血功是北京体育大学张广德教授所创编的导引养生术中的首套功法。该功法针对疾病的病因、病理，以中医学整体观、辨证施治和脏腑经络学说及西医学有关理论为指导而创编。

舒心平血功是防治高血压、低血压、冠心病、心动过速等心血管系统疾病的导引功。此功法对气管炎、肺气肿、神经衰弱、肠胃炎以及颈、肩、腰、腿痛也有一定的疗效。

二、动作说明

（一）闻鸡起舞

预备姿势：两脚并立，两臂自然下垂，两手置于两髋侧；头正身直，下颌微收，目视前方；呼吸自然，扫除万虑，凝神定意（图8-2-1）。

1. 提踵前托（吸气）　拔顶提肛，两臂外旋，两掌如捧物状，慢慢向前平举；两腿伸直提踵，脚趾抓地，两掌高与肩平，宽与肩同，掌心向上；双目平视前方；意在小指、无名指、中指指尖（图8-2-2）。

2. 下蹲抠拳（呼气）　两臂内旋，使掌心朝下轻握拳，脚跟落地，同时松腹松肛，两腿慢慢下蹲；两拳如拉物状，拳心向下，拳眼朝里，由前向下划弧达于大腿两侧，两臂自然伸直，稍翘腕，中指尖抠劳宫穴；双目平视前方；意在劳宫穴（图8-2-3）。

3. 提踵侧托（吸气）　拔顶提肛，两臂外旋，两拳变掌，分别向两侧直臂托起，掌心朝上；同时两腿慢慢伸直，脚跟提起，脚趾抓地；眼向左平视；意在小指、无名指、中指指尖（图8-2-4）。

4. 下蹲抠拳（呼气）　两臂内旋，掌心朝下轻握拳，同时两腿慢慢下蹲，脚跟落地，两拳如拉物状，由两侧向下划弧达于大腿外侧；同时中指尖抠劳宫穴，两臂自然伸直，稍翘腕，掌心朝下，拳眼向前；眼转向正前方；意在劳宫穴（图8-2-5）。

动作5~8与动作1~4相同（图8-2-2~图8-2-5），惟动作左右相反。

练功次数：做两个八拍，第二个八拍的第八拍还原成预备式。

图8-2-1

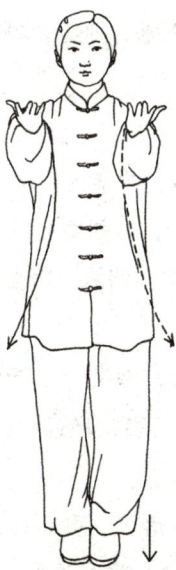

图8-2-2

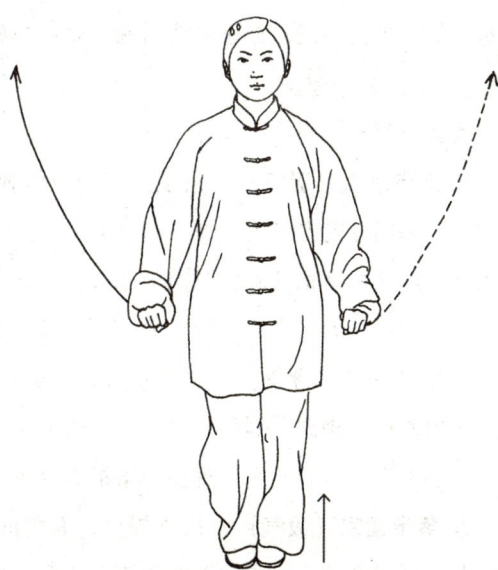

图8-2-3

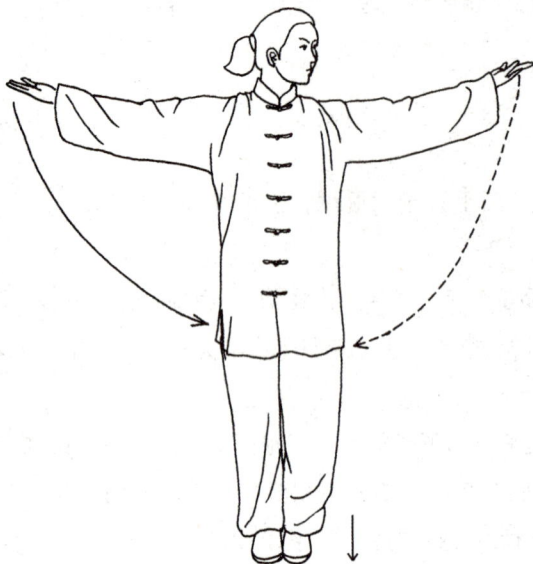 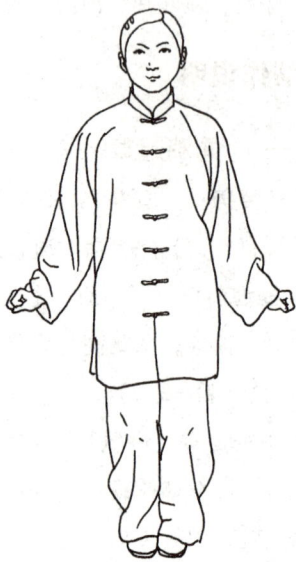

图 8-2-4　　　　　　　　　　　　　　　　图 8-2-5

动作要点：

（1）身体起落时，要保持脊柱中正，节节贯穿；起时以百会穴上领，整个身体尽量上提；落时以尾闾带，松腹松腰；下蹲时两膝靠拢，臀部要收敛；整个动作过程，两臂自然伸直，但始终保持沉肩坠肘之状态。

（2）呼吸要深长、均匀，并和身体起落协调配合。

（3）中指尖抠劳宫穴时可稍用力。劳宫穴在手心正中点。

健身作用：放松身心，调整呼吸，宁神定意，平肝潜阳，益气助阳，调补心肾，增强腿部力量，促进平衡功能，加速血液回流，对冠心病、胃下垂、神经衰弱有防治作用。

（二）白猿献果

预备姿势：同闻鸡起舞。

1. 上步旋臂（吸气）　拔顶提肛，身体微向左转，两掌内旋使掌心朝外，随转体向左上方摆起；眼向左前方平视（图 8-2-6）。重心移于右脚，右腿微屈膝，左脚向左前方上步，脚跟着地；随之两掌稍外旋屈肘向上划弧，经面前划到掌心朝前，达于肩部侧前方；眼向左前平视；意在小指、无名指、中指指尖（图 8-2-7）。

2. 提膝托掌（呼气）　松腹松肛，右腿屈膝提起，脚尖自然下垂，左腿站直，同时两掌外旋先向左右、稍向下划弧，再向前、向上弧形托起，两臂自然伸直，两掌高与肩平，略窄于肩，掌心朝上；眼看两掌；意在小指指尖（图 8-2-8）。

3. 落步摆掌（吸气）　拔顶提肛，右脚向右后方落步，重心移到右脚，右腿屈膝，左脚尖翘起，同时两掌成仰掌向两侧平摆，略高于肩；眼向左前方平视；意在小指、无名指、中指指尖（图 8-2-9）。

4. 弓步抠拳（呼气）　松腹松肛，重心前移成左弓步，同时两臂内旋，两掌向后、向内再划弧使掌心朝前下方按，当接近左膝两侧时慢慢握拳，中指尖抠劳宫穴，掌心朝下，两臂成弧形；眼看左下方；意在劳宫穴（图-2-10）。

5. 后坐旋臂（吸气） 拔顶提肛，重心移到右脚，右腿屈膝，左脚尖翘起成左虚步。同时两拳变掌，稍内旋向上（略屈肘），再外旋经面前弧形向外达肩前侧方，掌心朝前，掌指向上；双目平视前方；意在小指、无名指、中指指尖（图8-2-11）。

6. 提膝托掌（呼气） 同2解（图8-2-8）。

7. 落步摆掌（吸气） 左腿屈膝，身体稍右转，右脚向右侧落地；同时两掌成仰掌向两侧平摆，臂稍屈；眼转向正前方；意在中指指尖（图8-2-12）。

8. 并步按掌（呼气） 重心移到右腿，右膝稍屈，左脚向右脚并拢，两腿伸直；同时两掌内旋向上经面前向下按掌达于腿之两侧成预备姿势。

第二个八拍同第一个八拍，惟动作左右相反。

练功次数：做二至四个八拍。

图 8-2-6

图 8-2-7

图 8-2-8

图 8-2-9

NOTE

图 8-2-10　　　　　　　　　　　　　　　图 8-2-11

图 8-2-12

动作要点：

（1）旋臂、摆掌、托掌要和转身上步、后坐、提膝等动作协调一致。成虚步时松腰敛臀，成弓步时要沉髋。

（2）呼吸要随动作自然调整，保持呼吸均匀深长，不可憋气。

健身作用：理气和血、消积化瘀，对高血压、心肌梗塞有较好的防治作用；对上肢酸痛、膝关节炎也有一定的防治作用。

（三）金象卷鼻

预备姿势：同闻鸡起舞（图 8-2-1）。

1. 开步内旋（吸气）　　拔顶提肛，重心先移到右腿，右腿稍下蹲，左脚向左开一大步，随之两腿伸直，重心移到两腿中间；同时两臂内旋使掌心朝外，慢慢向前平举，高与肩平，臂自然伸直；眼向前平视；意在小指尖（图 8-2-13）。

2. 马步卷臂（呼气）　松腹松肛，两腿下蹲成马步；同时两臂外旋，两掌分别向上，向肩部肩井穴抓握，五指如勾，两肘尖相靠；眼向前平视；意在肩井穴（图 8-2-14）。

3. 伸腿托掌（吸气）　拔顶提肛，两腿伸直；同时两肘外张，两掌从耳旁上托，臂伸直，掌心朝上，掌指相对；目视两掌；意在中指指尖（图 8-2-15）。

4. 并步收掌（呼气）　松腹松肛，重心移至右脚，左脚向右脚并拢；同时两掌分别向左右、向下划弧垂于体侧；眼向前平视。

动作 5~8 同动作 1~4，惟动作左右相反。

练功次数：做两个八拍，第二个八拍的第八拍还原成并步站立，两手握拳收抱于腰侧（图 8-2-16）。

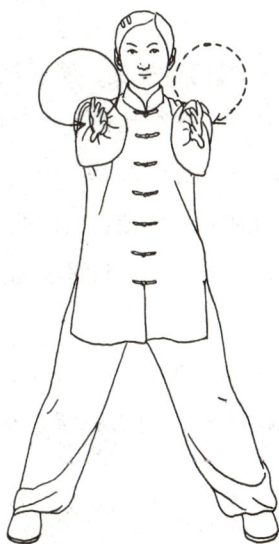

图 8-2-13

图 8-2-14

图 8-2-15

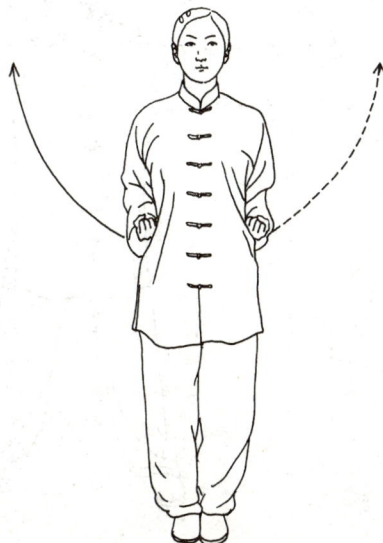

图 8-2-16

NOTE

动作要点：

（1）成马步时，松腰敛臀，百会上顶，脚尖向前，膝与脚尖相对。

（2）臂的旋转幅度宜大，两肘相合和外张时，配合呼吸尽量加大胸部的开合，但要保持上体正直。

健身作用：温煦肌肤，内安五脏，增强呼吸机能，调节全身血液循环，对冠心病、高血压、低血压有一定的防治作用。

（四）黄莺叠膀

预备姿势：金象卷鼻的收势。

1. 开步侧旋（吸气） 拔顶提肛，重心先移到右腿，右腿半蹲，左脚向左侧开步，继而两腿伸直；同时两掌内旋向两侧反臂托掌，掌心朝后上方；眼向左平视；意在小指指尖（图8-2-17）。

2. 马步抖插（呼气） 松腹松肛，两腿下蹲成马步；同时两臂外旋，屈肘使掌心朝后，两掌在肩前放松快速上下抖动5~8次，接着向腋下、身后插掌、臂自然伸直，手背紧贴骶骨两侧；眼向前平视；意在小指、无名指、中指指尖（图8-2-18、图8-2-19）。

3. 马步抖掌（吸气） 拔顶提肛，两腿不动；两掌外旋使掌心朝前，向两侧、前上方摆动达于胸前，掌心相对，两臂微屈，两掌放松快速左右抖动5~8次；双目平视前方；意在中指指尖（图8-2-20）。

4. 并步抱拳（呼气） 重心先移到右脚，右腿半蹲，接着左脚向右脚并步，两腿伸直，两掌变拳收抱于腰侧，手心朝上，中指尖抠劳宫穴；双目平视前方；意在劳宫穴（图8-2-16）。

动作5~8同动作1~4（图8-2-16~图8-2-20），惟动作左右相反。

练功次数：做两个八拍，第二个八拍的第八拍还原成并步站立，两掌的中指尖压在承浆穴附近（图8-2-21）。

图 8-2-17

图 8-2-18

图 8-2-19　　　　　　　　　图 8-2-20　　　　　　　　图 8-2-21

动作要点：

（1）抖腕时肩、肘、腕均要充分放松，可多抖动几次。

（2）臂的旋转幅度宜大，但要沉肩、坠肘，不可憋气。

（3）呼吸和动作自然配合。

健身作用： 宣通经气，舒痉化积，对心血管疾病有较好的防治作用；对腰背痛及肩、肘、腕关节炎也有一定的防治作用。

（五）上工揉耳

预备姿势： 为黄莺叠膀的收势。

【第一个八拍】

1. 摩承至眉　两掌中指指腹从承浆穴经地仓、迎香、鼻通、睛明、攒竹至眉冲穴后，转用掌心贴面（图 8-2-22）。

2. 摩维至迎　全掌贴面，两手拇、食、中指指腹分别向左、右摩运（中指指腹至头维穴），继而向下经耳门、听宫、听会、颊车、大迎等穴，将两掌置于颈侧（图 8-2-23）。

3. 推拿颈部　两掌从颈侧向颈后推按，直到用掌根将颈后皮肉挤拢提起为止（图 8-2-24）。

4. 摩运颈部　两掌从颈部两侧向前摩运，两中指指腹压在承浆穴上（图 8-2-21）。

动作 5~8 同动作 1~4（图 8-2-21~图 8-2-24）。

【第二个八拍】

点揉心穴　动作 1~4，两手的食指指腹分别压在耳内腔的心穴上，拇指指腹捏在耳后对应部位上，同时向前捻揉；动作 5~8，向后捻揉；每一拍捻揉一周。

【第三个八拍】

点揉交感穴　动作 1~4，双手食指尖向前按揉交感穴；动作 5~8，向后按揉，同时大拇指指腹点压翳风穴。

NOTE

【第四个八拍】

摩运耳部   动作1~4，双手的大拇指指腹和食指的桡侧面捏住耳轮上部，沿耳沟从上向下摩运，当摩运至耳垂时，稍用力向下拉引，一拍摩运一次；动作5~8，用食指指腹绕耳根按摩，从耳前向上，从耳后向下，两拍按摩一周，可顺逆交替做。

练功次数：共做四个八拍。

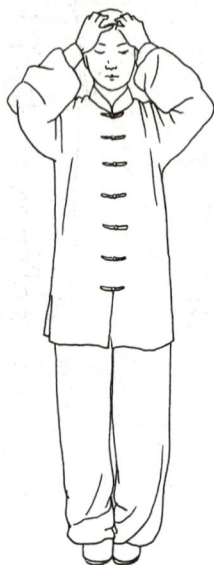 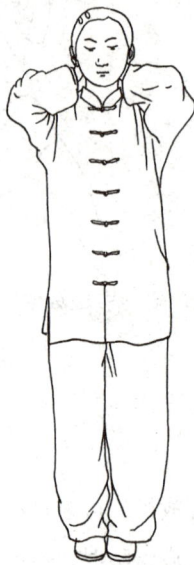 

图 8-2-22   图 8-2-23   图 8-2-24

动作要点：

（1）揉耳时穴位要找准，用力要适度。

（2）呼吸自然通畅，不要憋气。

（3）意在被揉的穴位上。

健身作用：宁神醒脑，引气归原，对高血压、心动过速、心肌炎、冠心病、神经衰弱、失眠等症有较好的防治作用，还可治疗感冒、后颈酸痛及落枕和发热等，并有调节人体一身阳气的作用。

（六）捶臂叩腿

预备姿势：两脚开立，与肩同宽；身体挺直，两臂自然下垂；眼向前平视（图8-2-25）。

1. 捶臂叩门   第一拍，全身放松以腰为纵轴，身体稍向左转，右手握拳，用拳眼捶击左肩，左手握拳，用拳背轻叩腰部命门穴（图8-2-26）。第二拍同第一拍，惟动作左右相反。

第一个八拍两拳分别交替由肩捶到肘。第二个八拍两拳分别交替由肘捶到肩。第二个八拍的第八拍，两手叉腰；眼向前平视（图8-2-27）。

2. 叉腰叩腿   第三个八拍两脚（太冲穴附近）交替叩击腘窝，由委中穴向下叩至踝后跗阳穴。第四个八拍由跗阳穴向上叩击到膝后委中穴（图8-2-28）。

练功次数：共做四个八拍，第四个八拍的第八拍两脚并立，两手收于腹前，手心朝上，距身体约10cm，掌指相对。

图 8-2-25

图 8-2-26

图 8-2-27

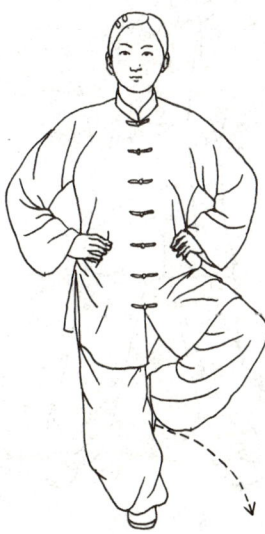

图 8-2-28

动作要点：

（1）捶臂时以腰带动两臂，摆臂幅度宜大，用力由轻到重。捶命门穴力量要轻。叩腿时支撑脚五趾抓地，叩击穴位要准，其顺序为委中穴、承筋穴、承山穴、跗阳穴。

（2）转身时吸气，捶叩时呼气。

（3）意在捶叩的穴位上。

健身作用：和中疏表，育阴潜阳，可治疗痿厥不振、膝痛、女子崩中、便秘、痔疮等。

（七）枯树盘根

预备姿势：为第六式收势。

1. 开立旋臂（吸气）　拔顶提肛，重心移至右脚，右腿屈膝半蹲，左脚向左侧开步，略比肩宽，接着两腿伸直；同时两掌内旋向两侧、向上反臂托掌，接近水平时臂外旋使掌心朝前，臂自然伸直；眼看左掌；意在中指、无名指、小指指尖（图 8-2-29）。

NOTE

2. 歇步抠拳（呼气）   松腹松肛，身体稍右转，右脚向左脚前盖步下蹲成歇步；同时两掌向上、向胸前、向下划弧按掌，当按到腿侧时握拳，中指尖抠劳宫穴，拳心向下；双目平视右前方；意在劳宫穴（图8-2-30）。

3. 开步合掌、开步摆掌（吸气）   拔顶提肛，身体起立，左脚跟落地，右脚向右侧开步；同时两拳变掌向里经腹前、胸前使两掌背相靠，掌指朝下，屈肘与肩平；双目平视前方（图8-2-31）。随之重心移到右脚，左腿伸直，两掌继续向上经面前分别向左右弧形摆动达于体侧，掌心朝斜前方；双目平视前方；意在中指、无名指、小指指尖（图8-2-32）。

4. 并步收拳（呼气）   百会上顶，松腹松肛，左脚向右脚并拢，两腿伸直；同时两掌继续向下划弧收于腹前，两臂成弧形，掌心朝上，掌指相对；双目平视前方。

动作5~8同动作1~4，惟左右相反。

练功次数：做两个八拍，第二个八拍的第八拍还原成并步站立，两掌垂于体侧，还原成预备式。

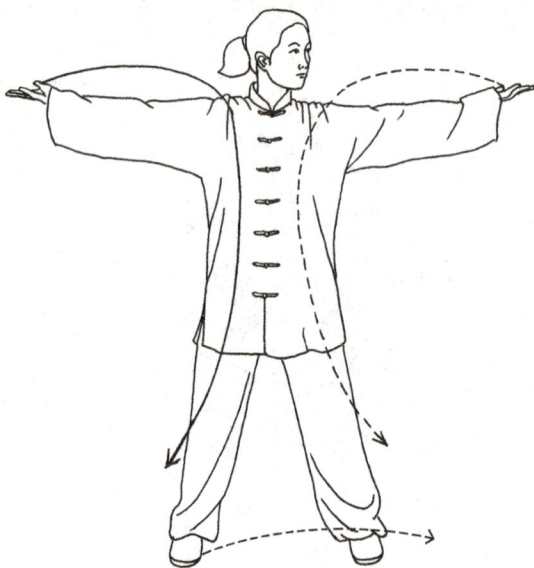

图 8-2-29

图 8-2-30

图 8-2-31

图 8-2-32

动作要点：

（1）两掌背相靠稍用力，依次由腕、掌骨、第 1 指骨、第 2 指骨、第 3 指骨卷屈，最后将指尖弹出成立掌。

（2）下蹲成歇步时，上体保持正直，百会上顶，下蹲和按掌协调配合。

健身作用：清心泻火，安神定志，对高血压、手足麻木、胁肋疼痛、神经衰弱、失眠、头昏等症有较好的防治作用，同时也可防治肘、腕和膝关节炎症，增强腰腿的肌力。

（八）平步连环

1. 按摩背俞

（1）并步上摩（吸气）　两掌从脊柱两侧的白环俞上提，经膀胱俞、小肠俞、关元俞、大肠俞、气海俞、肾俞、三焦俞按摩至尽头；双目平视前方（图 8-2-33）。

（2）上步下按（呼气）　重心先移至右脚，右腿半蹲，左脚向左前方上一步，脚跟先着地；随之两掌根用力从三焦俞依次向下按摩到白环俞；同时将身体重心移到左脚，左脚全脚着地，右脚跟提起，两腿充分伸直，双目平视左前方（图 8-2-34）。

（3）后坐上摩（吸气）　重心慢慢移到右脚，左腿伸直，脚尖翘起；同时两掌从下沿脊柱两侧上提按摩到尽头（图 8-2-35）。

（4）上步下按（呼气）　同动作 2（图 8-2-34）。

（5）后坐上摩（吸气）　同动作 3（图 8-2-35）。

（6）上步下按（呼气）　同动作 2（图 8-2-34）。

（7）后坐上摩（吸气）　同动作 3（图 8-2-35）。

（8）还原　两掌垂于体侧。

第二个八拍同第一个八拍，惟动作左右相反。

图 8-2-33   图 8-2-34   图 8-2-35

2. 按摩任脉   两脚并立，两掌相叠于关元穴，劳宫对劳宫，左掌在里；双目平视前方（图 8-2-36）。

（1）并步上摩（吸气）   身体不动，两掌相叠，从关元经下脘、中脘、上脘、巨阙、鸠尾、腕中至天突穴依次按摩；双目平视前方（图 8-2-37）。

（2）上步下按（呼气）   右腿半蹲，左脚向左前方上一步，脚跟先着地；随之两掌相叠从天突穴往下至关元穴依次按摩；同时右腿蹬直，脚跟离地，重心移至左脚，左腿蹬直，全脚掌着地；双目平视左前方（图 8-2-38）。

（3）后坐上摩（吸气）   重心慢慢移于右腿，左腿伸直，脚尖翘起；同时两掌相叠从关元穴依次按摩至天突穴（图 8-2-39）。

（4）上步下按（呼气）   同动作 2（图 8-2-38）。

（5）后坐上摩（吸气）   同动作 3（图 8-2-39）。

（6）上步下按（呼气）   同动作 2（图 8-2-38）。

（7）后坐上摩（吸气）   同动作 3（图 8-2-39）。

（8）还原   成立正姿势（图 8-2-40）。

第二个八拍同第一个八拍，惟动作左右相反。

练功次数：共做四个八拍。

图 8-2-36

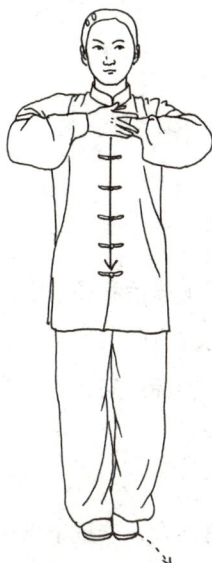
图 8-2-37

图 8-2-38

图 8-2-39

图 8-2-40

动作要点：

（1）按摩时思想集中，按摩背部时，意在命门穴；按摩胸腹时，意在丹田（大约于关元穴处）。

（2）按摩时，手掌要贴紧按摩部分；上摩时，百会上顶，提肛调裆；下按时，松腹松肛。

（3）翘足和提踵要充分，后坐时，后腿膝和足尖要相对。

健身作用：温运肾阳、引气归原，促进心肾相交，益精补肾，可防治高血压病、冠心病、神经衰弱、头痛、头昏等病证，对腰背酸痛、胃脘痛、便秘和妇女月经不调也有一定的防治作用。

第三节　导引保健功

一、导引保健功概述

导引保健功是以中医学的整体观、辨证施治和经络学说及某些常见病、多发病的病因、病理为理论依据创编而成的。它是一套具有综合防治作用的经络导引动功。多年来，经过临床观察证明，导引保健功对心血管系统疾病、肺部疾病、消化系统疾病、生殖泌尿系统疾病、神经系统疾病和关节疼痛等有十分明显的疗效。

（一）导引保健功的特点

一是意行结合，重点在意；二是动息结合，着重于息；三是周身放松，姿势舒展；四是逢动必旋，逢作必绕；五是提肛收肛，贵与息和；六是缓慢柔和，圆活连贯。习练中，只有紧紧把握住这些特点，才能收到事半功倍之效。

（二）练习导引保健功的注意事项

1. 导引保健功是一套具有综合防治作用的经络导引功，高血压病、冠心病、气管炎、肺气肿、肠胃炎、溃疡病、肾炎、糖尿病、遗精、阳痿、月经不调、赤白带下、神经衰弱、失眠、头痛及颈、肩、腰、腿痛等患者均可选用。

2. 除了练习导引保健功全套功法之外，高血压病、冠心病、气管炎、肺气肿等患者，单做第一式"调息吐纳"、第二式"顺水推舟"、第七式"迎风掸尘"等，疗效也较好；肾炎、糖尿病、遗精、阳痿、月经不调等患者，可单做第三式"肩担日月"、第六式"推窗望月"；消化不良、溃疡病等消化系统疾病患者，可单做第五式"力搬磐石"；停水胀满、小便不利、小腹肿痛的患者，可单做第四式"鹏鸟展翅"、第八式"老翁拂髯"，均有较好疗效。

3. 导引保健功可以与导引养生功十套功法中的任何一套相结合进行练习。

4. 根据子午流注法，不同疾病患者宜按时对症练习导引保健功。

5. 要心情舒畅，忌情绪波动。

二、动作说明

预防姿势：两脚并立，两掌叠于丹田，头正身正，下颌微收，目视前方，呼吸自然。

起势：默念练功口诀：夜阑人静万虑抛，意守丹田封七窍；呼吸徐缓搭鹊桥，身轻如燕飘云霄（图8-3-1）。

动作要点：两眼轻闭或平视前方，舌抵上腭，上下排牙齿微合。两手叠于丹田，男女均左手在下，当默念道"身轻如燕飘云霄"时，将两手垂于体侧。

（一）调息吐纳

1. 随着吸气，提肛调裆；重心移于右腿，右腿半蹲，左脚向左开步，同时，两掌腕关节顶端领先徐缓向前、向上摆起，高与肩

图8-3-1

平，宽与肩同。掌心向下，两臂自然伸直；双目平视前方（图8-3-2）。

2. 随着呼气，松腹松肛；两腿屈膝半蹲；同时两肘稍回收下沉，两掌稍坐腕轻轻下按至腹前，掌心朝下，掌指朝前；双目平视前方（图8-3-3、图8-3-4）。

3. 随着吸气，提肛调裆，同时两掌腕关节顶端领先徐缓向前，向上摆起，高与肩平，宽与肩同，掌心朝下。两臂自然伸直；双目平视前方（图8-3-5）。

4. 同2解、3解（图8-3-3～图8-3-5）。

5. 随着呼气，松腹松肛；重心移于右脚，左脚向右脚并拢，还原成并步站立势；双目平视前方（图8-3-6）。

练功次数：做两个八拍，第二个八拍的第八拍两腿伸直，两掌垂于体侧，掌指朝下；眼向前平视。

图 8-3-2

图 8-3-3

图 8-3-4

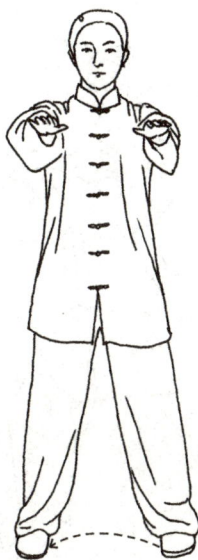
图 8-3-5

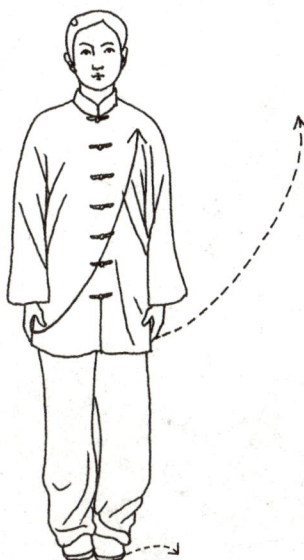
图 8-3-6

NOTE

动作要点：

（1）两掌向前，向上摆起时。要沉肩垂肘，切勿挺腹。

（2）两腿下蹲时，要松腰敛臀，切勿后仰与前倾。

（3）精神集中，意守丹田或劳宫。

（二）顺水推舟

1. 随着吸气，提肛调裆；身体先左转45°，继而随着身体稍右转将重心移至右腿，右腿下蹲，左脚向左前方上步，脚跟着地成左虚步；同时两臂自然伸直，两掌以腕关节顶端领先向左前方弧形上摆至与肩平时，随身体微右转，两肘下沉，将两手收至胸前，掌心朝前，掌指朝上；双目平视左前（图8-3-7）。

2. 随着呼气，松腹松肛；重心下沉前移成左弓步；同时两掌分别经腰部前侧方向下、向前、稍向上坐腕翘指推出，臂自然伸直，肘尖下垂，宛如顺水推舟，随波逐流，给人以轻松飘逸之感；双目平视左前方（图8-3-8）。

3. 随着吸气，提肛调裆；重心移至右腿，右腿半蹲，左腿伸直；左脚尖翘起成左虚步；同时两掌松腕使掌心朝下。随着身体微右转，两肘下沉，两掌继续稍向上划弧收于胸脚前，掌心朝前，掌指朝上；双目平视左前方（图8-3-9）。

4. 同2解（图8-3-8）。

5. 同3解（图8-3-9）。

6. 同2解（图8-3-8）。

7. 随着吸气，提肛调裆；重心先移到右脚，右腿半蹲，左腿伸直，左脚尖翘起成左虚步；两臂自然伸直，两掌心朝下；继而身体向右转正，两掌随之向右平摆至与肩平，臂仍自然伸直。掌心朝下；双目平视前方（图8-3-10）。

8. 随着呼气，松腹松肛；左脚向右脚并拢，随之两腿逐渐由屈缓缓伸直，同时两掌垂于体侧，臂自然伸直，掌指朝下；双目平视前方（图8-3-11）。

第二个八拍同第一个八拍，惟动作左右相反。

练功次数：做两个八拍。

图8-3-7　　　　　　　　　　　　　　　图8-3-8

图 8-3-9　　　　　　　　　　图 8-3-10　　　　　　　　　　图 8-3-11

动作要点：

（1）成虚步时上体不要后仰或前倾，要松腰敛臀。

（2）成弓步时臀部勿凸起，要松胯敛臀，后脚不拔跟。

（3）两掌前推，要沉肩、伸肘、坐腕、翘指，并与下肢密切配合，做到起于根，顺于中，达于梢。

（4）意守劳宫穴（属于厥阴心包经穴，在掌中央第 2、第 3 掌骨之间，当屈中指指尖所点处）。

（三）肩担日月

1. 随着吸气，提肛调裆；两脚不动，上体左转 90°，两臂内旋，继而两掌划弧反臂上托，当两掌高与肩平时，臂外旋仍使掌心朝上，两肘弯曲，肘尖下沉，上臂与上体的夹角约为 90°。上臂与前臂的夹角约为 100°，掌心朝上，掌指朝向身体两侧；眼看左掌。前手似托日，后手如托月，宛若日月的光辉，温煦着五脏六腑，滋润着心田（图 8-3-12）。

2. 随着呼气，松腹松肛；身体向右转正，两掌随转体同时向外（臂内旋）划弧使掌心斜朝上，掌指朝后上方；双目平视前方（图 8-3-13）。

动作不停，两掌向前、向下按于体侧成并步站立势，掌指朝下；双目平视前方（图 8-3-14）。

3. 同 1 解、2 解，惟动作左右相反（图 8-3-12～图 8-3-14）。

4. 同 1 解～3 解动作再做一遍（图 8-3-12～图 8-3-14）。

练功次数：做两个八拍，第二个八拍的第八拍两掌置于腹前，掌心朝上，掌指相对，两掌之间的距离、掌与腹部之间的距离均为 10cm；双目平视前方（图 8-3-15）。

NOTE

图 8-3-12

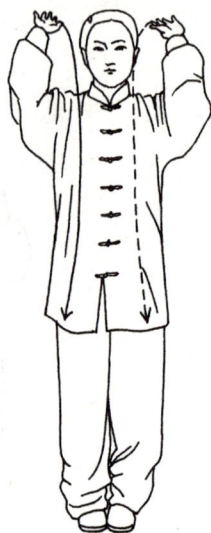

图 8-3-13

图 8-3-14

图 8-3-15

动作要点：

（1）成肩担日月势时，舒胸展体，沉肩垂肘，手在肩上，肘在肩下。

（2）转腰幅度要充分，身体正直，不可左倾右斜，前俯后仰。

（3）意守命门（属督脉穴，在第 2 腰椎棘突下）。

（四）鹏鸟展翅

1. 随着吸气，提肛调裆；重心移到右脚，右腿半蹲，左脚向左开一步，略宽于肩，随着重心移至两腿之间。两腿由屈逐渐伸直；同时两掌分别向左右、向上划弧达于头顶上方，两臂均成弧形，掌心朝上，掌指相对，成徐缓抖掌亮翅状；双目平视前方（图 8-3-16）。

2. 随着呼气，松腹松肛；重心移到右脚，右腿半蹲，左脚向右脚并拢，随之两腿由屈逐渐伸直；同时两掌分别向两侧下落收于腹前，臂微屈，掌心朝上，掌指相对，两掌之间的距离和两掌与腹前距离均为 10cm，成鹏鸟合翅状，双目平视前方（图 8-3-17）。

3. 同 1 解、2 解，惟动作左右相反（图 8-3-16、图 8-3-17）。

4. 随着吸气，提肛调裆；重心移至右脚，右腿半蹲，左脚向前上步，脚尖翘起先成左虚步，继而重心缓缓移至前脚（左脚），随之两腿伸直，右脚跟提起；同时两掌由身前一起环抱上托达于头顶前上方，掌心朝上，掌指相对，两臂成弧形；双目平视前方（图 8-3-18）。

5. 随着呼气，松腹松肛；重心移至右脚，右脚跟落地，右腿半蹲，左腿伸直，左脚尖翘起，继而左脚向右脚并拢，随之两腿由屈逐渐伸直；同时两掌一起向前，向下捧落于小腹前，两臂成一圆形；双目平视前方（图 8-3-19）。

6. 同 4 解、5 解，惟动作左右相反（图 8-3-18、图 8-3-19）。

练功次数： 做二至四个八拍。

图 8-3-16

图 8-3-17

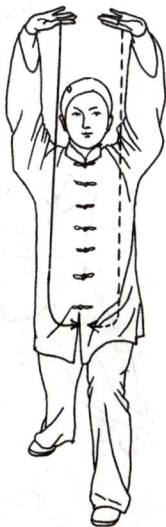

图 8-3-18

图 8-3-19

NOTE

动作要点:

(1) 精神集中,意念丹田,绵绵若守。

(2) 两掌上托时舒胸展体,后脚跟尽量上提,两掌捧在腹前时,略含胸沉气,上下肢要协调一致。

(五) 力搬磬石

1. 随着吸气,提肛调裆;重心移至右脚,右腿半蹲,左脚向左开一大步,相当于本人三脚长,随着重心移到两脚之间,两腿由屈逐渐伸直;同时两掌向上托搬至胸前,掌心朝上,掌指相对;眼目视前方(图8-3-20)。

动作不停,两臂内旋,两掌分别向上经面前向左右划弧达于肩的两侧,两臂自然伸直,掌心朝前侧方,掌指朝斜上方(图8-3-21)。

2. 随着呼气,松腹松肛;两腿缓缓下蹲成马步;同时两臂内旋使掌心朝下,掌指朝侧,两掌向下划弧于膝下方抄掌,两臂成环状,掌心向上,掌指相对,两掌之间距离约10cm,成搬石状;眼睛余光兼视两掌,不要躬身低头(图8-3-22)。

3. 随着吸气,提肛调裆;两腿伸直;同时两掌向上搬起,当两掌达于胸前时臂内旋分别向上经面前向左右划弧达于肩部两侧,两臂自然伸直,掌心朝前侧方;眼向前平视(图8-3-23)。

4. 2解、3解动作再做两遍(图8-3-22、图8-3-23)。

图 8-3-20

图 8-3-21

图 8-3-22

图 8-3-23

5. 随着呼气，松腹松肛；重心移至右腿，右腿弯曲，左脚向右脚并拢，随之两腿由屈逐渐伸直；同时两掌从体侧捧至腹前，掌心朝上，掌指相对两掌之间距离和掌与腹之间的距离均为 10cm；双目平视前方（图 8-3-24）。

第二个八拍同第一个八拍，惟动作方向相反（图 8-3-16~图 8-3-24）。

练功次数：做二至四个八拍，最后一个八拍的第八拍，右脚向左脚并拢后，两腿由屈慢慢伸直；同时两掌从两侧下落垂于体侧成并步站立，掌指朝下；双目平视前方（图 8-3-25）。

图 8-3-24

图 8-3-25

动作要点：

（1）精神集中，意念丹田，绵绵若守。

（2）下蹲时不要低头躬身，起身时要拔顶垂肩。

（3）两掌上搬时要做到"力搬磐石不在力，搬石千斤重在意"。

（六）推窗望月

1. 随着吸气，提肛调裆；两脚不动，身体微向左转；同时右臂内旋使掌心朝向身前，向左、右上弧形摆至左上臂前，臂微屈；左掌边内旋边向左摆动，当摆至体侧时，应略高于髋关节，臂外旋向上摆动达于左侧方，臂自然伸直，掌心朝前；眼看左掌（图8-3-26）。

2. 随着呼气，松腹松肛；重心移至右腿，右腿半蹲，身体稍右转，左脚向左横跨一步，略宽于肩，脚尖内扣；同时两掌继续向上经面前向身体右侧弧形摆动，右臂自然伸直，右掌成侧立掌，左掌停于右肘内侧，掌心向右，掌指朝上；眼转视右掌（图8-3-27）。

3. 随着吸气，提肛调裆；以左脚前掌为轴，左脚跟内收使左脚尖朝前（转正）随着重心移至左脚，左腿半蹲，右脚向左脚左后方插步，脚前掌着地，右脚亦半蹲，同时两掌（左臂内旋，右臂稍外旋）从身体右侧向左弧形回带，左臂约在左胸前，右臂仍在身体右侧；眼看右掌（图8-3-28）。

4. 随着呼气，松腹松肛；两腿下蹲成歇步；同时两掌继续向左弧形推出，左掌稍高于肩，左掌心朝左，掌指朝前，左臂自然伸直；右臂稍屈，右掌指朝前。好像推窗望月一般；眼从左虎口下方远望（图8-3-29）。

图 8-3-26

图 8-3-27

图 8-3-28

图 8-3-29

5. 随着吸气，提肛调裆；歇步不变，两掌心朝下，向右弧形摆至身体右前方。继而重心移到左腿，右脚向左脚并拢，随之两腿由屈逐渐伸直；同时左臂内旋使左掌心朝向身前，向右、向上弧形摆至右上臂前，臂微屈；右掌先内旋后外旋，向右、向上摆起达于身体右侧方，臂自然伸直，掌心朝前；眼看右掌（图 8-3-30）。

6. 随着呼气，松腹松肛；重心移至左脚，左腿半蹲，身体稍左转，右脚向右横跨一步，略宽于肩，脚尖内扣；同时两掌继续向上经面前向身体左侧弧形摆动，右掌停于左肘内侧，掌心朝左，掌指朝上，左臂自然伸直，左掌成侧立掌；眼转视左掌（图 8-3-31）。

7. 随着吸气，提肛调裆；以右脚前掌为轴，右脚跟内收使右脚尖朝前（转正），随着重心移至右腿，右腿半蹲，左脚向右脚右后方插步，脚前掌着地，左脚亦半蹲，同时两掌（右臂内旋，左臂稍外旋）从身体左侧向右弧形回带（右臂约在右胸前，左臂仍在身体左侧）；眼看左掌（图 8-3-32）。

8. 随着呼气，松腹松肛；两腿下蹲成歇步，同时两掌继续向右弧形推出，掌心朝右，掌指朝前，右臂自然伸直，左臂稍屈，掌指朝前，好像推窗望月一般；眼从右虎口下方远望（图 8-3-33）。

练功次数：做二至四个八拍，最后一个八拍的第七拍成歇步"推窗望月"。第八拍两掌心朝下，两臂自然伸直，随着身体直起，左脚向右脚并拢，两腿半蹲，摆至与肩平，然后随着两腿逐渐伸直，将两掌垂于胯旁，两臂微屈，掌心朝下，掌指朝前，掌心斜朝内；双目平视前方（图8-3-34）。

图 8-3-30

图 8-3-31

图 8-3-32

NOTE

图 8-3-33   图 8-3-34

动作要点：

（1）两臂弧形绕行时要放松，成歇步或成盘根步和推掌要协调一致。

（2）成歇步时上体要正直，脚尖外摆，两腿要盘屈拧紧。

（3）意念集中，意念劳宫，绵绵若守。

（七）迎风掸尘

1. 随着吸气，提肛调裆；两脚不动，身体左转45°，同时两臂内旋，两掌分别向左右弧形摆至体侧，掌心朝后，臂自然伸直，掌与肩同高；眼看左前方（图8-3-35）。

动作不停，身体稍右转，同时臂外旋使掌心朝前，两臂自然伸直，继而随着身体稍左转，重心移至右腿，右腿半蹲。左脚向左前方上一步成左虚步，同时两臂继续外旋向上、向里划弧，两掌背小指侧贴于胸部，掌指朝上；眼看左前方（图8-3-36）。

2. 随着呼气，松腹松肛；重心下沉慢慢前移成左弓步，同时两掌背贴衣襟两侧向下，略向外、向前，臂内旋划弧掸尘达于胸前，两臂自然伸直，掌心朝外；眼看左前方（图8-3-37）。

3. 随着吸气，提肛调裆；身体重心移于右腿，右腿下蹲，左腿伸直，左脚尖翘成左虚步；同时随着身体微右转，两臂外旋，两掌向胸前划弧，掌指贴衣襟停于胸部两侧，掌指朝上；双目平视前方（图8-3-38）。

4. 2解、3解动作再做两遍（图8-3-37、图8-3-38）。

5. 随着呼气，松腹松肛；身体向右转正，左脚向右脚并拢，随之两腿由屈逐渐伸直；同时两掌分别先内旋，后外旋向下、向两侧、向面前划弧经腹前垂于胯旁，臂微屈，掌心朝下，掌指朝前、斜前、朝内；双目平视前方（图8-3-39）。

图 8-3-35

第二个八拍同第一个八拍，惟动作左右相反。

练功次数： 做二至四个八拍。

图 8-3-36

图 8-3-37

图 8-3-38

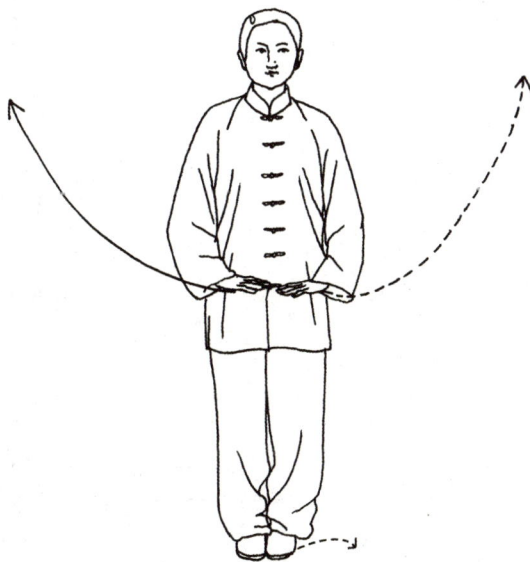

图 8-3-39

动作要点：

（1）意守劳宫。

（2）开步和并步时，均要先稳定重心。

（3）两臂旋转幅度宜大，上下肢要协调一致。

（八）老翁拂髯

1．随着吸气，提肛调裆；重心移至右腿，右腿半蹲，左脚向左多开步，略宽于肩，脚尖朝前，同时两臂内旋，两掌分别向左右反臂托掌，臂自然伸直，高与肩平，掌心朝后；眼看左掌（图8-3-40）。

动作不停,重心移至左腿,左腿半蹲,右腿伸直;同时两掌外旋使掌心朝前上方,两臂略屈;眼看左掌(图8-3-41)。

2. 随着呼气,松腹松肛;右脚向左脚并步,随之两腿由屈逐渐伸直,同时两掌向上,向面前划弧,用虎口托胡须经胸前向前下方按掌,两臂成弧形,掌心朝下,虎口朝前;双目平视前方(图8-3-42)。

3. 同1解、2解,惟动作左右相反(图8-3-40~图8-3-42)。

4. 动作1解~3解再做一遍(图8-3-40~图8-3-42)。

练功次数: 做两个八拍,第二个八拍同第一个八拍,惟两脚不动。第二个八拍的第八拍,两掌叠于丹田,稍停片刻后,垂于体侧,掌指朝下;双目平视前方(图8-3-43)。

图 8-3-40

图 8-3-41

图 8-3-42　　　　　　　　　　　　图 8-3-43

动作要点：

（1）身体充分放松，上下肢要协调一致。

（2）两掌托须下按时，百会要上顶，显示出神采奕奕的风姿。

（3）练功完毕，稍停片刻，再离开练功位置。

第四节　练功十八法

一、练功十八法概述

练功十八法是庄元明在整理导引、五禽戏、八段锦等传统保健体育项目，并继承著名伤科医师王子平的祛病延年二十势的经验基础上，通过多年临床实践，不断总结提高，逐步形成的一套自我锻炼防治颈、肩、腰、腿痛的医疗保健操。

练功十八法的动作与传统保健体育中许多项目的动作相似。如"展臂弯腰""双手攀足""开阔胸怀""双手托天""叉腰旋转"等是从八段锦、五禽戏、易筋经等借鉴而来的。总之，练功十八法的动作基本是以传统保健体育为基础和依据的。如针对肩关节功能障碍及局部软组织粘连、痉挛和僵硬等所致的肩关节活动不利等病变，创编了以活动肩部为主的身体练习，如"双手伸展""展翅飞翔"和"铁臂单提"等。

实践证明，坚持练功十八法的锻炼能提高调节神经和肌肉系统活动功能、疏通气血，提高人体新陈代谢水平，从而增强人体抵抗疾病的能力。坚持练功十八法的锻炼可达到增强体质、预防疾病的目的，因此，可以说练功十八法是一套"有病治病，无病强身"的医疗保健操。

NOTE

二、动作说明

（一） 颈项争力

1. 左脚向左迈出一步，两手叉腰，同时头向左转至最大限度，目视左方（图8-4-1、图8-4-2）。

2. 头转正，目视前方。

3. 头向右转至最大限度，目视右方。

4. 头转正，目视前方。

5. 抬头望天（图8-4-3）。

6. 头转正，目视前方。

7. 低头看地（图8-4-4）。

8. 头转正，目视前方。

图 8-4-1   图 8-4-2   图 8-4-3   图 8-4-4

动作要点：头在旋左、旋右、抬头、低头时，尽量加大幅度，上体保持正直，使颈部肌肉有酸胀感。

适应范围：颈部急性扭伤，如落枕；慢性颈部软组织疾病，如颈椎病等。

（二） 左右开弓

预备姿势：两脚开立，稍宽于肩；两手虎口相对成圆形，掌心向前，离面部约30cm；目视前方（图8-4-5）。

1. 两手轻握拳左右分开至体侧，拳心向前，小臂与地面垂直；同时头向右转，眼随右手（图8-4-6）。

2. 还原成预备姿势。

动作3~4与动作1~2相同，惟方向相反（图8-4-6）。

 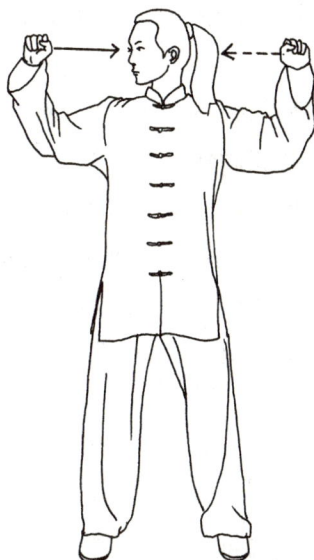

图 8-4-5   图 8-4-6

动作要点：两手侧拉开至最大幅度，两肩胛用力后缩时，要防止挺胸，使颈项、肩背部肌肉有酸胀感，并可放射至两臂肌群，同时胸部有舒畅感。

适用范围：颈项、肩背酸痛及僵硬，手臂麻木及胸闷等。

（三） 双手伸展

预备姿势：两脚开立，稍宽于肩；两臂屈肘，轻握拳于体侧，拳高于肩，拳心向前；目视前方（图 8-4-7）。

1. 两拳松开，两臂上举伸直，掌心向前；抬头挺胸，眼随左手（图 8-4-8）。

2. 还原成预备姿势。

动作 3~4 与动作 1~2 相同，惟方向相反（图 8-4-8）。

 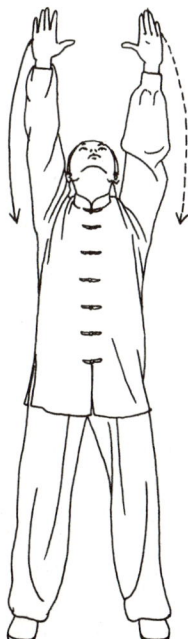

图 8-4-7   图 8-4-8

动作要点：两臂垂直上举靠近头侧，脚跟不能提起，抬头挺胸，颈、肩、腰、背部有酸胀感。

适用范围：颈、肩、腰、背部酸痛，肩关节功能障碍，如肩周炎、手臂提举不便等。

（四）开阔胸怀

预备姿势：两脚开立，稍宽于肩；两手掌交叉于腹前，掌心向里（图 8-4-9）。

1. 两臂交叉上举，目视两手（图 8-4-10）。

2. 两手翻掌经体侧划弧下落（图 8-4-11），眼随左手下移，还原成预备姿势。

动作 3~4 与动作 1~2 相同，但眼随右手下移（图 8-4-10、图 8-4-11）。

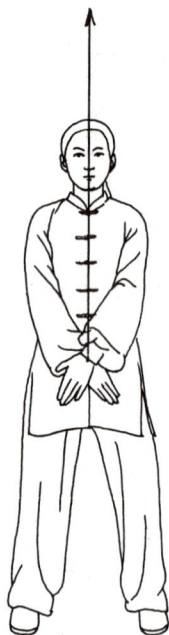

图 8-4-9

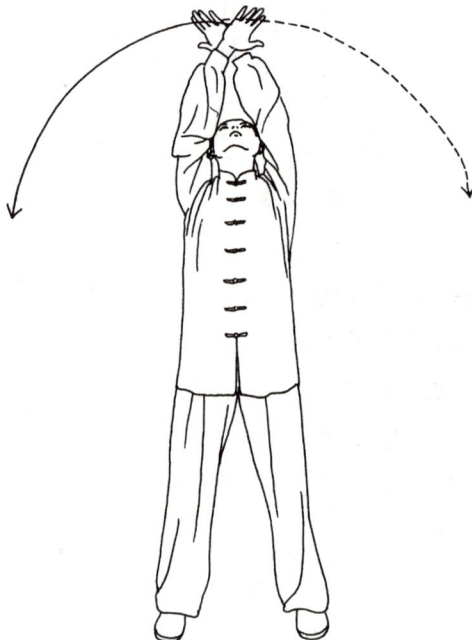

图 8-4-10

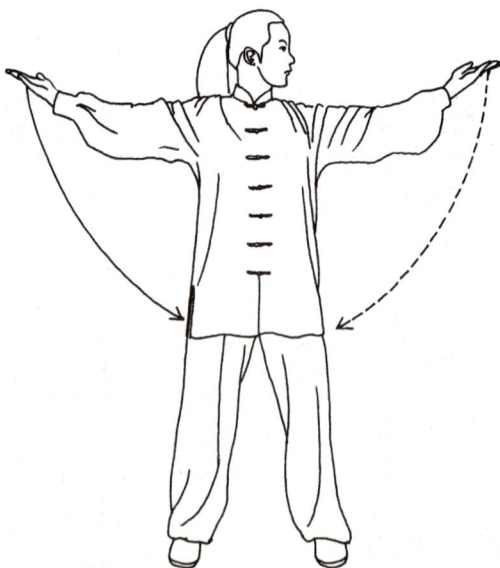

图 8-4-11

动作要点：两臂充分向上，直臂伸展；分开后，眼睛交替随视左右手；上举抬头时，颈、肩、腰有酸胀感。

适应范围：肩关节周围炎、肩关节功能障碍，以及颈、背、腰酸痛等。

（五）展翅飞翔

预备姿势：两脚开立，稍宽于肩；两臂垂于体侧（图8-4-12）。

1. 两臂屈肘上提经体前侧成"展翅"状，肘高于眉；手背相对；眼随左肘上提（图8-4-13）。

2. 两肘下落，两手在面前成立掌，掌心斜相对（图8-4-14），再经体前徐徐下按，还原成预备姿势。

动作3~4与动作1~2相同，但眼随右肘上提（图8-4-13、图8-4-14）。

图8-4-12　　　　　　　图8-4-13　　　　　　　图8-4-14

动作要点：提肘下落时注意肩关节环转活动；两肘上提时，不能耸肩，要体会肩部和两肋的酸胀感。

适应范围：肩关节僵硬及上肢活动功能障碍，如冻结肩等。

（六）铁臂单提

预备姿势：同第五式。

1. 左手臂经体侧举至头上方成托掌，掌指朝后，抬头；同时右臂内旋屈肘上提，手背紧贴腰背部（图8-4-15）。

2. 左手臂经体侧下落，再内旋屈肘上提，手背紧贴腰背部（图8-4-16）；眼随左手。

动作3~4与动作1~2相同，惟左右相反，眼随右手（图8-4-15、图8-4-16）。

NOTE

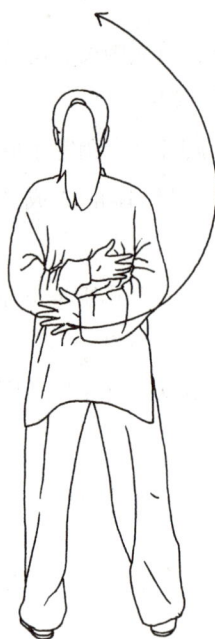

图 8-4-15   图 8-4-16

动作要点：手臂上举时要伸直，尽可能举到顶点，后屈臂逐渐上移至背部；眼要始终随上举手背移动。上举托掌抬头时，同侧颈部有酸胀感，感觉胸部舒畅。

适应范围：肩关节僵硬，活动不便，颈、肩、腰痛及胃脘胀满。

（七）双手托天

预备姿势：两脚开立，稍宽于肩，十指交叉于腹前，掌心向上（图 8-4-17）。

1. 两臂上提至颈前部，反掌上托，挺胸抬头，掌心向上（图 8-4-18）。

2. 头部还原前视，两臂带动上体向左侧屈体一次（图 8-4-19）。

3. 再侧屈一次。

4. 两臂分开，经体侧下落（图 8-4-20），还原成预备姿势；眼随左手。

动作 5~8 与动作 1~4 相同，惟左右相反，眼随右手（图 8-4-18~图 8-4-20）。

图 8-4-17

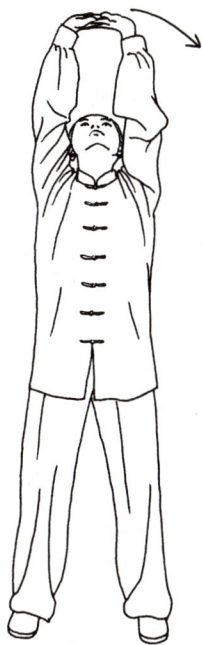

图 8-4-18

图 8-4-19

图 8-4-20

动作要点：上体侧屈时，两臂必须伸直，上体不能前倾或转体，使颈和腰部两侧肌肉有明显酸胀感，并延展至肩、臂、手指。

适应范围：颈、腰部僵硬，肩、肘关节及脊柱活动不便，脊柱侧弯等。

（八）**转腰推掌**

预备姿势：两脚开立，稍宽于肩；双手握拳于腰侧（图 8-4-21）。

1. 左手由拳变立掌向前推出，掌心向前；同时上体右转，右肘向右侧后顶使两臂成一直线；目视右后方（图 8-4-22）。

2. 还原成预备姿势。

动作 3~4 与动作 1~2 相同，惟左右相反，目视左后方（图 8-4-21、图 8-4-22）。

NOTE

图 8-4-21　　　　　　　　　　　　图 8-4-22

动作要点：转腰推掌时上体正直，不能前俯后仰；转腰旋转达到最大幅度，使颈、肩、腰、背部有酸胀感。

适应范围：颈、肩、腰、背部软组织劳损，如颈椎病伴有手臂麻木、肌肉萎缩、腰痛等。

（九）叉腰旋转

预备姿势：两脚开立，稍宽于肩，两手叉腰，大拇指向前（图 8-4-23）。

动作 1~4 两手用力推动骨盆作顺时针方向环转一周（图 8-4-24）。先做顺时针方向 1~2 个八拍，后做逆时针方向一至两个八拍。

图 8-4-23　　　　　　　　　　　　图 8-4-24

动作要点：腰部转动的幅度尽可能大；骨盆与腰椎转动时，头部及上身活动幅度要尽量小；转动要缓慢、连贯、协调，使腰部有明显酸胀感。

适应范围：腰部急性扭伤及慢性腰痛，对长期弯腰或某种以固定姿势办公而形成的腰骶部酸痛、劳损等有防治作用。

（十）展臂弯腰

预备姿势：同第四式。

1. 两臂交叉前上举，抬头、挺胸收腹；目视手背（图8-4-25）。

2. 两臂经体侧下落至侧平举，掌心向上（图8-4-26）。

3. 两手翻掌，同时上体挺胸前屈，掌心向下，抬头（图8-4-27）。

4. 两臂下落体前，两手交叉触地，抬头（图8-4-28）。

动作5~8与动作1~4相同，最后一拍还原成预备姿势（图8-4-25~图8-4-28）。

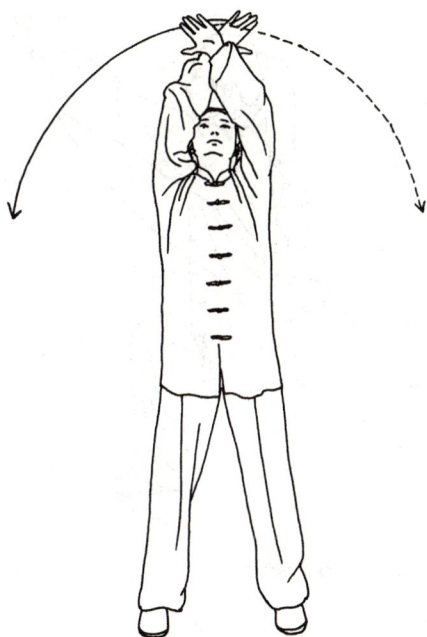

图 8-4-25

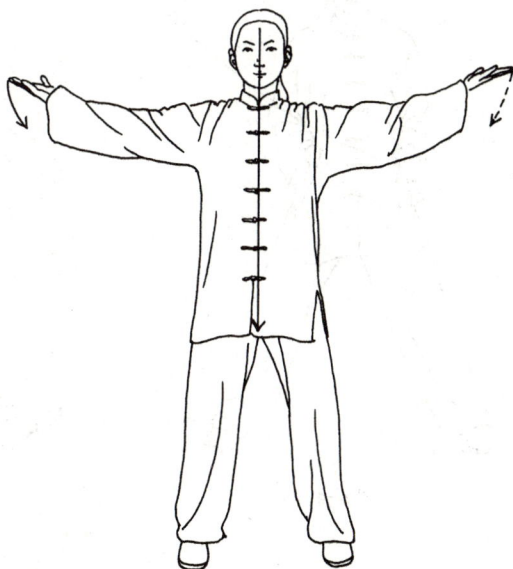

图 8-4-26

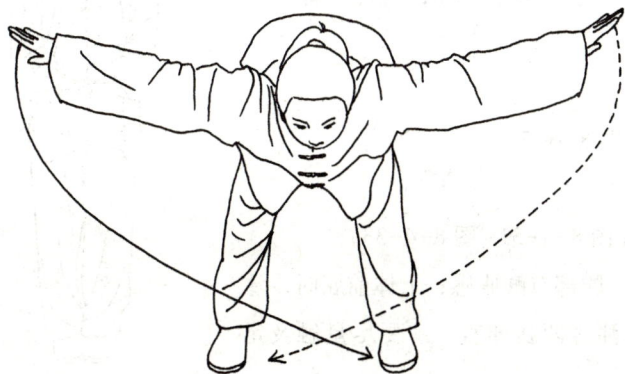

图 8-4-27

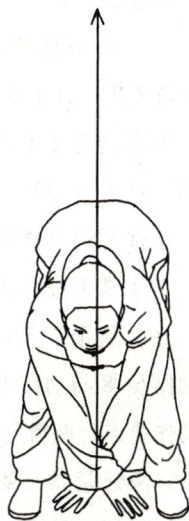

图 8-4-28

动作要点：两臂上举目视上方时，腰部有酸胀感；弯腰时，两臂要保持与肩部成一直线；两手交叉时，手指尽量触及地面，两腿后肌群有酸胀感为宜。

适应范围：颈、肩、腰、背、腿酸痛等。

（十一） 弓步插掌

预备姿势：分腿直立一大步，约两肩宽，两手握拳于腰侧（图 8-4-29）。

1. 上体左转成左弓步，右拳变掌向前上方插掌，高与头平，左肘向后方顶（图 8-4-30）。

2. 还原成预备姿势。

动作 3~4 与动作 1~2 相同，惟左右相反（图 8-4-30）。

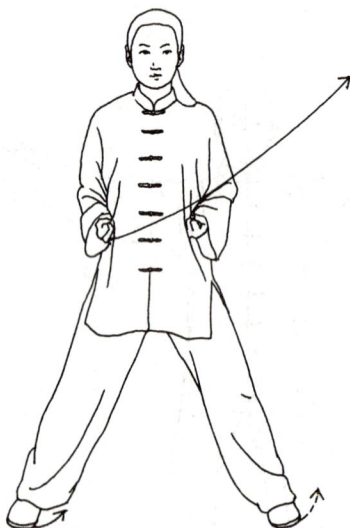

图 8-4-29

图 8-4-30

动作要点：弓步时，要做到上体正直，后腿蹬直，插掌臂伸直，屈肘臂后顶，产生反方向内劲，使腰腿有明显的酸胀感。

适应范围：腰、背、腿痛及腰脊柱小关节紊乱。

（十二） 双手攀足

预备姿势：并步身体直立。

1. 两手指交叉于腹前上提，经颈前翻掌上托；目视手背（图 8-4-31、图 8-4-32）。

2. 上体前俯直臂下落。

3. 两手掌下按脚背；抬头（图 8-4-33）。

4. 还原成预备姿势。

动作 5~8 与动作 1~4 相同（图 8-4-31~图 8-4-33）。

动作要点：两臂上托时，颈、腰部有酸胀感；上体前屈时，注意抬头，两臂紧靠头侧；攀足时注意两腿伸直，掌要尽量触及足背，腰、腿部有明显酸胀感。

适用范围：腰、腿部软组织劳损，弯腰不便，脊柱侧弯，腿部酸痛麻木及屈伸不利等。

图 8-4-31

图 8-4-32

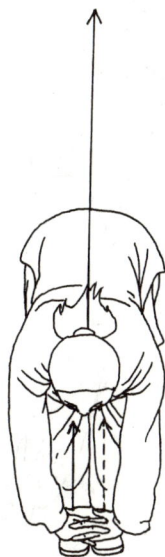

图 8-4-33

（十三） 左右转膝

预备姿势：身体直立，上体前屈，两手扶膝；膝关节弯曲；目视前方（图 8-4-34）。

动作 1~2 两手扶膝，两膝弯曲作顺时针方向环绕一周（图 8-4-35）。还原成预备姿势。做一至两个八拍，再逆时针方向做一至两个八拍。

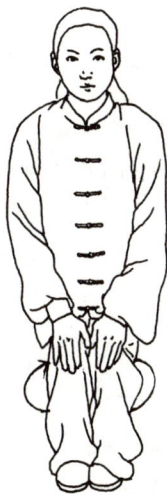

图 8-4-34

图 8-4-35

动作要点：转膝速度应缓慢、连贯、均匀，幅度宜大，使膝、踝关节和股四头肌有酸胀感。

适应范围：膝、踝关节酸痛、无力。膝关节髌下脂肪垫劳损及膝关节内、外侧副韧带损伤等。

（十四） 仆步转体

预备姿势：分腿直立一大步，约两肩宽，两手叉腰（图 8-4-36）。

1. 左腿成仆步，上体左转 45°（图 8-4-37）。

2. 还原成预备姿势。

动作 3~4 与动作 1~2 相同，惟左右相反（图 8-4-36、图 8-4-37）。

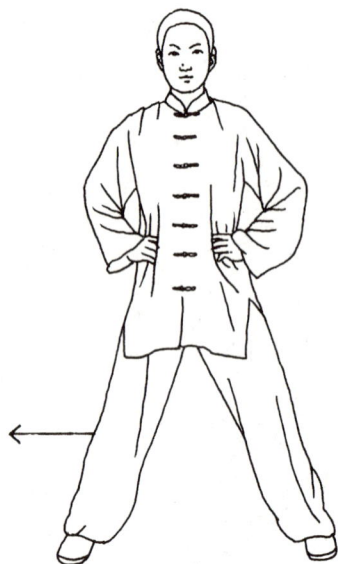

图 8-4-36   图 8-4-37

动作要点：仆步转体时，上体保持正直，两脚平行不能移动，使伸直腿内收肌群和屈膝腿的股四头肌有酸胀感。

适应范围：腰、臀、腿痛，髋、膝、踝关节活动不利，内收肌劳损，下肢肌肉萎缩，行走不便等。

（十五）俯蹲伸腿

预备姿势：身体直立。

1. 上体前屈，两手扶膝；两腿弯曲；目视前方（图 8-4-38）。

2. 两手扶膝指尖相对，屈膝全蹲；目视前方（图 8-4-39）。

3. 两手掌相叠下按脚背，再伸直两腿；抬头（图 8-4-40、图 8-4-41）。

4. 还原成预备姿势。

动作 5~8 与动作 1~4 相同（图 8-4-38~图 8-4-41）。

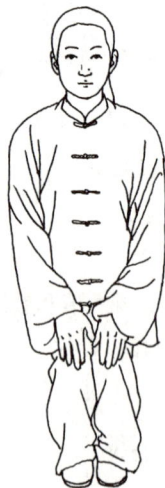

图 8-4-38   图 8-4-39

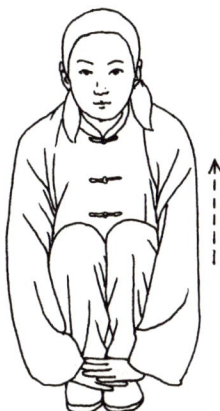
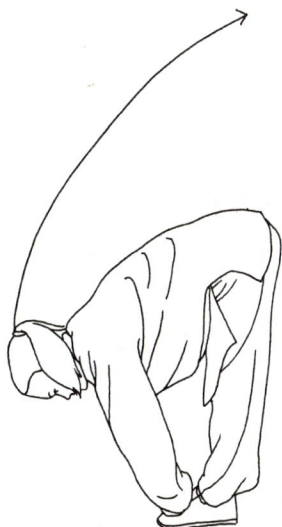

图 8-4-40　　　　　　　　　　　　图 8-4-41

动作要点：两脚不能分开，脚跟不能抬起；全蹲时，大腿的前肌群及膝关节可有酸胀感；两腿伸直时，两手尽量按住脚背，大小腿后肌群有明显的酸胀感为宜。

适应范围：因髋、膝关节活动不利，下肢屈伸困难而引起的下肢肌肉萎缩及坐骨神经痛等。

（十六）　扶膝托掌

预备姿势：两脚开立约一肩半宽，两臂垂于体侧。

1. 上体前屈，右手扶左膝（图 8-4-42）。

2. 上体挺直，两腿屈膝成马步；左臂经体前上举成托掌，手指朝后；目视手背（图 8-4-43）。

3. 上体前屈，两腿伸直；左手扶右膝，与右手交叉（图 8-4-44）。

4. 同 2 解，惟动作左右相反（图 8-4-43）。

动作 5~8 与动作 1~4 相同（图 8-4-42~图 8-4-44）。

图 8-4-42　　　　　　　　图 8-4-43　　　　　　　　图 8-4-44

动作要点：托掌时上体要挺直，托掌臂要伸直；扶膝手要贴在膝关节内侧，使颈、肩、腰、腿部有酸胀感。

适应范围：颈、肩、腰、腿部酸胀痛及下肢肌肉萎缩等。

（十七）胸前抱膝

预备姿势：身体直立。

1. 左脚上一步，身体重心移至左腿，右脚跟提起；两臂前上举，手心相对；抬头挺胸（图8-4-45）。

2. 两臂经体侧下落，同时提右膝；两手紧抱右膝于胸前，左腿伸直（图8-4-46、图8-4-47）。

3. 两臂前上举，右腿后落，还原成动作1（图8-4-45）。

4. 左脚后退还原成预备姿势。

动作5~8与动作1~4相同，惟方向相反（图8-4-45~图8-4-47）。

 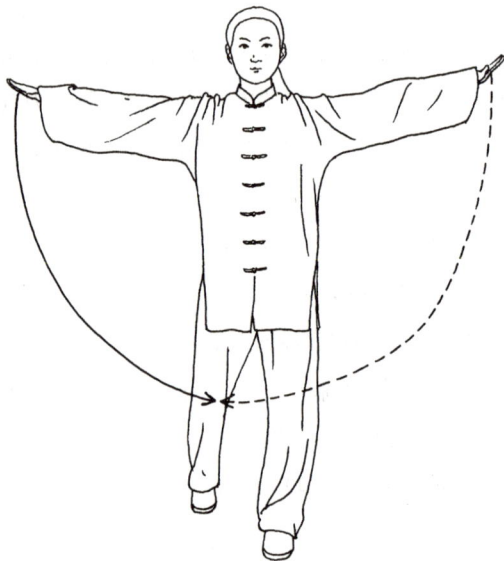 

图8-4-45　　　　　　　　　　图8-4-46　　　　　　　　　　图8-4-47

动作要点：上举臂要伸直，抱膝尽量靠拢胸部；上体挺直，支撑腿不能弯曲；重心要稳定，使支撑腿的后肌群及抱膝腿的前肌群均有酸胀感。

适应范围：臀、腿酸痛及屈伸功能障碍。

（十八）雄关漫步

预备姿势：身体直立，两手叉腰。

1. 左脚向前一步，右脚跟提起，挺胸；重心前移至左腿（图8-4-48）。

2. 右脚跟落地，稍屈右膝，左脚跟着地，脚背向上背屈；重心后移至右腿（图8-4-49）。

3. 左脚落地，右脚跟提起，挺胸；重心前移至左腿（图8-4-50）。

4. 稍屈左膝，右脚向前一步，右脚跟着地，脚背向上背屈；重心后移至左腿（图8-4-51）。

5. 同3解，惟动作左右相反（图8-4-50）。

6. 同4解，惟动作左右相反（图8-4-51）。

7. 右脚后退一步，稍屈右膝，重心在右腿，左脚脚跟着地，成左虚步（图8-4-49）。

8. 还原成预备姿势（图8-4-52）。

第二个八拍同第一个八拍，惟动作左右相反。

图 8-4-48

图 8-4-49

图 8-4-50

图 8-4-51

图 8-4-52

动作要点： 上体在移动时要保持正直，根据重心前后移动，分清虚步和实步；重心在左腿时，左腿及右踝有酸胀感，重心在右腿时，右腿及左踝有酸胀感。

适应范围： 下肢酸痛、关节活动不便。

【思考题】

1. 简述现代导引养生功法健身养生的特点。

2. 简述舒心平血功的功法特点及功效。

3. 简述练习导引保健功的动作要点及注意事项。

附录 中国传统保健功法竞赛规则

第一章 裁判人员及其职责

第一条 裁判人员的组成

一、总裁判长 1 人，副总裁判长 1~2 人。

二、裁判组设裁判长 1 人，评分裁判员 5 人，技术检查员 1 人，计时、计分员 1 人。

三、编排记录长 1 人，编排记录员 2~3 人。

四、检录长 1 人，检录员 2~3 人。

五、宣告员 1~2 人。

第二条 裁判人员的职责

裁判人员应在大会领导下，严肃、认真、公正、准确地做好裁判工作，其职责如下：

一、总裁判长

（一）组织领导各裁判组的工作，保证规则的执行。比赛前，组织裁判人员熟悉规则和裁判法，检查各项准备工作。

（二）讲解和解决规则中不详尽或无明文规定的问题，但无权修改规则和规程。

（三）裁判组的评分不能取得一致时，可做最后决定。

（四）发现裁判员的评分中有明显不合理现象，有权责成裁判长进行调整。

（五）在宣布最后得分之前，总裁判长有权直接进行调整。

（六）在比赛进行中，运动员有不正当行为或裁判人员发生严重错误，有处罚的权利。

（七）在竞赛过程中，有权调动裁判人员。

（八）审核并宣布大会比赛成绩，做好裁判总结工作。

二、副总裁判长

（一）协助总裁判长工作。

（二）会同总裁判长判断最后得分是否合理。

（三）在总裁判长缺席时，可由 1 名副总裁判长代行其职责。

（四）领导与指导大会宣告员、技术摄像人员的工作。

三、裁判长

（一）组织裁判组的业务学习，落实裁判工作。

（二）负责参赛队申请重做和由裁判长执行的其他错误扣分。宣告参赛队的最后得分。

（三）裁判员评分中出现明显不合理现象或有效分之间出现不允许的差数时，有权调整。

NOTE

（四）对裁判员有劝告、警告和建议撤换的权力。

四、评分裁判员

（一）服从裁判长的领导，参加裁判组赛前业务学习，做好各项准备工作。

（二）严格按规则独立评分，认真记录。

（三）在评分中，应服从裁判长的指示。

（四）如裁判长有不公行为，有权以书面形式向仲裁委员会或组委会申诉。

五、技术检查员

（一）按规则规定检查参赛队在比赛中的动作组别、顺序和人数。

（二）负责有时间要求的动作的计时检查。

（三）协助计时、计分员，做好报分及核算得分。

六、计时、计分员

（一）应准确地计算运动员完成功法的时间，遇有与规则不符者，应及时报告裁判长予以扣分。

（二）负责所在裁判组的计分工作，并核算最后得分。

七、编排记录长

（一）负责编排记录组的全部工作，审查报名表，并根据大会要求，编排好秩序册。

（二）准备比赛时需要的各种记录表格，审核比赛成绩，计算得分及排列名次。

八、编排记录员

编排记录员根据编排记录长分配的任务进行工作。

九、检录长

检录长负责记录组的全部工作，如有变化应及时向总裁判长报告。

十、检录员

（一）按照比赛顺序做好运动员的检查，委托一名运动员带队入场，并向裁判长递交检录表。

（二）检查参赛队的服装，如遇与规则不符者，不允许上场。

十一、宣告员

宣告员在比赛过程中，报告比赛成绩，介绍竞赛规程、规则和比赛项目的特点。

第二章　竞赛通则

第三条　竞赛性质

竞赛性质为集体竞赛，上场队员为三男三女。

第四条　竞赛项目

一、五禽戏。

二、八段锦。

三、易筋经。

四、七星功。

五、其他功法。

第五条　名次评定

一、得分最多者为该单项的第一名，次多者为第二名，依此类推。

二、整体水平分与重点动作分的低无效分之和高者列前。

三、整体水平分与重点动作分的高无效分之和低者列前。

四、重点动作分中有效分的平均值高者列前。如仍相等，出场顺序号在前者，名次列前。

第六条　服装、进场、退场、起势、收势、功法计时、配乐和礼节

一、裁判员应穿统一的服装，佩戴统一的裁判标志。

二、比赛时，运动员应穿规定的比赛服，穿武术鞋或运动鞋。

三、参赛队听到点名后应立即进场。待裁判长示意后，即走向起势位置。

四、运动员身体的任何部位开始动作即为起势，并开始计时。

五、运动员完成套路后，需并步收势，计时结束，再转向裁判长行注目礼，即可退场。

六、八段锦、易筋经、七星功比赛的参赛队须成两列横队，面向裁判长，女运动员在前排，男运动员在后排；五禽戏、其他功法的比赛队形可随意变化。

七、裁判组用两块秒表计时，若不一致，以接近规定时间的秒表为准。

八、功法比赛必须配乐，选择适合功法特点的中国民族音乐不得有唱词。

九、参赛队听到上场比赛的点名和赛后示意分时，应向裁判长行抱拳礼。抱拳礼：两腿并步站立，左掌右拳在胸前相抱，高与胸齐，拳、掌与胸间距离为20～30cm。

第七条　弃权

参赛队应按规定时间参加检录，三次检录不到，即为弃权。

第八条　申诉

一、参赛队如果对裁判人员的判决结果有异议，必须在该项该场比赛结束后30分钟内向仲裁委员会递交由该队团长签字的申诉书，同时交付申诉费1000元。申诉正确，除予以改判外，退回800元；申诉不正确，则维持原判，申诉费作为优秀裁判员的奖励。

二、仲裁委员会查看录像时，应以大会拍摄录像并以正常播放速度为准。

三、申诉对象仅限于一队，一次申诉仅限一个问题。

四、各队必须服从仲裁委员会的最终裁决。如果因不服而无理纠缠，根据情节轻重，可以建议组委会给予严肃处理。

第九条　比赛顺序

参赛队的比赛顺序，应在竞赛委员会的督促下，赛前由各代表队派代表抽签决定。如果一个参赛队出现两次第一出场时，则应在所在分组内予以调整，该组可重新抽签。

第三章　评分标准与方法

第十条　五禽戏、八段锦、易筋经、七星功的评分标准

各项功法比赛的满分为10分。其中整体水平的分值为9分，重点动作的分值为1分。

一、五禽戏的整体水平评分标准（9分）

质量的评分：姿势正确，动静分明，精神贯注，技术熟练。此类分值为5分。

配合的评分：队形整齐，变化流畅，动作协调一致。此类分值为3分。

结构布局的评分：结构恰当，布局匀称，并有一定的图案。此类分值为1分。

二、八段锦、易筋经、七星功的整体水平评分标准（9分）

质量的评分：姿势正确，运劲顺达，精神贯注，技术熟练。此类分值为6分。

配合的评分：队形整齐，动作一致，协调完整。此类分值为3分。

五禽戏、八段锦、易筋经、七星功比赛时，参赛队的动作和方法与规定要求轻微不符合者，每出现一次扣0.05分；显著不符者，每出现一次扣0.1分；严重不符者每出现一次扣0.15分。一个动作出现多次错误，最多扣分不得超过0.2分。

三、五禽戏、八段锦、易筋经、七星功重点动作的评分标准（1分）

每套功法含五个重点动作，七星功为七个重点动作，每个重点动作的分值为0.2分。重点动作符合规定要求者给予满分。参赛队在完成某一个重点动作时，有一人出现与规定动作要求轻微不符者，扣0.05分；显著不符者，扣0.1分；严重不符者，扣0.15分。多人出现上述错误时，按失误人数累计扣分，但最多扣分不得超过0.2分。

第十一条 其他功法的评分标准

一、质量的评分

姿势正确，刚柔相济，精神贯注，技术熟练。此类分值为4分。

二、内容的评分

内容充实，功法的特点和风格突出，整套功法中应包括该功法的基本动作和基本方法。此类分值为3分。

三、配合的评分

队形整齐，动作协调一致。此类分值为2分。

四、结构布局的评分

结构恰当，布局匀称，并有一定的图案。此类分值为1分。

第十二条 其他错误的扣分

一、未完成套路

凡参赛队没有完成套路中途退场者，均不予评分。

二、遗忘

每出现一次遗忘，根据不同程度扣0.1~0.2分。

三、服饰影响动作

出现服饰掉地，服装开扣、撕裂等失误现象时，每出现一次扣0.1~0.2分。

四、失去平衡

每出现一次明显摆动扣0.05分，每出现一次移步、跳动扣0.1分，每出现一次附加支撑扣0.2分，每出现一次倒地扣0.3分。

以上（一至四）四种错误，扣分均由裁判员执行。

五、其他

规定功法队形不符合要求者，扣0.1分；起势和收势有意拖延时间者，扣0.1~0.3分（每5秒扣0.1分）。

六、重做

（一）因客观原因造成比赛中断者，经裁判长同意，可重做一次，不予扣分。

（二）因动作遗忘、失误等原因造成比赛中断者，可重做一次，扣1分。

（三）临场因受伤不能继续比赛者，裁判长有权令其中止。经过简单治疗即可继续比赛的，可安排在该组最后一名继续上场，按重做处理，扣1分。

七、平衡时间不足

凡指定持久平衡动作的静止时间不足1秒者，扣0.2分；不足2秒者，扣0.1分。

八、功法完成时间不足或超过规定时间

五禽戏、易筋经、其他功法完成时间为5~6分钟，5分钟时裁判长应鸣哨示意；八段锦为4~5分钟，4分钟时裁判长应鸣哨示意。超出或不足规定时间达0.1~5秒者，扣0.1分；达5.1~10秒者，扣0.2分，依此类推。

九、动作数量

（一）八段锦、易筋、七星功经每多或少一个动作扣0.3分；动作与规定要求不相符合者，每出现一次错误，扣0.1~0.3分。

（二）五禽戏每少一个动作扣0.3分；动作与规定要求不相符合者，每出现一次错误，根据不同程度扣0.1~0.3分；为了全套功法衔接，可增加过渡动作，但不得出现跌仆滚翻类动作，每出现一次，扣0.3分。

十、动作方向

八段锦、易筋经、七星功凡偏离规定方向45°以上，每出现一次，扣0.1分。

以上（五至十）六种错误，扣分均由裁判长执行。

第十三条　评分方法

一、裁判员评分

裁判员根据参赛队现场发挥的技术水平，按照各功法项目的评分标准，在各类分值中减去错误动作的扣分，即为运动员的得分。裁判员所示分数应取到小数点后两位数，小数点后面的第二位数按照武术规则可以是0到9。

二、应得分的确定

（一）五禽戏、八段锦、易筋经、七星功比赛，裁判员示两次分，第一次为整体水平分，第二次为重点动作分。五名裁判员评分，取中间三个分数的平均值，两次示分的平均值相加，即为该参赛队的应得分。

（二）其他功法比赛，五个裁判员评分，取中间三个分数的平均值，即为该队的应得分。

三、裁判长的加减分

裁判员评分出现明显不合理现象时，在未宣布运动员的最后得分前，裁判长有权加分或减分。有效分的平均值在9分或9分以上时，加减分的分值不得超过0.05分；有效分的平均值在9分以下时，加减分的分值不得超过0.1分。

四、总裁判长的加减分

总裁判长认为最后得分偏高或偏低时，可与裁判长协商，要求裁判长加分或减分；还可直接加分或减分，分数改变后，由总裁判长签名。有效分的平均值在9分或9分以上时，加减分的分值不得超过0.1分；有效分的平均值在9分以下时，加减分的分值不得超过0.2分。

五、最后得分的确定

（一）裁判长以运动员的应得分数中扣除其他错误的扣分，以及本人和总裁判长的加减分，即为该参赛队的最后得分。

（二）裁判长公开宣布参赛队的最后得分。

附：规定功法动作名称、重点动作特殊要求及错误扣分

一、五禽戏

（一）虎戏：虎窥、虎抓、虎扑*、虎卧

（二）鹿戏：鹿兴*、鹿跑、鹿抵、鹿盘

（三）熊戏：熊行、熊晃、熊倒*、熊攀

（四）猿戏：猿跃、猿采*、猿摩、猿挠

（五）鸟戏：鸟伸、鸟顾、鸟翔*、鸟落

注："*"为重点动作。

附表 1　五禽戏重点动作特殊要求及错误扣分标准

动作名称	特殊要求	错误扣分		
		轻微错误（扣 0.05 分）	显著错误（扣 0.10 分）	严重错误（扣 0.15 分）
虎扑	1. 两腿跳起腾空，四肢舒展，抬头挺胸，身体成反弓状 2. 肘、膝同时着地，双手成虎爪	1. 身体未在空中展开，反弓状不明显 2. 双手落地时未成虎爪	1. 身体在空中平直，未成反弓状 2. 膝、肘依次着地	1. 身体在空中弓背猫腰 2. 脚先着地，再膝、肘着地成虎爪
鹿兴	1. 两手成鹿指，拇指抵于头顶两侧 2. 上体侧倾，挺胸拧腰，转头视后举腿的脚底 3. 后举腿屈膝，脚高于膝，并超过支撑腿外侧 4. 成平衡状，停足 2 秒	1. 两手拇指未触及头顶两侧 2. 后举腿的脚低于膝	1. 后举腿的脚未过支撑腿外侧 2. 未转头后视后举腿的脚底 3. 平衡时间不足 2 秒 4. 支撑腿跳动	
熊倒	1. 后倒圆活，含胸收腹，两腿屈膝，膝不过大腿垂直面 2. 左右晃动平稳柔顺，上下揉动协调自然 3. 起立平稳、柔和、圆活、轻灵	1. 倒地后，膝超过大腿垂直面 2. 起立时，借力明显，动作速度过快	起立时，两脚移步	起立时，手附加支撑
猿采	1. 前跳采摘，后举腿伸直或稍屈，高于臀部 2. 转身滚翻，圆活轻灵	1. 后举腿弯曲明显，低于臀部 2. 滚翻不圆活	前跳采摘，支撑腿跳动	滚翻时，手附加支撑
鸟翔	1. 两臂上下起落与支撑腿屈伸协调一致 2. 腿后摆时，高于臀部；前摆时，膝伸直，脚不能碰地，支撑腿屈膝全蹲	1. 两臂摆动与支撑腿屈伸不协调 2. 后摆腿低于臀部 3. 前摆腿屈膝 4. 前摆时，支撑腿半蹲	1. 前摆腿脚着地 2. 全蹲时，支撑腿脚跟离地 3. 支撑腿跳动	1. 下蹲时，手附加支撑 2. 下蹲时，臀部坐在地上（扣 0.2 分）

二、八段锦

（一）两手托天理三焦*

（二）左右开弓似射雕*

（三）调理脾胃须单举*

（四）五劳七伤往后瞧

（五）摇头摆尾去心火*

（六）双手攀足固肾腰*

（七）攒拳怒目增气力

（八）背后七颠百病消

注："*"为重点动作。

附表2　八段锦重点动作特殊要求及错误扣分标准

动作名称	特殊要求	错误扣分		
		轻微错误 （扣0.05分）	显著错误 （扣0.10分）	严重错误 （扣0.15分）
两手托天 理三焦	1. 两手上提过肩时，翻掌、提踵、眼随手动 2. 双手举至头顶正上方 3. 两臂左右分开成侧平举，脚跟落地	1. 重心不稳，晃动明显 2. 翻掌、提踵、眼随手动没有同时进行 3. 提踵不充分 4. 双手未举至头顶上方	1. 失重心，脚移步 2. 在两臂未成侧平举时，脚跟已着地	双手上举时，没有提踵
左右开弓 似射雕	1. 马步移至靠腿平衡时，身体重心起伏不能过大 2. 独立时，支撑腿大腿接近水平	1. 支撑腿明显晃动 2. 上体过于前倾 3. 移动时身体起伏过大 4. 支撑腿的大小腿夹角大于135°	1. 上盘腿没架上 2. 上盘腿滑落 3. 支撑腿移动、跳步	1. 手附加支撑 2. 倒地（扣0.2分）
调理脾胃 须单举	1. 弓、仆步变换时，步型不宜过大，变换圆活 2. 弓步单举掌时，抬头、挺胸、身体后仰；举臂与地面垂直，指朝对侧	1. 仆步变弓步时，弓步过大 2. 仆步脚跟离地	失重心，移脚步	仆步时，臀部坐地
摇头摆尾 去心火	1. 身体绕环时不能有明显起伏，圆滑柔顺 2. 两臂绕环在同一平面上 3. 绕环时，两手距离不变	1. 绕环时速度不匀，起伏明显 2. 两臂后绕时，身体无明显反弓形	两脚移步或跳动	
双手攀足 固肾腰	1. 身体前俯时，膝伸直 2. 腿搬起和放下时，膝伸直 3. 搬起腿高过腰 4. 支撑腿下蹲时要全蹲	1. 搬起腿屈膝 2. 搬起腿未过腰 3. 支撑腿未全蹲 4. 晃动明显	1. 搬腿时，脱手 2. 支撑腿跳动	1. 下蹲时，手附加支撑 2. 臀部坐地（扣0.2分）

三、易筋经

（一）拱手环抱#　　　　　　（五）出爪亮翅#

（二）两臂横担#　　　　　　（六）倒拽九牛尾*#

（三）掌托天门*#　　　　　　（七）九鬼拔马刀*

（四）摘星换斗#　　　　　　（八）三盘落地

（九）青龙探爪

（十一）打躬势[#]

（十）卧虎扑食[*]

（十二）掉尾势^{#*}

注："*"为重点动作；"#"为其中一动需停足2秒。

附表3 易筋经重点动作特殊要求及错误扣分标准

动作名称	特殊要求	错误扣分		
		轻微错误（扣0.05分）	显著错误（扣0.10分）	严重错误（扣0.15分）
掌托天门	1. 两手上提过肩时，翻掌、抬头、提踵同时完成，停足2秒 2. 两掌上托于额前上方，掌背朝前额	1. 重心不稳，晃动明显 2. 翻掌，抬头、提踵未同时进行 3. 提踵不充分	1. 失重心，移步 2. 提踵时，身体晃动，足跟着地 3. 提踵时间不足2秒	两脚未提踵
倒拽九牛尾	1. 身体前俯时，胸部触及大腿 2. 身体后仰时，上举臂并保持直角，上臂与地面垂直，弓步保持不变	1. 改变上举臂角度 2. 后仰时，上臂未达垂直面	1. 后仰时，弓步变大 2. 弓步后腿弯曲	
九鬼拔马刀	1. 两脚尖相触，脚跟外展90°以上 2. 两手背后相握	1. 脚跟外展不足90° 2. 两手背后接触，但不能扣握 3. 勾手不牢，两手脱开	两手背后无法触及	
卧虎扑食	1. 两臂宽同肩，两手撑地（男：拇指、食指指腹撑地）左脚背放在右脚跟上；两腿屈膝 2. 两臂屈肘，身体先降后升，胸、腹依次反弓形向前穿出，两臂伸直	1. 男子未以拇指、食指腹撑地 2. 身体不能先降后升成反弓形	支撑腿膝部触及地面	支撑不稳，倒地（扣0.2分）
掉尾势	1. 身体左右侧俯，两膝伸直，双手贴地 2. 身体前俯，两腿不能弯曲，双手伸过脚后，手掌贴地达2秒 3. 身体后仰成水平后，再两手分开前俯	1. 双手不过脚后 2. 手掌不能贴地 3. 后仰不成水平 4. 前俯停留时间不足2秒	1. 前俯时，两膝弯曲 2. 两脚移步	

四、七星功

（一）左右开弓

（二）顶天立地

（三）扭转乾坤

（四）前仆后仰

（五）大鹏展翅

（六）前后平衡

（七）天圆地周

NOTE

附表 4　七星功动作特殊要求及错误扣分标准

动作名称	难度要求	扣分标准
左右开弓	左脚（右脚）向前跨出成弓步，同时双手从大腿两侧由后向前抢臂划圆伸直，身体前扑，掌心朝下。腹部紧贴大腿，双手伸直与地面成 45°，手臂、肩、腰部与弓步后脚成一条直线	手臂、肩、腰部与弓步后脚未成一条直线或与地面角度明显大于 45°，各扣 0.1 分，累计扣分
顶天立地	双手向上推出，掌心朝上，同时双脚充分提踵	双脚提踵不充分或不足 2 秒各扣 0.1 分，累计扣分
扭转乾坤	旋转时以脚跟为轴，上身向后旋转 180°，同时两脚尖向内相碰，成三角形，整套动作应匀速完成	两脚尖未相碰成三角形或突然加速旋转，各扣 0.1 分，累计扣分
前扑后仰	1. 身体向下前扑时，双手由环跳穴沿大腿两侧下滑至踝关节，头部位于两腿之间 2. 后仰时双手向后伸直掌心朝上，上身与地面小于 135°	1. 前扑时头未达两腿之间或不足 2 秒各扣 0.1 分，累计扣分 2. 后仰时手臂弯曲、上身与地面角度大于 135°或不足 2 秒各扣 0.1 分，累计扣分
大鹏展翅	双手手向左右两侧伸直同时左脚向右侧插步。插步时，左剑指掌心朝前、右剑指掌心朝后（后一动作与前一动作相反）	插步时，双手剑指未成相反方向扣 0.1 分，累计扣分
前后平衡	双手成剑指向前伸直，同时一腿向后上伸直，双腿膝关节不得弯曲。双手与后举腿高于水平	前后平衡时，手脚低于水平或平衡不足 2 秒，各扣 0.1 分，累计扣分
天圆地周	双手由上往下划圆由掌变为剑指，经腹前时由右向左划平圆（平转腰）并且手臂伸直	上身平转腰后仰时手臂明显高于水平或手臂明显弯曲各扣 0.1 分，累计扣分

备注：

1. 五禽戏必须按动作名称顺序，左右对称演练，队形可变化，动作之间可连贯，也可适当增加衔接动作，但不能选做跌仆滚翻类动作。

2. 八段锦、易筋经、七星功为规定功法，不能增加或减少动作，否则按规则扣分。

3. 凡指定平衡动作或规定静止动作，必须停足 2 秒，否则扣 0.1 分。

国家中医药管理局科技教育司　　　　审定
全国中医药院校传统保健体育研究会

主要参考书目

［1］邱丕相．传统养生功法精选．北京：人民体育出版社，2008.

［2］陈胜．养生保健体育．北京：北京体育大学出版社，2007.

［3］李鸿江．中国传统体育导论．北京：中国书籍出版社，2000.

［4］邱丕相．民族传统体育概论．北京：高等教育出版社，2008.

［5］邱丕相．民族传统保健体育概论．北京：高等教育出版社，2014.

［6］吴必强，许定国．武术基本功．重庆：重庆大学出版社，2008.

［7］蔡仲林，周之华．武术．3版．北京：高等教育出版社，2005.

［8］邱丕相，蔡仲林．中国武术导论．北京：高等教育出版社，2010.

［9］郭蔼春．黄帝内经素问校注语译．天津：天津科学技术出版社，1981.

［10］卢元镇．体育社会学．北京：高等教育出版社，2001.

［11］邱丕相．中国传统体育养生学．北京：人民体育出版社，2007.

［12］游旭群．普通心理学．北京：高等教育出版社，2011.

［13］季浏，殷恒婵，颜军．体育心理学．北京：高等教育出版社，2010.

［14］高发民．体育心理学．济南：山东大学出版社，2001.

［15］刘兆杰．中国体育养生学．北京：中医古籍出版社，2004.

［16］虞定海，吴京梅．中国传统保健体育．上海：上海科学技术出版社，1990.

［17］何裕民．中医心理学临床研究．北京：人民卫生出版社，2010.

［18］顾一煌．中医健身学．北京：中国中医药出版社，2009.

［19］邬建卫．中国传统运动养生学．北京：北京体育大学出版社，2009.

［20］沈志祥，运动与康复．北京：北京大学医学出版社，2008.

［21］李晓航．太极拳锻炼法．西安：陕西科学技术出版社，2006.

［22］田洪江．太极养生宜忌．北京：中国戏剧出版社，2007.

［23］胡声宇．运动解剖学．北京：人民体育出版社，2000.

［24］佟启良，杨锡让，王瑞元．运动生理学．北京：北京体育大学出版社，1991.

［25］李永明，吴志坤，杨松涛．中医药院校体育与健康教程（修订版）．北京：北京体育大学出版社，2012.

［26］沈雪勇．经络腧穴学．北京：中国中医药出版社，2010.

［27］周庆海．传统养生功法．北京：化学工业出版社，2015.

［28］刘明军，张欣．中国传统保健功法使用手册．北京：中国中医药出版社，2014.

［29］虞定海．传统体育养生教程．北京：高等教育出版社，2011.